职业院校
汽车类"十二五"规划教材

工业和信息化高职高专
"十二五"规划教材立项项目

汽车
性能与测试

Automotive
Performance and Testing

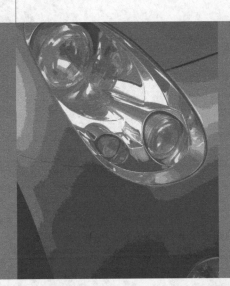

◎ 崔宏飞 主编
◎ 钱燕 副主编

人民邮电出版社
北京

图书在版编目（CIP）数据

汽车性能与测试 / 崔宏飞主编. -- 北京 ：人民邮电出版社，2013.7（2024.1重印）
职业院校汽车类"十二五"规划教材
ISBN 978-7-115-32784-0

Ⅰ. ①汽… Ⅱ. ①崔… Ⅲ. ①汽车－性能检测－职业教育－教材 Ⅳ. ①U472.9

中国版本图书馆CIP数据核字(2013)第210047号

内 容 提 要

本书系统介绍了发动机主要性能、汽车理论及汽车性能检测的知识。全书分为 3 篇，共 16 章。主要内容包括热力学基本知识与发动机性能指标、换气过程、发动机燃烧过程、发动机特性与测试、汽车动力性、汽车燃油经济性、汽车制动性、汽车操纵稳定性、汽车舒适性、汽车通过性、汽车检测站、制动性能测试、前照灯检测、汽车发动机尾气检测、汽车底盘功率检测、其他项目检测等。

本书可作为高等职业技术学院汽车检测与维修、汽车技术服务与营销专业的教学用书，也可供有关技术人员参考。

♦ 主　编　崔宏飞
　　副主编　钱　燕
　　责任编辑　李育民
　　执行编辑　王丽美
　　责任印制　杨林杰

♦ 人民邮电出版社出版发行　　北京市丰台区成寿寺路 11 号
　　邮编　100164　　电子邮件　315@ptpress.com.cn
　　网址　http://www.ptpress.com.cn
　　三河市君旺印务有限公司印刷

♦ 开本：787×1092　1/16
　　印张：15　　　　　　　　　　2013 年 7 月第 1 版
　　字数：352 千字　　　　　　　2024 年 1 月河北第10次印刷

定价：34.00 元
读者服务热线：(010)81055256　印装质量热线：(010)81055316
反盗版热线：(010)81055315

"汽车性能与测试"是高职高专院校汽车类专业主干课程之一。为了满足专业人才培养方案的需要，使学生能够胜任汽车检修企业、汽车检测站等对汽车性能的检测的工作，熟悉汽车性能检测的项目和要求，掌握汽车各性能检测的方法和步骤，本书对检测设备的结构、工作原理、检测方法、日常维护以及相关的检测标准做了介绍，使读者具备对汽车整车性能的检测能力。

"汽车性能与测试"课程由"发动机原理"，"汽车理论"和"汽车性能检测"3部分组成。本书强化汽车整机工作要求，突出汽车动力性、安全性等教学内容，充实舒适性，简化平顺性、通过性等设计性教学内容，在汽车性能检测部分贯彻新的国家标准，力求既有实践性，又有综合性，并在基础理论与基本知识的基础上，加强了针对性和实用性，努力将传授知识和培养能力有机地结合起来，注重培养学生动手能力。

本书的参考学时为48～64学时，各章的参考学时见下面的学时分配表。

序　号	课程内容	学　时
	第一篇　发动机主要性能	
1	第1章　热力学基本知识与发动机性能指标	2~4
2	第2章　换气过程	2
3	第3章　发动机燃烧过程	6~8
4	第4章　发动机特性与测试	4~6
	第二篇　汽车理论	
5	第5章　汽车动力性	6~8
6	第6章　汽车燃油经济性	2
7	第7章　汽车制动性	6~8
8	第8章　汽车操纵稳定性	2
9	第9章　汽车舒适性	1~2
10	第10章　汽车通过性	1~2

续表

序　号	课程内容	学　时
	第三篇　汽车性能测试	
11	第11章　汽车检测站	2~4
12	第12章　制动性能测试	4~6
13	第13章　前照灯检测	2
14	第14章　汽车发动机尾气检测	4
15	第15章　汽车底盘功率检测	2
16	第16章　其他项目检测	2
	课时总计	48~64

　　本书由无锡职业技术学院崔宏飞任主编，无锡职业技术学院钱燕任副主编。其中，崔宏飞编写了第1章、第2章和第11章~第16章，并负责全书的统稿工作；钱燕编写了第5章~第10章；无锡职业技术学院史定洪编写了第3章；无锡职业技术学院黄捷编写了第4章。

　　本书在编写过程中，参考了很多同类的书籍以及国家标准，在此对作者一并表示感谢。

　　由于编者水平有限，书中难免存在错漏之处，敬请读者批评指正。

编者

2013 年 5 月

Content

目 录

第一篇　发动机主要性能

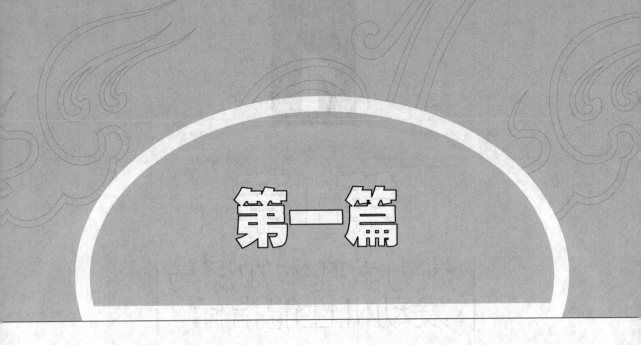

第一篇

发动机主要性能

发动机质量的优劣直接影响到汽车的性能、使用寿命和可靠程度。由于汽油机具有工作柔和、噪声低、升功率高、重量轻等特点，在轿车上应用较为广泛。车用柴油机具有很好的燃油经济性。所以，如何提高发动机性能，分析各种性能指标的影响因素，是发动机的维护和修理人员都应该掌握的基本知识。

第1章

热力学基本知识与发动机性能指标

学习目标

| 学习目标 |

- 了解与热力分析有关的基本术语
- 熟悉热力学的基本定律,并能熟练运用定律进行自然界某些现象的解释
- 熟悉功、内能和热量之间的关系,会进行定容、定压、定温、绝热4种基本热力过程分析
- 了解多变过程与多变指数
- 了解卡诺循环及其热机效率分析
- 熟悉发动机实际工作循环 p—V 图
- 了解发动机理想循环的评定指标
- 掌握发动机的性能指标

工程热力学是热机的理论基础,是热力学的一个分支。它采用宏观的研究方法,讨论和热力工程有关的热能和机械能的相互转换,侧重于热能转换为机械能的规律。本章简要介绍学习发动机原理所必需的工程热力学基本知识,主要包括:常用工质的热力性质、热力学基本定律、基本热力过程和卡诺循环、发动机热力循环。

常用工质的热力性质

1.1.1　基本术语

1. 热机

常见的汽车发动机均为内燃机，它是一种能量转换工具，即把燃料（汽油、柴油等）燃烧产生的热能转变成机械能，称为热力发动机，简称为热机。

2. 工质与状态

实现能量转变的媒介物质叫工质，工质可以是燃料、空气，或者是两者相混合的混合气体。热力学中，把工质所处的宏观状态称为热力状态，简称状态。工质的状态通常用压力、温度等物理量来描述。

3. 气体的压力和真空度

工程上习惯于把物理学中压强的概念称为压力。因而，气体压力就是气体对单位面积上（一般指作用在容器壁上）的垂直作用力，其单位是 Pa（帕斯卡）。$1Pa=1N/m^2$。由于 Pa 的量很小，工程上习惯用 kPa（千帕）或 MPa（兆帕）来表示。

外界环境空气的压力称为大气压。处于海平面高度上的大气压叫做一个"标准大气压"。一个标准大气压 P_0 约为 101kPa。大气压力是随着海拔高度的变化而变化的，海拔高度越高，大气压力越低。

气体的压力用测量压力的仪表来测量。测量高于（或等于）一个标准大气压的气体压力所用的仪表称为压力表，而测量低于（或等于）一个标准大气压的气体压力所用的仪表称为真空度表。

压力表本身是与大气相通的，即处在大气压力的作用之下。所以，当与容器连接测量容器内气体压力时，压力表的读数是被测容器内气体压力与大气压力的差值。此值称为表压力。容器内气体的压力，称绝对压力。则：绝对压力=表压力+大气压。

同样，真空度表测得的是容器内气体绝对压力低于外界大气压的数值，此值称为真空度。真空度的数值越大，越说明接近绝对真空。关系式为

绝对压力=大气压−真空度

绝对压力、表压力和真空度之间的关系如图 1-1 所示。

【例 1-1】　用气缸压力表测量气缸压力，设读数为 1.3MPa。如果测量的大气压力为 0.1MPa，则气缸压力的绝对值应为 1.4MPa。

4. 比容

单位质量的工质所占有的容积称为比容，即：

$$v=V/m \tag{1-1}$$

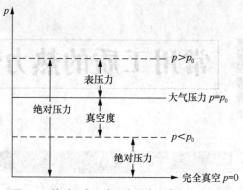

图1-1　绝对压力、表压力和真空度之间的关系

式中：v 为比容，m^3/kg；V 为工质所占有的容积，m^3；m 为工质的质量，kg。

物质的比容与密度成反比关系。

5. 温度

气体温度的高低代表了分子运动能量的大小。常用的温度标准有摄氏温度标准和开氏温度标准。摄氏温度标准的单位是℃，用 t 表示。开氏温度用 T 表示，也称热力学温度或绝对温度，标准的单位是 K。开氏温标和摄氏温标的关系是：$T = t + 273.15(K)$。注意，只有热力学温度才能作为工质的状态参数。

6. 热力系统与热力过程

为了分析热功转换过程的规律，把某一宏观尺寸范围内的工质作为主要研究对象，称为热力系统（如气缸内的气体），而将热力系统外面和热功转换过程有关的其他物体统称为外界（如气缸）。热力系统和外界之间的分界面称为"边界"。"边界"可以是真实的，也可以是假想的。实际的容器壁可作为边界，也可根据需要在连续的实状态中确定边界。

工质从某一状态变化到另一状态的全部过程的总和称为热力过程。

7. 理想气体

所谓理想气体，就是分子本身不占有体积。分子间又没有吸引力的气体。理想气体仅是一种理想的模型。但一些实际气体（如发动机气缸内的工质），分子的体积很小，分子间的距离比分子的直径大得多，其分子间吸引力和分子本身的体积就可忽略不计，它的性质就比较接近理想气体。所以，对理想气体性质的研究在理论上和实际应用中都很重要。在发动机热力分析中，常把空气、可燃混合气等都可近似地看作理想气体。

1.1.2　理想气体状态方程

在发动机中，热能转变为机械能是依靠工质的热力状态变化实现的。工质的热力状态通常用绝对压力、比容和绝对温度等基本状态参数来表示。根据分子运动学说，在实验的基础上，对于 $1kg$ 理想气体，状态参数间存在下列关系（简称状态方程式）。

$$pv = RT$$

$\hspace{10cm}$（1-2）

对于 $m$kg 理想气体，则状态方程式为

$$pV=mRT \qquad (1\text{-}3)$$

式中：V 为 $m$kg 理想气体的体积($V=mv$)；R 为气体常数，它的数值决定于气体的性质，单位为 kJ／(kg·K)。

　　理想气体状态方程给出了某一状态下 3 个基本状态参数之间的关系，如果任意两个状态参数已定，则第 3 个参数状态可由状态方程式计算出。

│1.1.3　功

　　在图 1-2（a）所示的热力系统中，当气体膨胀推动活塞右移时，则气体对外做功，反之，当活塞左移，压缩气体时，则外界对气体做功，或称气体接受了外界的功。

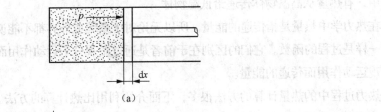

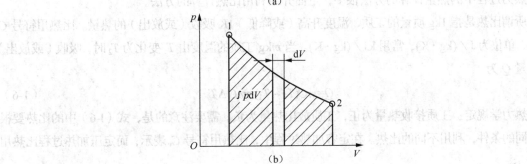

图1-2　气体在气缸中做功

　　设 1kg 气体推动活塞由上止点 1 向下止点 2 运动，活塞横截面积为 A（m^2）。缸内气体膨胀过程中状态变化如图 1-2 所示。假设活塞在某一位置时气体的压力为 p，活塞移动微小距离 ds，则气体对活塞所做的微元功 dw 为

$$\mathrm{d}w=pA\mathrm{d}s=p\mathrm{d}v \qquad (1\text{-}4)$$

　　对于 $m$kg 气体的微元功 $\mathrm{d}W=m\mathrm{d}w=mp\mathrm{d}v=p\mathrm{d}V$。

　　在 1-2 过程中，功 W 为

$$W=mw=\int_{v1}^{v2} pm\mathrm{d}v = \int_{v1}^{v2} p\mathrm{d}V \qquad (1\text{-}5)$$

式中：W 为功，单位为 J，常用 kJ。

　　根据积分原理可知，曲线 1-2 下方所包围的面积，就代表式（1-5）中积分的数值，因此，气体在这一过程中所做的功也能用曲线下面的面积来表示。

从功的计算可以看出，功不仅和初、终状态有关，而且和在初、终状态之间气体所经历的过程性质有关，所以功不是状态参数；而且也不能说系统在某一状态有多少功，只能说系统在某一过程对外做了多少功，或从外界得到了多少功。

热力学中规定：当 dV>0 时，工质对外界做功，即膨胀功为正；当 dV<0 时，气体对外界做的功为负，实质是外界对气体做了压缩功。

1.1.4　热量

温度不同的两种气体接触时，它们的分子在紊乱运动中互相碰撞，于是具有较大动能的分子便将能量传递给动能较小的分子。热量是由于温度不同的两个物体接触时，在两物体间通过微观分子运动作用而传递能量，热的物体变冷，冷的物体变热，最后达到热平衡，具有相同的温度。在这个过程中，有热量从高温物体传递给低温物体。

在热力学中热量是指传递的能量，所以无论对于系统或外界都不能说它们含有多少热量。热量和功一样是过程的函数。它们的区别在于前者是通过微观分子运动作用而传递的能量，后者则是通过宏观运动作用而传递的能量。

热力过程中的热量计算的方法很多，下面介绍利用比热计算的方法。

所谓比热是指 1kg 质量的工质，温度升高（或降低）1K 吸收（或放出）的热量。比热用符号 C 表示，单位为 J／(kg·K)，常用 kJ／(kg·K)。当 $m$kg 工质的温度由 T_1 变化为 T_2 时，吸收（或放出）的热量 Q 为

$$Q=mC(T_2-T_1)=mC\Delta T \qquad (1-6)$$

热力学规定：工质接收热量为正，工质放出热量为负。需要注意的是，式（1-6）中的比热要根据不同的条件，利用不同的比热。在定容加热过程中，比热用符号 C_v 表示；而定压加热过程比热用 C_p 表示。

1.1.5　内能

内能就是工质内部具有的总能量，包括动能和位能两部分。工质内部动能包括分子移动动能、转动动能和原子的振动动能 3 部分，它仅和气体的温度有关。温度升高时，工质内部动能增大。位能是由于气体分子间相互吸引力而形成，与气体的比容或压力有关。当工质的温度和比容一定时，内能便有确定的数值，所以内能也是气体的状态参数。

由于理想气体假设分子间无吸引力，则位能为零。可见，理想气体的内能是温度的单值函数。只要工质初始、终了状态的温度确定，不论其间经过什么过程，其内能的变化都相等。

设 u 为 1kg 工质的内能（单位为 kJ／kg），则 $m$kg 工质的内能 U（单位用 kJ），$U=mu$。即，工质的质量增加时，工质的内能也增加。

通常只计算内能的变化值，可以人为规定某状态的内能为零，从而给出各种状态下内能的数值。

热力学基本定律

人们通过长期的生产实践，总结出了能量转换与守恒定律，指出了各种能量可以相互转换，但它们的总量不变。热力学第一定律就是能量转换与守恒定律在热力学上的应用。

1.2.1 热力学第一定律

1. 热力学第一定律的表述

在工程热力学中，热力学第一定律可以简单表述为：热和功可以相互转换，转换前、后的能量保持不变。假定 Q 表示转变为功的热量，W 表示转换过来的功，则热力学第一定律的数学表达式为

$$Q=W \tag{1-7}$$

热力学第一定律适用于任何热力系统，即任何热力过程中能量转换都必须满足：

系统接收的能量=系统内部储存能量的变化+系统释放的能量

热力学第一定律的意义在于它告诉人们，不消耗能量而可产生机械功的第一类永动机是不可能制成的。

2. 热力学第一定律的能量平衡方程式

热力学第一定律阐述了热功转换的相互关系。在热力过程中，通常以热力学第一定律为准则，建立能量平衡关系的能量平衡方程。

设封闭在气缸中的工质为 $m\mathrm{kg}$，工质从状态 1（p_1、V_1、T_1、U_1），经历某一过程到达状态 2（p_2、V_2、T_2、U_2），1-2 过程中系统从外界吸收热量 Q，系统对外做功 W，系统内能的变化为 $\Delta U = U_2 - U_1$。由于系统与外界仅有能量变换，没有物质交换，系统内没有整体运动。根据能量转换与守恒定律，系统内能、热量和功 3 者的关系为

$$Q = \Delta U + W \tag{1-8}$$

对于 1kg 工质，在 1-2 的过程中从状态 1（p_1、v_1、T、u_1），经历某一过程到达状态 2（p_2、v_2、T_2、u_2），则有

$$q = \Delta u + w \tag{1-9}$$

上述两式可以表述为：系统从外界吸收的热量，一部分用于增加气体的内能，一部分用于对外做功（转化为机械能）。

计算时，系统吸热为正，放热为负；系统对外做功为正，消耗功为负；内能增加为正，内能减少为负。

1.2.2　热力学第二定律

根据热力学第一定律可以知道热功转换时能量守恒。但在热机中燃料燃烧所产生的热量能否全部用来做功呢？做个简单的观察，不难发现以下事实：通过摩擦作用可以将机械功全部转换成热量，但热量不能全部地连续转换成机械功。从热力学第二定律就能够很容易找到答案，它简要地说明了实现热功转换的必须满足一定的条件，同时自发过程具有方向性和不可逆性。热力学第二定律同样是人们经过长期的生产实践总结出来的规律，它在热力过程中具有重大的实际意义。

热力学中把工质由初始状态出发，经过一系列的中间状态重新回到初始状态所完成的一个封闭过程，称为热力循环。各种热力装置都是利用工质连续不断的热力循环，实现热功转换而连续不断地对外做功。

热力学第二定律常用的表述都是说明实现某种具体热功转换过程的必要条件。由于具体过程非常多。因而热力学第二定律的表述方式也很多，下面举两例说明。

① 热力学第二定律的开尔文—普朗克说法："不可能建造一种循环工作的机器，其作用只是从单一热源取热并全部转变为功，而不引起其他变化。"

"单一热源"是指温度均匀并且恒定不变的热源。"其他变化"就是指除了由单一热源吸热，把所吸的热用来做功以外的任何其他变化。

这一表述说明，为了连续地获得机械功，至少必须有两个热源，即高温热源和低温热源（也叫冷源）。热机工作时，从高温热源取得热量，把其中一部分转变为机械功，而把其余的一部分热量排至低温热源。

设系统经历一个工作循环，从高温热源取得热量 Q_1，对外做功为 W，放给低温热源热量 Q_2，则热效率 η 为

$$\eta = \frac{W}{Q_1} = \frac{Q_1 - Q_2}{Q_1} = 1 - \frac{Q_2}{Q_1} \qquad (1\text{-}10)$$

由于 Q_2 不可能为零，可见，任何热机循环的热效率都不可能达到1。

② 热力学第二定律的克劳修斯说法："不可能将热量由低温物体传向高温物体而不引起其他变化。"

这一表述说明：不管利用什么机器，都不可能不付出代价而实现热量由低温物体转移到高温物体。例如，空调或制冷机实现了把热量由低温物体转移到高温物体，但必须消耗功（电能），并把这些功变为热量传给高温物体，这已经花费了代价。

热力学第二定律实际上还表明了"过程进行的方向性"。例如，热量由温度较高的物体传向温度较低的物体等，它能够自发地无条件实现（此过程成为"自发过程"）。但是，由上分析，其逆过程是不能无条件地自发地实现的。因此，热力学第二定律表明了：一切自发地实现的过程都是不可逆的。

热力过程

本节从理论上对发动机的几种典型的热力过程（定容、定压、定温和绝热等过程）进行分析，确定热力过程中功、热量和内能的变化，并应用基本热力过程分析卡诺循环。在介绍典型热力过程的基础上，以总结的形式说明多变过程。需要说明的是，典型热力过程分析以 1kg 工质为例。

1.3.1　定容过程

当工质的比容保持不变时，工质状态经历的过程称为定容过程。

1. 特点

① v=常数。

② 在 p-v 图上，定容过程曲线为一条垂直于 v 轴的直线（见图 1-3）。

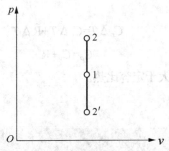

图1-3　定容过程 p-v图

③ $pv=RT$，则在定容过程中，工质的绝对压力 p 与绝对温度 T 成正比例。

2. 能量变化

① 功。由于 $dv=0$，所以 $w=0$。

② 热量交换。假设 C_v 不变，则 $q=C_v\Delta T=C_v(T_2-T_1)$。

③ 内能变化。由于 $q=\Delta u+w$，而 $w=0$，则

$$\Delta u = q = C_v\Delta T \tag{1-11}$$

由式（1-11）可见，定容过程工质吸收（或释放）的热量等于内能的增加（或减少）。另外，内能与初始、终了的温度有关，与过程无关，且计算时，采用定容比热。

1.3.2　定压过程

当工质的压力保持不变时，工质状态经历的过程称为定压过程。

1. 特点

① p=常数。

② 在 p-v 图上，定压过程曲线为平行于 v 轴的直线（见图1-4）。

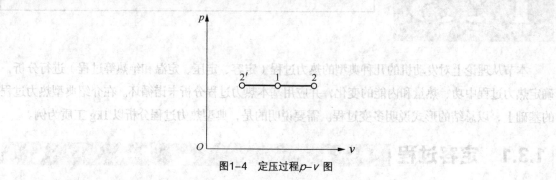

图1-4　定压过程 p-v 图

③ pv=RT，则在定压过程中，工质的比容 v 与绝对温度 T 成正比例。

2. 能量变化

① 功。由于 p=常数，所以 $w=p(v_2-v_1)$=RΔT。

② 热量交换。假设 C_p 不变，则 $q=C_p\Delta T=C_p(T_2-T_1)$。由于 $q=\Delta u+w$，将 q、Δu、w 与 ΔT 的关系代入，

则有
$$C_p\Delta T=C_v\Delta T+R\Delta T$$

也即
$$C_p=C_v+R \tag{1-12}$$

由式（1-12）可知，定压比热大于定容比热。

③ 内能变化。$\Delta u=C_v\Delta T$。

1.3.3　定温过程

当工质的绝对温度保持不变时，工质状态经历的过程称为定温过程。

1. 特点

① T=常数。

② 在 p-v 图上，定温过程曲线为一条等边双曲线（见图1-5）。

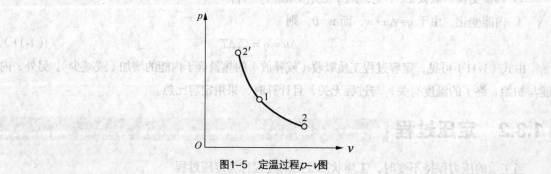

图1-5　定温过程 p-v 图

③ $pv=RT$，则在定温过程中，工质的绝对压力 p 与比容 v 成反比例。

2. 能量变化

① 功。由于 T=常数。将 $p=TR/v$ 代入积分，$w=RT\ln(p_1/p_2)$。

② 内能变化。由于 $\Delta T=0$，则 $\Delta u=0$。

③ 热量交换。$q=\Delta u+w$，而 $\Delta u=0$，则，$q=w=RT\ln(p_1/p_2)=RT\ln(v_2/v_1)$。

定温过程工质吸收的热量用于对外做功；或者说压缩工质消耗的功等于工质对外释放的热量。

1.3.4　绝热过程

当工质和外界间始终没有热量交换时，工质所进行的过程称为绝热过程。

1. 特点

绝热过程的特点是 $dq=0$，而 $q=0$ 的过程并不一定是绝热过程。

$$dq=du+dw=C_v dt+pdv=0 \qquad (1\text{-}13)$$

对 $pv=RT$ 两端微分得

$$pdv+vdp=RdT \qquad (1\text{-}14)$$

将式（1-12）、式（1-13）、式（1-14）合并，令 $k=Cp/Cv$，并积分可得：

$$\frac{dp}{p}+k\frac{dv}{v}=0 \qquad (1\text{-}15)$$

$$pv^k=\text{const} \qquad (1\text{-}16)$$

$k>1$，称为绝热指数。

绝热过程的 p-v 图如图 1-6 所示。

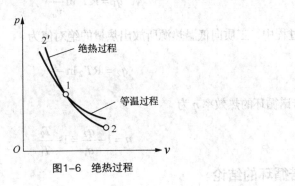

图1-6　绝热过程

2. 能量变化

① 内能变化。$\Delta u=C_v\Delta T$。

② 热量交换。$dq=0$，因而 $q=0$。

③ 功。$q=\Delta u+w$，而 $q=0$，则 $w=-\Delta u=C_v\Delta T$。

因此，在绝热过程中，工质内能减少等于工质对外所做的膨胀功；而外界对工质所做的压缩功用于增加工质的内能。

1.3.5　卡诺循环与热机效率

1. 卡诺循环

热力学第二定律指出：热机的循环热效率不可能达到100％。卡诺在1824年提出了著名的卡诺循环，是当今最理想的热机方案。

如图1-7所示，卡诺循环是由两个定温过程及两个绝热过程所组成的可逆循环。$a-b$为定温加热过程，$b-c$为绝热膨胀过程，$c-d$为定温放热过程，$d-a$为绝热压缩过程。

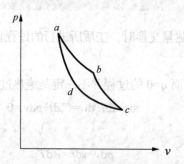

图1-7　卡诺循环

按照绝热过程$b-c$、$d-a$中工质状态参数的关系，可以得到

$$\frac{v_b}{v_a} = \frac{v_c}{v_d} \tag{1-17}$$

在$a-b$过程中，工质从高温热源所接受热量的绝对值为

$$q_1 = R\,T_1 \ln \frac{v_b}{v_a} \tag{1-18}$$

在$c-d$过程中，工质向低温热源所放出热量的绝对值为

$$q_2 = RT_2 \ln \frac{v_c}{v_d} \tag{1-19}$$

于是，卡诺循环的热效率η为

$$\eta = 1 - \frac{q_2}{q_1} = 1 - \frac{T_2}{T_1} \tag{1-20}$$

2. 卡诺循环的结论

① 卡诺循环的热效率取决于高温热源及低温热源的温度。提高T_1或降低T_2均可以提高卡诺循环的热效率。

② 由于T_1不可能为无限大，T_2不可能为零，所以卡诺循环的热效率不可能达到1。

③ 当$T_1 = T_2$时，$\eta = 0$，即不可能由单一热源吸热而循环做功。

以上分析充分地体现了热力学第二定律，也指出了提高热机循环热效率的方向，因而具有普遍的指导意义。

3. 卡诺定理

① 在相同的高温热源与相同的低温热源之间一切按卡诺循环工作的热机，其热效率都相等，与工作物质无关，即 $\eta = 1 - (T_2 / T_1)$。

② 在相同的高温热源与相同的低温热源之间工作的一切不可逆热机，其热效率都不能大于按卡诺循环工作的热机的热效率。

卡诺循环至今难以实现，因为要提高卡诺循环的热效率，低温热源和高温热源相差要比较大，因此需要很大的压力差和体积压缩比，在实际设备上很难实现，同时，气体的等温过程不易控制，不易实现。但改进一切热力发动机循环的方向就是使实际循环尽可能接近卡诺循环，用卡诺循环作为最高标准来评价热机的热功转换的完善程度。

1.3.6 多变过程

将前述 4 种典型的热力过程进行综合，可以得到各种热力过程的通式，称为多变过程方程式（1-21），n 称为多变指数。

$$P v^n = \text{const} \tag{1-21}$$

凡能用式（1-21）来描述的过程统称为多变过程。前面介绍的 4 种典型的热力过程都是多变过程的某种特例：

当 $n=0$ 时，p=常数，为定压过程；

当 $n=1$ 时，pv=常数，即 T=常数，为定温过程；

当 $n=k$ 时，pv^k=常数，为绝热过程；

当 $n=\infty$ 时，v=常数，为定容过程。

任意一个多变过程的状态参数变化及能量转换关系，除了用数学式表示外，还可以根据其过程曲线在 p-V 图上的位置进行定性的分析。

如图 1-8 所示，设某点 A 为各种热力过程的始点，过 A 点画出 4 种典型热力过程曲线。

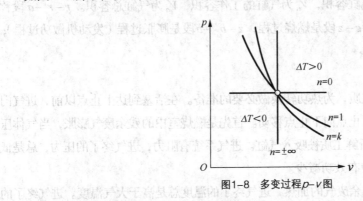

图1-8 多变过程 p-v 图

从图上可以看出，多变指数 n 沿着顺时针方向由小变大：即由 $-\infty \to 0 \to 1 \to k \to \infty$，但在定容线上不连续，$-\infty$ 突变到 ∞。

当 $n=\infty$ 时，为定容过程，曲线在 p-v 图上是垂直于 v 轴的直线。$dw=0$，定容过程曲线是气体的功为正或负的分界线。在定容线左方的所有过程，其 $dw<0$，是压缩过程的区域。在定容线右方的所有过程，其 $dw>0$，是膨胀过程的区域。

当 $n=1$ 时，为定温过程，曲线在 p-v 图上是一条双曲线。$dT=0$，$du=0$，定温线是气体内能增加或减少的分界线，在定温线右上方的所有过程，其 $du>0$，是温度和内能增加的过程。在定温线左下方的所有过程，其 $du<0$，是温度和内能减少的过程。

当 $n=k$ 时，为绝热过程，工质与外界没有热交换，曲线也是一条双曲线（较定温曲线陡），$dq=0$，绝热线是气体放热或吸热的分界线。在绝热线左下方的所有过程，$dq<0$，是放热过程。在绝热线右上方的所有过程，$dq>0$，是吸热过程。

工程上常用的是多变压缩或多变膨胀过程，均在 $1<n<k$ 的范围内。

1.4 发动机循环与性能指标

1.4.1 发动机实际循环

发动机的实际循环从吸入新鲜空气（或混合气）开始，经过压缩，燃烧释放出热量，气体膨胀推动活塞做功，排出废气，再进行下一次循环。因而，发动机的工作循环由进气、压缩、燃烧、膨胀、排气五个过程组成。下面用四冲程发动机的 p-V 图来说明。

如图 1-9 所示，容积 V 是指气缸、活塞、燃烧室之间形成的容积，用横坐标表示。纵坐标代表工质的压力 p。发动机工作时，气缸内的压力 p 随气缸容积 V 的改变而发生变化。当进行了一个工作循环时，则可在 P-V 图上表示出一条封闭的曲线。

图 1-9 中，V_C 是压缩终点的气缸容积，V_h 为气缸的工作容积，V_a 为气缸总容积。r-r'-a 段称为进气过程；a-c 段是压缩过程；c-z 段是燃烧过程；z-b''-b 段是膨胀过程（发动机做功过程）；b-b'-r 是排气过程。

1. 进气过程

进气过程的作用是吸进新鲜工质，为热功转换做必要的准备。在活塞到达上止点以前，进气门开启，以后排气门关闭，活塞从上止点向下止点移动。首先是燃烧室中的残余废气膨胀，当气体压力降到低于大气压力时（r' 点），新鲜工质被吸入气缸。进气系统有阻力，进气终了的压力，总是低于大气压力。进气系统的阻力，使有效功减少。

由于新鲜工质受高温零件和残余废气的加热，进气终了的温度总是高于大气温度。进气终了的气体压力和温度约为：柴油机：$(0.8 \sim 0.9)P_0$、$310 \sim 340K$；汽油机：$(0.75 \sim 0.9)P_0$、$370 \sim 400K$。（P_0 为标准大气压）

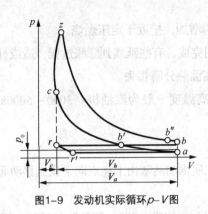

图1-9　发动机实际循环 p-V 图

为此，某些发动机，采用增压和中冷器，提高进气终了压力，且降低进气终了温度。

2. 排气过程

排气过程的作用是排出燃烧废气，为下一循环的进气作准备。

在膨胀过程末期，排气门开启，气缸内废气开始流出。以后活塞从下止点向上止点移动，排出废气。排出的废气具有较高的温度和一定的压力，故带走了相当的热量。排气系统的阻力，使有用功减少。

由于排气系统有阻力，排气终了的压力高于大气压力。阻力越大，排气终了的压力越高。排气终了的压力为 $(1.05 \sim 1.2)P_0$；温度范围是：柴油机为 700K ~ 900K、汽油机 850K ~ 1200K。

排气温度偏高，说明热功转换效率低，工作过程不良。

排气过程和进气过程统一称为换气过程。

3. 压缩过程

压缩过程的作用是扩大工作循环的温差，使工质获得最大限度的膨胀比。提高循环热效率，也为着火燃烧创造有利的条件。压缩过程活塞从下止点向上止点移动，缸内工质受到压缩，温度、压力不断上升。

工质被压缩的程度用压缩比（ ε ）表示。压缩比是发动机的一个重要结构参数。柴油机选用较高压缩比，使压缩终了的温度比柴油的自燃温度高 200℃ ~ 300℃，以保证冷启动容易，并在所有工况下可靠地着火燃烧。在汽油机中，加大压缩比可以提高热效率，但它受到爆燃和表面点火等限制。压缩比的大致范围是：柴油机 16 ~ 22；汽油机 7 ~ 11。

工质在压缩过程中受工质与缸壁的传热情况和工质的泄漏影响等，存在着传热损失和泄漏损失。

4. 燃烧过程

燃烧过程的作用是将燃料的化学能转变为热能，使工质的温度、压力升高，为膨胀创造条件。燃烧过程进行时，活塞位于上止点附近，进、排气门均关闭。燃烧过程中，燃料所具有的热量放出的越多，放热时越靠近上止点，热效率就越高。

在汽油机中，在上止点前电火花点火，火焰迅速传遍整个燃烧室，气缸容积变化很小，因而工质的燃烧接近定容燃烧。

柴油机上止点前喷油，以保证在上止点前燃烧。开始燃烧时，燃烧速度很快，接近定容燃烧，随后由于燃烧速度和气缸容积的增加，接近于定压燃烧。

实际的燃料燃烧不可能瞬间完成，有些延续到膨胀过程，造成补燃损失。在燃烧过程中存在着传热损失，以及不完全燃烧和高温热分解损失。

燃烧过程的最高压力和最高温度一般为汽油机：3000~5000kPa、2200~2800K；柴油机：6000~9000kPa、1800~2200K。

5. 膨胀过程

膨胀过程是高温、高压的工质推动活塞由上止点向下止点移动而做功的过程。气体的温度与压力随之递降。

膨胀终了的压力和温度一般为汽油机：300~500kPa、1500~1700K；柴油机：200~400kPa、1000~1400K。

膨胀过程中不仅存在着热交换、漏气损失，还有补燃和高温热分解的影响。

1.4.2　发动机理想循环

1. 发动机理想循环的假设

分析发动机理想循环的目的是从理论上研究影响发动机性能的某些重要参数，探讨提高发动机动力性、经济性的基本途径。把复杂的实际循环简化为理想循环，必须符合实际循环的特点，特别是要符合加热过程的特点。用理想循环代替实际循环的条件如下。

① 假定工质是理想气体，其比热不变。

② 假定整个循环中工质的质量不变，没有进、排气过程。

③ 假定压缩过程与膨胀过程均为绝热过程。

④ 利用定容加热、定压加热代替燃烧过程，用定容放热代替排气过程。

2. 发动机理想循环的评定指标

发动机的性能主要决定于以下两方面。

① 由一定量的燃料能够得到尽可能多的功。

② 由一定的气缸工作容积能够得到尽可能多的功。

两者分别用热效率和平均压力来表示，所以理想循环热力分析的重点是研究循环热效率。

（1）理想循环的热效率 η

$$\eta = \frac{W}{Q_1} = \frac{Q_1 - Q_2}{Q_1} = 1 - \frac{Q_2}{Q_1} \tag{1-22}$$

式中：W 为一个循环中工质的循环净功，kJ；Q_1 为工质在该循环中吸收的热量，kJ；Q_2 为工质在该循环中放出的热量，kJ。

热效率说明每循环加给工质热量的利用程度，用来评定循环的经济性。

（2）循环平均压 P_t

$$P_t = \frac{W}{V_h} \tag{1-23}$$

式中：V_h 为气缸工作容积，m^3。

循环平均压力表示单位气缸工作容积所作的循环功，用来评定循环的动力性。

3. 混合加热循环

混合加热循环的特点：将燃烧过程假想为由定容加热过程和定压加热过程两部分组成。如图1-10 所示，$a-c$ 为绝热压缩过程；$c-z'$ 为定容加热过程，加热量为 Q_1'；$z'-z$ 为定压加热过程，加热量为 Q_1''；$z-b$ 为绝热膨胀过程；$b-a$ 为定容放热过程，放出热量 Q_2。

（1）循环热效率

① 热量。

$$循环总吸热量\,Q_1 = Q_1' + Q_1'' = mCv\,(\,T_z' - T_c\,) + mCp(T_z - T_z'\,)$$

$$总放热量\,Q_2 = mCv(T_b - T_a)$$

② $\lambda = p_z'/p_c$，称为压力升高比；$\rho = V_z/V_z'$ 称为预胀比。

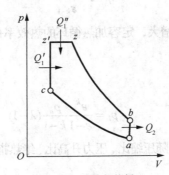

图1-10 混合加热循环

③ 热效率

$$\eta = 1 - \frac{1}{\varepsilon^{k-1}} \frac{\lambda\rho^k - 1}{\lambda - 1 + k\lambda(\rho - 1)} \qquad (1\text{-}24)$$

由式（1-24）可知，压缩比、压力升高比、绝热指数越大，预胀比越接近于 1，混合加热循环的热效率越高。

（2）循环平均压力

$$p_t = \frac{W}{V_h} = \frac{Q_1\eta}{V_h} = \frac{\varepsilon^k}{\varepsilon - 1}\frac{p_a}{k - 1}[\,\lambda - 1 + k\lambda(\rho - 1)\,]\eta \qquad (1\text{-}25)$$

由式（1-25）可知，压缩比、压力升高比、预胀比、绝热指数及压缩始点的压力增大，混合加热循环的平均压力也增大。

4. 定容加热循环

定容加热循环是指将燃烧过程假想为定容加热过程。

如图1-11所示，在循环中，$a-c$ 为绝热压缩过程；$c-z$ 为定容加热过程，加热量为 Q_1，$z-b$ 为绝热膨胀过程；$b-a$ 为定容放热过程，放热量为 Q_2，这种循环可看作为混合加热循环在 $\rho = 1$ 时的特例。

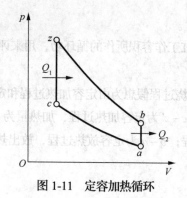

图 1-11　定容加热循环

（1）循环热效率

当 $\rho=1$ 时，由式（1-24）得：

$$\eta=1-\frac{1}{\varepsilon_{k-1}}\qquad(1\text{-}26)$$

可见，随着压缩比、绝热指数增大，定容加热循环的热效率也增大。

（2）循环平均压力

$\rho=1$，由式（1-25）得：

$$p_t=\frac{\varepsilon^k}{\varepsilon-1}\frac{p_a}{k-1}(\lambda-1)\qquad(1\text{-}27)$$

可见，定容加热循环的平均压力随压缩比、压力升高比、绝热指数及压缩始点的压力增大而增高。

5. 理论循环的分析

（1）压缩比的影响

压缩比提高，热效率、循环的平均压力均提高，下面用两种方法分析。

① 由循环指标的关系式可以看出，压缩比提高时，两种循环的热效率都提高，就同样的加热量而言，循环的平均压力也提高。原因是：提高压缩比，可以提高循环平均吸热温度，降低循环平均放热温度，扩大了循环温差。

② 用定容加热循环来分析压缩比对热效率、循环的平均压力的影响（见图 1-12）。$acb-za$ 是原有的循环，在压缩比提高后变成 $ac'b'z'a$ 循环。当压缩比提高后，由于两种压缩比下的加热量相同，bz 与 $b'z'$ 下方所围成的面积相同，故 $b'z'$ 必然低于 bz，即处于 bz 的下方。所以压缩比提高后，循环的放热量将减少，于是循环所作的功较多，热效率就较高。同样，压缩比对于混合加热循环的影响，也可以用这种方法来分析，结果是压缩比提高，热效率亦提高。

在压缩比较低时，随压缩比的提高，热效率显著增长。在压缩比较高时，随压缩比的提高，热效率增长变缓。

（2）绝热指数的影响

绝热指数提高，热效率随着提高。绝热指数值取决于工质的性质，不同的工质，其值不同。

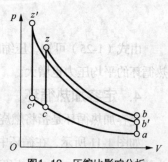

图1-12　压缩比影响分析

（3）压力升高比和预胀比的影响

对定容加热循环来说，$\rho=1$，若压缩比不变，当 λ 值增大时，η 不变。而循环平均压力增大。λ 正比于加热量，当加热量增加时，λ 增大。比热为定值，所加入的每一部分热量都使工质的温度有同样的升高。而加热量又都是在定容条件下加入的，被加热的工质都具有同样的膨胀比，即有相同的热量利用率，所以 η 不变。但是，由于加热量增加，循环功增加，故循环平均压力增大。

对混合加热循环来说，如保持压缩比和总加热量不变，当 λ 增大时，则 η 和循环平均压力都随之增大。因为加热量不变，λ 增加，则 ρ 减小。这说明循环中定容过程加入的热量增加，定压过程加入的热量减少。而定容过程加热的工质具有最大的膨胀比，热量利用率高，定压过程加入的热量则是在工质的膨胀比不断下降的条件下加入的，做功的机会相应减少。所以随着 λ 的增大，热效率随之提高。又因为热效率提高，循环功增加，所以循环平均压力也增大。但 λ 过大，将使最高压力过大，在实际情况下要受到限制。

（4）定容加热循环与混合加热循环的比较

当混合加热循环的压缩比与总加热量为定值时，随 λ 增大，热效率提高。当 λ 达最大值时，$\rho=1$，混合加热循环就变成了定容加热循环，此时热效率最高。这就说明当压缩比及总加热量相同时，定容加热循环的热效率最高，平均压力和最高压力也最高。

| 1.4.3 发动机性能指标

发动机性能指标可分为两大类，一是发动机的指示性能指标，二是发动机有效性能指标。发动机的指示性能指标是以工质对活塞做功为基础建立的指标，用来评定工作循环的优劣。发动机有效性能指标是以曲轴上输出的净功率为基础建立的指标，涉及整个发动机的工作情况。对于使用者来说，发动机的有效指标更应重视。本书仅介绍有效性能指标。

1. 有效功率 P_e

功率定义为单位时间内所做的功。气体对活塞每单位时间所做的指示功叫指示功率，用 P_i 表示。有效功率 P_e(kW)，是发动机从曲轴输出的净功率。发动机工作时，运动机件运转时要克服摩擦，如活塞、活塞环与缸壁之间的摩擦，曲轴与轴承之间的摩擦等，都要消耗功率；附件运转，如机油泵、水泵、配气机构、点火装置的驱动机构（汽油机）和喷油泵（柴油机）等也要消耗功率。所有这些损失的功率总起来叫做机械损失功率，用 P_m 表示。这样发动机曲轴输出的功率为：

$$P_e = P_i - P_m \tag{1-28}$$

P_e 与 P_i 之比称为机械效率 η_m：

$$\eta_m = P_e / P_i \tag{1-29}$$

发动机的有效功率是从发动机台架试验得到的。例如，解放 CA1091 型汽车所用的 CA6102 发动机在 3000r / min 时的功率为 90kW 就是指在该转速下的有效功率。

2. 有效扭矩 T_e

从发动机曲轴输出端测得的扭矩称为有效扭矩 $T_e(\text{N} \cdot \text{m})$。它与有效功率 P_e 之间的关系式为

$$P_e = \frac{T_e n}{9550} \tag{1-30}$$

式中：n 为发动机的转速，r / min。

例如，东风 EQl090 型汽车的发动机在 1400r / min 时可测得扭矩为 372N · m，则有效功率 $P_e=1400 \times 372/9550=54.5$（kW）。

3. 平均有效压力 p_e

发动机在单位气缸工作容积中所作的有效功，称为平均有效压力 $p_e(\text{kPa})$。平均有效压力由下式计算。

$$p_e = \frac{30\tau P_e}{iV_h n} \tag{1-31}$$

式中：τ 为发动机行程数；V_h 为每缸工作容积，m^3；i 为气缸数。

平均有效压力越高，表示发动机单位气缸工作容积中所作的有效功越大。因此，可用来比较各种不同排量发动机的动力性能。

p_e 值一般范围为：汽油机 600～1000kPa；柴油机 600～900kPa。

4. 有效燃料消耗率 g_e

有效燃油消耗率 $g_e(\text{g} / \text{kWh})$，是指单位有效功的燃油消耗量，或称有效耗油率。

$$g_e = \frac{1000 G_T}{P_e} \tag{1-32}$$

式中：G_T 为每小时的燃油消耗量，kg / h。

g_e 越小，表示发动机曲轴输出的净功率所消耗的燃料越少。在使用说明书中给出的是发动机最低燃油消耗率 g_e。g_e 随发动机的工况而变化。所谓工况，就是发动机在某一负荷、某一转速下工作所处的状况。g_e 反映了发动机的经济性，关系到汽车是否省油。g_e 值的大致范围是：汽油机 270～410g / kW · h；柴油机 215～285g / kW · h。

5. 升功率 P_L 和比质量 G_e

升功率 $P_L(\text{kW} / \text{L})$ 和比质量 $G_e(\text{k} / \text{kW})$ 作为动力性指标，来衡量对工作容积和质量利用的有效程度。

升功率是指在标定状态下，发动机每升工作容积所发出的有效功率。

比质量定义为发动机净质量与有效功率之比。

6. 标定指标

发动机铭牌上给出的功率、扭矩、燃料消耗率等指标就是标定指标。铭牌上所给出的有效功率和有效扭矩都是最大值，有效燃料消耗率 g_e 是最小值。

在确定发动机标定功率时，要考虑到发动机的运用场合。例如，车用发动机经常在中等负荷的

情况下运行, 仅在上坡和加速情况下才需要最大功率。而用于发电机组的发动机, 其转速、功率是基本上固定不变的。因此, 对同一台发动机, 为了确保发动机寿命, 车用发动机标定的标定功率要高些, 以便满足汽车短期大负荷运行的需要。用于发电的标定功率要低一些。

1. 理想气体, 即分子本身不占有体积, 分子间又没有吸引力的气体。理想气体仅是一种理想的模型。

2. 理想气体状态方程是 $pv=RT$。

3. 热力学中规定：工质对外界做的功, 即膨胀功为正; 气体对外界做的功为负, 实质是外界对气体做了压缩功。工质接收热量为正, 工质放出热量为负; 内能增加为正, 内能减少为负。

4. 理想气体的内能由温度决定。

5. 热力学第一定律可以简单表述为：热和功可以相互转换。

6. 热力学第二定律常用的表述都是说明实现某种具体热功转换过程的必要条件。一切自发地实现的过程都是不可逆的。

7. 卡诺循环是由两个定温过程及两个绝热过程所组成的可逆循环, 是当今最理想的热机方案。

8. 卡诺循环的热效率公式：$\eta = 1 - \dfrac{q_2}{q_1} = 1 - \dfrac{T_2}{T_1}$, 表明了卡诺循环的热效率仅决定于高温热源及低温热源的温度; 卡诺循环的热效率不可能达到1; 不可能由单一热源吸热而循环做功。

9. 凡能用 $pv^n = \text{const}$ 描述的过程统称为多变过程。

当 $n=0$ 时, $p=$常效, 为定压过程;

当 $n=1$ 时, $pv=$常教, 即 $T=$常数, 为定温过程;

当 $n=k$ 时, $pv^k=$常数, 为绝热过程;

当 $n=\infty$ 时, $v=$常数, 为定容过程。

10. 用 pv 图可以描述发动机的工作循环。由于燃烧和喷油同时进行, 柴油机示功图的峰顶比较圆滑。在 $p—v$ 图上的示功图构成了两个封闭的面积, 两面积之差就是循环指示功。

11. 发动机的工作循环由进气、压缩、燃烧、膨胀、排气 5 个过程组成。

12. 理想循环的假设条件。

13. 发动机的有效性能指标包括有效功率、有效扭矩、平均有效压力、有效燃料消耗率、升功率和比质量等。

1. 表压力、真空度表指示与绝对气压之间有何关系?

2. 为什么内燃机的热效率总是小于 100%？

3. 柴油机热效率高于汽油机的主要原因是什么？

4. 试进行定压加热循环过程的功、热量、内能的变化分析。

5. 什么是发动机的有效性能指标？各项有效性能指标的表达式是什么？

Chapter 2

第2章

|换气过程|

|学习目标|

- 熟悉发动机换气过程的 3 个阶段
- 熟悉配气相位对换气过程的影响
- 了解换气损失的影响因素
- 熟悉充气系数与提高措施
- 了解充气系数与单位时间充气量的关系

四冲程发动机换气过程

发动机的换气过程包括从排气门开启至进气门关闭之间的全过程（见图 2-1）。换气过程的主要任务是在尽可能小的换气损失的前提下，尽可能将缸内的废气排除干净，吸入更多的新鲜混合气。换气过程完成的质量直接影响到发动机的动力性、经济性和排放性能，所以了解换气过程，如何提高充气效率，找出减少换气损失、提高充气系数的措施很重要。

换气过程占 410°～480° 曲轴转角。根据气体流动特点，大致可分为自由排气、强制排气和进气 3 个阶段。从图中可以看出，排气持续角和进气持续角均大于理论行程的曲轴转角。

|2.1.1 自由排气阶段|

从排气门开始开启到气缸内气体压力接近于排气管内压力的时期，称为自由排气阶段。虽然时间不长，但是速度高，此阶段排出的废气量可达 60%。

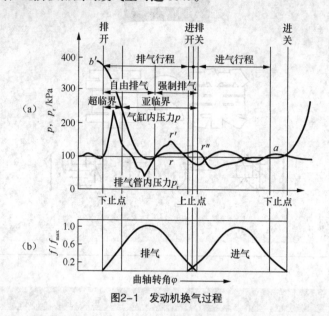

图2-1   发动机换气过程

实验研究表明，自由排气阶段初期，缸内气体的压力是排气管压力的两倍。废气的流量取决于气缸内气体的状态和排气门开启的面积。且排气门处气体的流速为声速，气体流动伴有刺耳的声音，必须安装排气消声器。当缸内气体的压力降为 1.9 倍以下时，废气的流量取决于气缸内气体的压力和排气管内压力的差值。

总体来看，自由排气阶段废气的排量与发动机转速无关。

从配气相位来着，排气门早开有利于在排气冲程开始时有较大的开度，可以减少排气所消耗的功；且随着发动机转速升高，排气提前角应增大。

2.1.2   强制排气阶段

强制排气阶段是废气被上行的活塞强制推出气缸到排气门关闭，将缸内废气强制排除。此阶段气缸内气体的压力比排气管内气体压力略高。废气仍处于亚临界流动状态。压力差越高，流速越快，但引起排气道及排气阀开启处的阻力越大，消耗功越多。同样，排气门迟关可以利用气流运动惯性继续排出废气；还可避免因为在上止点前开始关闭排气门而节流，增加排气功的消耗。

2.1.3   进气冲程

通常情况下，由于进气系统存在阻力，进气过程中气缸压力低于进气管内压力，气体速度越高，阻力越大。进气冲程初期，由于气门开度较小等原因，主要是活塞下行而完成缸内气压迅速下降的任务，气缸内呈负压，因此新鲜充气量才能顺利流入气缸。随着气门开度的增加，进入气缸内气体量增加，并受高温零件及废气的加热，缸内气体压力迅速回升。进气冲程终了，由于进气动能转化成压力能，气体压力继续提高到接近大气压。

为了增加进气量，进气门也是"早开晚关"。"早开"是为了在进气开始时就有较大的开度与流通面积；"晚关"的作用是利用惯性进气以增加进气量，且可以减少进气功的消耗。

2.1.4 配气相位和气门重叠

1. 配气相位

发动机配气相位角如图 2-2 所示。

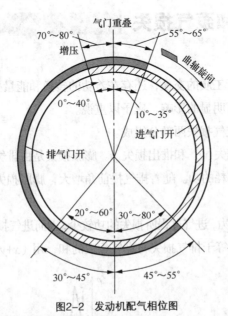

图2-2 发动机配气相位图

进、排气门的实际开、闭时刻和持续时间，称为配气相位，用曲轴转角表示配气相位，称为配气相位图。为了实现最大限度的吸进新鲜空气和排净废气，尽可能地减小换气损失，必须设法延长进、排气的时间。因此，进、排气门都需要提前开启，迟后关闭，常称为"早开迟闭"。

配气相位设置需要考虑以下两方面的因素。

其一，气门及其传动机构工作时的速度和加速度以及由此产生的惯性力，对气门机构工作的噪声和使用寿命影响极大。在设计时既要保证气门开启有较大的通气断面，来满足发动机输出功率的需要，又要降低加速度、减速度及惯性力。因此只有将气门提前开启，迟后关闭，增大进、排气门开启的配气相位角。

其二，考虑到气体流动惯性。不论是从气缸内排出的废气还是吸入的新鲜气体，都具有一定的质量，要达到高速度、定向流动，必须有一个过程，来克服气流的惯性，使其流动并加速，或已产生了流动惯性，则需要尽量利用其惯性，把缸内残余气体排出。因而需要气门的开启提前，关闭延迟。

2. 气门重叠和燃烧室扫气

由于排气门迟后关闭，进气门提前打开而存在进、排气门同时开启的现象，称为气门重叠。气门重叠开启期间进气管、气缸、排气管连通，可利用气流压差和惯性清除残余废气，增加新鲜充量。

特别是增压发动机，由于进气压力高和较长的气门重叠时间，可以更好地利用新鲜充量来帮助清除废气和降低燃烧室热区零件的温度，称为燃烧室扫气。

非增压发动机气门叠开角一般为 20°～80°，增压发动机气门叠开角一般为 80°～140°。若气门叠开角过大，可能会引起废气倒流进气管的现象。

由于最佳的配气相位随发动机的转速变化，转速提高，提前角应增大。有些发动机上设置了可变配气相位的装置。另外，也有设置气门升程可以变化的装置，以适应发动机高转速和大负荷的需要。

2.1.5 换气损失和泵气损失

1. 换气损失

在换气过程中，不仅进行工质的交换，还存在着功的转换和能量损失。虽然能量损失数量不大，但对换气质量有明显的影响，应予以重视。

换气损失由排气损失与进气损失两部分组成。

排气损失又可分为膨胀损失 w，和推出损失 y。膨胀损失是由排气门提前开启引起的膨胀功减少；推出损失是推出废气所消耗的功。随着排气提前角增大，膨胀损失增加，而推出损失减少，所以应合理选择排气提前角。

由于进气压力小于大气压力，进气过程所损失的功较少，因而进气损失 x 与排气损失比相对较小。

如图 2-3 所示，换气损失等于排气损失与进气损失的和，用（$x+y+w$）所示面积表示。

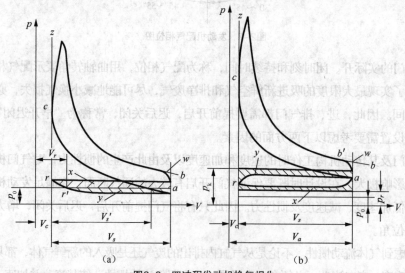

图2-3　四冲程发动机换气损失

2. 泵气损失

泵气损失是四冲程发动机在进、排气两个行程中，活塞因排气和进气所付出或获得的功，此功可以为正也可以为负。

在实际换气过程中，由于工质流动时节流、摩擦等因素的存在，产生的能量损失称为泵气损失。

四冲程非增压发动机的泵气损失是图 3-3（a）中（x+y）所示面积代表的负功。四冲程增压发动机的泵气损失是图 3-3（b）中剖面线（x+y）所示面积代表的功。

充气系数与提高措施

2.2.1　充气系数

充气系数是评价发动机换气过程完善程度的指标。在一个循环中，实际充入气缸的空气质量 Δm（实际充气量）与进气状态下气缸工作容积内能够充入的空气质量 Δm_0（理论充气量）之比称为充气系数 η_v。即：

$$\eta_v = \frac{\Delta m}{\Delta m_0} \tag{2-1}$$

式中：Δm 为实际进入气缸的新鲜空气的质量，kg；Δm_0 为进气状态下充满气缸工作容积的新鲜空气的质量，kg。

所谓进气状态是指空气滤清器后进气管内的气体状态。在非增压发动机上采用当时的大气状态；在增压发动机上则采用增压器出口状态。

由式（2-1）可知，充气系数总是小于 1 的。另外，充气系数越高，则同样条件下，每一循环中气缸充气量就大，因而可以燃烧的燃料量增加，所能做的功越大，P_e 增大，发动机的动力性能越好，因此提高充气系数可以从量的方面提高发动机的动力性。同时，充气系数提高，残余废气相对减少，有利于采用较稀混合气，对于提高发动机的经济性也是有益的。充气系数是影响发动机性能的主要因素。

发动机的充气系数是指节气门全开情况下的充气系数。对于四冲程发动机，节气门全开时的充气系数值大致为：汽油机 0.7～0.85；柴油机 0.75～0.90。

2.2.2　单位时间充气量

单位时间充气量 m（kg / h）是指每小时进入气缸的新鲜工质的质量，它直接影响到发动机单位时间燃烧的燃料量，即影响发动机的功率。而每一循环实际充气量 Δm 决定了每一循环燃烧的燃料量，因而影响发动机的扭矩。

从理论上分析，m 与 Δm 的关系为：$m=30ni\Delta m$。即，Δm 不变，提高转速，单位时间的充气次数增加，m 将直线增加。但实际情况绝非如此，如图 2-4 所示，当转速增加到某一数值（声速）后，m 达到最大值，此后 m 基本保持一定，这就使单纯提高转速来提高功率受到限制。

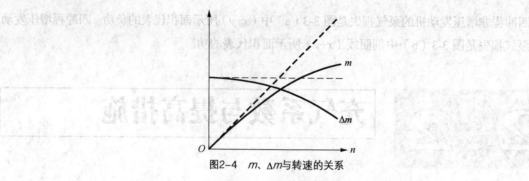

图2-4 m、Δm 与转速的关系

2.2.3   提高充气系数的措施

要提高充气系数，概括起来，有下面几项措施。

1. 减小进气系统的阻力

① 首先是空气滤清器的阻力。结构不同，空气滤清器的阻力不同，并随着使用时间的延长而增大。在使用中，要定期进行清洁保养。

② 增大进气门直径并配置适当大小的排气门；增加进、排气门的数目；适当增加气门的升程；改善进、排气道，降低流动阻力。

③ 采用进气阻力小的空气流量计。

④ 采用可变进气管，利用惯性增压或气波增压，适应发动机低速运行与中高速运行的不同要求。

⑤ 降低燃烧室废气的温度以及活塞顶、进排气阀、燃烧室、排气管的温度，合理布置进、排气管道，减少对充入新工质的加热，有利于提高充气系数等。

2. 合理选择配气相位角

配气相位是否合理应根据发动机的高速性来决定，主要从以下几个方面综合评定。

① 充气效率高，以保证发动机的动力性能。

② 必要的燃烧室扫气，以保证降低高温零件的热负荷，使发动机运行可靠。

③ 合适的排气温度。

④ 良好的充气效率特性，以适应转矩特性的要求。

⑤ 较小的换气损失，以保证发动机的经济性。

进气门晚关可以利用高速气流的惯性增加每循环的充气量。转速高的发动机，进气延迟角越大，在保证排气热能损失最小的前提下，排气提前角也应尽量增大，使废气充分排除，新鲜工质才能充足。适当的气门重叠角，可以增加充气系数，并降低高温零件的热负荷，因此配气相位角显著地影响了发动机的最大扭矩和最大功率及其转速。改变配气相位就改变了发动机的性能。

3. 采用增压技术

所谓增压，是在增压器中压缩进入发动机进气管前的充气量，增加其密度，使进入气缸的实际进气量比自然吸气发动机的进气量多，达到增加发动机功率、改善燃料经济性和排放性能的目的。

通过增压，功率一般可以提高 30% ~ 50%，高增压可达 100% 以上。增压提高了进气压力，提高了充气系数。增压后不仅功率提高，燃油消耗率也可降低 2%～5%。在高原地区，增压是恢复和保持发动机功率的一种有效方法。增压技术目前应用日渐广泛，为了降低增压后气体温度升高等影响，还设置有中冷系统。

1. 发动机的换气过程包括从排气门开启至进气门关闭之间的全过程。

2. 换气过程根据气体流动特点，大致可分为自由排气、强制排气和进气 3 个阶段。

3. 配气相位的特点是"早开迟闭"。

4. 由于排气门迟后关闭，进气门提前打开而存在进、排气门同时开启的现象，称为气门重叠。气门重叠开启期间进气管、气缸、排气管连通，可利用气流压差和惯性清除残余废气，增加新鲜充量。

5. 换气损失由排气损失与进气损失两部分组成。排气损失又可分为膨胀损失和推出损失。

6. 充气系数是评价发动机换气过程完善程度的指标。

7. 单位时间充气量直接影响到发动机单位时间燃烧的燃料量，即影响发动机的功率。

8. 提高充气系数主要有减小进气系统的阻力、合理选择配气相位角和采用增压技术等方法。

1. 说明四冲程发动机的换气过程。

2. 何谓换气损失，泵气损失。

3. 配气相位对换气过程有什么影响？

4. 什么叫充气系数？如何提高充气系数？

第3章

| 发动机燃烧过程 |

- 掌握发动机正常燃烧过程的几个阶段
- 了解汽油机燃烧新技术
- 了解产生汽油机不正常燃烧的原因与解决措施
- 熟悉燃烧过程的影响因素
- 了解柴油机混合气形成的特点与喷雾特性
- 了解柴油机燃烧室对经济性、起动性和工作粗暴性的影响

概述

　　燃料在发动机气缸中从着火到燃烧是极其复杂的热反应过程。汽油机和柴油机由于两者的混合气形成过程不同,其燃烧的形式也是不一样的,所以两者的燃烧过程也就有各自的特点。

3.1.1　燃烧过程

　　发动机的燃烧过程是燃料的化学能转变为热能的过程。燃料燃烧放出的热量对活塞做功,热能转变为机械能。燃烧过程的质量,即燃烧是否完全和及时,直接影响发动机的性能。因此,燃烧过程是发动机整个工作循环中的主要过程。分析燃烧过程,是通过研究热功转换效率的程度,从质的方面考虑提高发动机的动力性和经济性。

发动机使用的主要燃料是汽油和柴油，少量发动机使用 LPG 和 CNG，或使用双燃料，其中的主要成分是碳和氢。碳、氢与空气中的氧进行剧烈的氧化反应就是燃烧过程，同时放出热量。从动力性和经济性等角度出发，对燃烧过程的要求如下。

1. 燃烧要完全

燃料燃烧后，生成 CO_2 和 H_2O，并放出全部热量的称为完全燃烧。进入气缸的燃料越接近完全燃烧，燃烧放热量越多。不完全燃烧主要生成 CO 和 HC。实际上不完全燃烧总是存在的。为了减少不完全燃烧的热损失，要监测排气中的 CO 和 HC 的含量。这对控制排气污染也是必要的。

2. 燃烧要及时

燃烧是否及时，影响燃烧放出热量的利用程度。以最高燃烧压力出现在上止点后 10°～15° 为宜。燃烧过早将使压缩功的消耗增加，因而有效功减少，油耗增加。燃烧过晚则气体推动活塞做功的距离短，即燃烧气体的膨胀比下降，膨胀功减少，燃烧放热量的有效利用程度下降。并且由于与燃烧高温气体接触的传热表面增大，散热损失增加。同时，排气温度升高。废气带走的热量损失也增大。

3. 燃烧要正常

指发动机运转稳定可靠，不出现不正常燃烧。

3.1.2　过量空气系数与空燃比

1. 过量空气系数

设每 1kg 燃料实际供给的空气量为 L，每 1kg 燃料理论上完全燃烧需要的空气量为 L_0，两者的比例称为过量空气系数，用 α 表示，则：

$$\alpha = \frac{L}{L_0} \tag{3-1}$$

过量空气系数是评定实际供给空气量的参数。当实际供给的空气量等于理论空气量时，$\alpha=1$，$L=L_0$，称为理论混合气；$\alpha<1$，$L<L_0$，称为浓混合气；$\alpha>1$，$L>L_0$，称为稀混合气。

理论上，每 1kg 燃料完全燃烧需要的空气量约为：汽油 14.7kg，柴油 14.5kg。

2. 空燃比

空燃比也是评定空气和燃料之间的混合浓度比例的参数，空气质量 m_A 和燃料质量 m_F 之比叫空燃比，用 R 表示。

$$R = \frac{m_A}{m_F} \tag{3-2}$$

当汽油与空气混合的空燃比为 14.7∶1 时，称为理论空燃比，可用 R_0 表示，即理论上该混合气中的燃料和氧气可以完全燃烧，也就是理论混合气的浓度。$R<14.7∶1$ 为浓混合气；$R>14.7∶1$ 为稀混合气。

我国目前采用过量空气系数作为评定标准，而日本、美国等采用空燃比为评定标准，也有采用燃

空比作为评定标准的。所谓燃空比是指混合气中燃料与空气的质量之比，数值上等于空燃比的倒数。

3. 过量空气系数与空燃比的关系

过量空气系数与空燃比在数值上的关系为：过量空气系数 α 等于实际空燃比 R 与理论空燃比 R_0 之比。

3.1.3　汽油机混合气的形成

汽油机多数采用缸外喷射供油，混合气形成过程是从气缸外部开始的。为了使发动机连续正常的工作，应该向发动机气缸不断地供给汽油与空气按一定比例组成的可燃混合气。由于汽油必须蒸发为气态后才能与空气均匀的混合，为了使汽油雾化、蒸发得好，并与空气混合均匀，即在很短的时间内形成可燃混合气，要求空气流有足够高的速度，以便利用其动能把从喷油管喷出的汽油击碎成微小的雾状油滴，借以增加和空气接触的表面积，从而加快蒸发速度，即所谓雾化。汽油蒸发的好坏，取决于雾化的质量，进气管内的气体流速，进气管内的温度和汽油的物理化学性质等。

汽油机的正常燃烧

在发动机气缸中从着火到燃烧是极其复杂的热反应过程。汽油机和柴油机由于两者的混合气形成过程不同，其燃烧的形式也是不一样的。所以两者的燃烧过程也就有各自的特点。

1. 正常燃烧

由电火花点燃可燃混合气，形成火焰中心，并且火焰从此中心按一定的速率（一般为 $30\sim60\text{m/s}$），连续地传播到整个燃烧室。在此期间火焰传播的速率、火焰前峰的形状均没有急剧的变化，称为正常燃烧。

2. 汽油机的燃烧过程

高速汽油机的燃烧过程持续时间很短，将 $p\text{-}V$ 图展开，横坐标变为曲轴转角 φ，得到 $p\text{-}\varphi$ 图，如图 3-1 所示。根据展开示意图上压力变化的特征，将汽油机的燃烧过程分为 3 个时期：着火延迟期、速燃期、补燃期（后燃期）。

（1）着火延迟期

这一阶段是指从电火花点火（1 点）起到火焰中心形成（2 点）开始偏离压缩压力线，约占整个燃烧时间的 15% 左右。着火延迟期内混合气进行着火准备。汽油机在压缩过程中，使燃料与空气的均匀混合气受到压缩，燃料与空气中的氧已经开始进行化学反应，并且随着混合气温度、压力升高反应逐渐加速。在火花塞点火以后，电火花的高能量，使火花塞间隙处的混合气温度急剧升高，极大地加速了燃料的氧化反应，经过一段时间以后，形成了明显燃烧的火焰核心。

在着火延迟期中，仅在混合气的局部有热量放出和积累（火花塞电极附近的较小范围内），对整个气缸的压力影响很小。因此，气缸压力较压缩压力无明显变化。

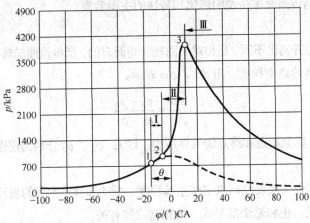

图3-1 汽油机的燃烧过程
Ⅰ—着火延迟期 Ⅱ—速燃期 Ⅲ—补燃期
1—开始点火 2—形成火焰中心 3—最高压力点

着火延迟期以时间 τ_i(ms)或曲轴转角 φ_i(°) 表示。着火延迟期的长短与下列因素有关。

① 燃料本身的物理化学性能。

② 可燃混合气的成分。试验表明汽油与空气的混合气在过量空气系数 α=0.8~0.9 时最短。残余废气相对数量减少时，τ_i 缩短，为使着火容易，应保证在火花塞附近有较浓的新鲜混合气。

③ 点火时气缸内混合气的温度、压力升高，点火能量增大，均使着火延迟时间缩短。由于点火时气缸内的气体温度和压力与压缩比有关，故压缩比大，τ_i 短。

由于着火时刻（见图 3-1 中 2 点）可用改变点火提前角的办法来调整，所以着火延迟期的长短对汽油机的工作影响不大。改变点火提前角，对 τ_i 的长短影响很小。它主要改变 τ_i 在 P-φ 图中的位置，因而影响火焰中心形成的时刻，也就决定最高燃烧压力（见图 3-1 中 3 点）出现的时刻。

（2）速燃期

速燃期是指火焰中心形成开始到最高燃烧压力为止的阶段。此阶段可燃混合气进行急剧的化学反应，温度迅速提高，可燃混合气迅速转变为燃烧产物。由于混合气的主要部分在速燃期内燃烧完毕，燃料热能的绝大部分在速燃期内放出，所以气缸的温度、压力迅速升高。因此速燃期是燃烧过程的主要阶段，其放热量和放热规律直接影响发动机的动力性、经济性和发动机工作的粗暴程度。

（3）补燃期

指从最高压力出现到燃油基本上完全燃烧的阶段。从图 3-1 中 3 点开始，终点很难判断。此阶段，主要是少量未燃烧的燃油、不完全燃烧的中间产物，以及吸附在气缸壁上的混合气层继续燃烧放热。由于汽油机燃烧温度很高，压力又较低，因此某些燃烧产物 CO_2、H_2O 在速燃期因高温作用而离解成 H_2、O_2、CO，又在膨胀行程温度下降以后部分复合放出热量。

由于补燃期混合气的燃烧速率下降和活塞向下止点加速移动，气缸内压力从 3 点开始下降。补燃期是处于膨胀行程，燃烧的放热量得不到充分利用。为了提高发动机的热效率，必须减少补燃量。

3. 速燃期特性的主要参数

压力升高率和火焰传播速率是说明速燃期特性的主要参数。

（1）压力升高率

压力升高率与压力升高比不同，是相对于曲轴转角而言的，指单位曲轴转角的气缸压力升高量，表明了气缸内压力升高的急剧程度，用 $\Delta p\ /\ \Delta\varphi$ 表示。

$$\frac{\Delta p}{\Delta \varphi} = \frac{p_3 - p_2}{\varphi_3 - \varphi_2} \qquad (3-3)$$

式中：p_2、p_3 分别为速燃期始点和终点的气体压力，kPa；φ_2、φ_3 分别为速燃期始点和终点相对于上止点的曲轴转角，(°)。

一般把压力升高率作为代表发动机工作粗暴程度、振动和噪声水平的重要参数。压力升高率和火焰传播速率密切相关，也和燃烧室形式、火花塞位置有关。

为了保证汽油机工作柔和，动力性良好，应使燃烧过程满足如下两点要求：

① 合适的压力升高率。压力升高率过大，汽油机工作粗暴；过小则功率、热效率下降。

② 火焰中心 2 点形成在上止点前 12°～15°，最高燃烧压力 3 点在上止点后 12°～15° 曲轴转角时出现。2 点的位置由点火提前角来保证；3 点的位置靠燃烧速率来保证。燃烧速率是单位火焰前峰表面积在单位时间内所烧掉的新鲜混合气质量。

（2）火焰传播速率

火焰前峰相对于燃烧室壁面的速率，单位为 m／s。

影响火焰传播速率的使用因素有以下几点。

① 发动机转速。火焰传播速率随发动机转速的增加几乎成正比地增加。

② 混合气浓度。在比理论混合气稍浓时，火焰传播速率最大。

③ 残余废气。残余废气增多时，火焰传播速率下降。

④ 进气压力。进气压力增加，火焰传播速率增加。

⑤ 进气温度。进气温度升高，火焰传播速率略有降低。

由上述分析可见，速燃期基本在上止点附近完成，缓燃期在膨胀期完成，所以，汽油机的燃烧更接近定容加热循环。

稀薄燃烧

车用发动机稀薄燃烧包括缸外喷射稀燃系统（PFI）、直接喷射稀燃系统（GDI）和均质混合气压燃系统（HCCI）3 种类型。

3.3.1 缸外喷射稀燃系统（PFI）

进气道喷射稀燃系统根据进气流在气缸内的流动形式不同，可分为涡流分层和滚流分层两种。

1. 涡流分层稀燃系统

这种稀燃发动机的代表是丰田公司的进气道喷射第三代稀燃系统，本田公司的 VTCE—E 以及马自达公司的稀燃系统。丰田第三代稀燃系统和马自达稀燃系统的共同特点是都采用涡流控制阀（SCV）来调节涡流的强度，在低负荷时，SCV 关闭获得强的涡流；在高负荷时，SCV 打开获得斜轴涡流，促进燃油与空气的混合。

2. 滚流分层稀燃系统

日本三菱汽车公司利用进气道喷射燃油先后成功地在 3 气门和 4 气门发动机上实现了缸内滚流分层稀燃（MVV）系统。后来，三菱公司研制出了适用于 4 气门发动机的滚流分层稀燃系统，在 4 气门汽油机的进气道内对称布置两个立式隔板，在两个隔板之间喷油，使混合气在缸内滚流轴线方向上形成稀—浓—稀的夹层分布，这样可以充分发挥火花塞中心布置的优势。

PFI 发动机的限制是 20% 喷嘴装在气缸盖上进气门的背面，80% 安装在进气歧管上靠近气缸盖位置。在发动机启动时，会在进气门附近形成瞬时的液态油膜，这些燃油会在每次进气过程逐渐蒸发进入气缸燃烧。冷机启动时由于燃油蒸发困难，使得实际供油量远大于需求空燃比的供油量，显著加大发动机未燃 HC 排放。

PFI 发动机的另一限制是中、小负荷时采用节气门来控制负荷，存在节流损失，GDI 发动机在中、小负荷时采用分层充气工作模式，通过控制喷入气缸的油量来控制发动机的负荷，不采用节气门可以降低泵气损失和热损失。

3.3.2 直接喷射稀燃系统（GDI）

进气道喷射汽油机在不采用助燃方法组织稀燃时，其空燃比超过 27∶1 非常困难，但直接喷射稀燃系统超过这一界限却非常容易。与缸外进气道喷射稀燃汽油机相比，缸内喷射稀燃汽油机具有泵气损失小、传热损失小、充气效率高、抗爆性好及动态响应快等特点。早期的 GDI 汽油机是利用与柴油机一样的泵—管—嘴供油系统来达到迟喷的目的，其燃油是在压缩行程后期喷入气缸，依靠进气涡流或滚流实现混合气分层。

燃油分层喷射（FSI，Fuel Stratified Injection），它代表着今后引擎的一个发展方向。燃油分层喷射技术是电喷发动机利用电子芯片经过计算分析精确控制喷射量进入气缸燃烧，以提高发动机混合燃油比例，进而提高发动机效率的一种技术，它是发动机稀燃技术的一种。

大众 FSI 发动机利用一个高压泵，使汽油通过一个分流轨道（共轨）到达电磁控制的高压喷射气门。它的特点是在进气道中已经产生可变涡流，使进气流形成最佳的涡流形态进入燃烧室内，以分层填充的方式推动，使混合气体集中在位于燃烧室中央的火花塞周围。如果稀燃技术的混合比达到 25∶1 以上，按照常规是无法点燃的，因此必须采用由浓至稀的分层燃烧方式。通过缸内空气的

运动在火花塞周围形成易于点火的浓混合气，混合比达到 12：1 左右，外层逐渐稀薄。浓混合气点燃后，燃烧迅速波及外层。

　　FSI 发动机与传统的燃油喷射系统在充气系统方面其工作原理上有显著的差异。FSI 发动机采用的是类似柴油机工作方式将高压汽油直接喷入气缸爆发燃烧以获得动力。相对于传统的汽油发动机而言，采用这种工作方式后由于汽油直接喷入每一个气缸，结合稀薄燃烧技术，使汽油直喷发动机在部分负荷范围内采用专门的充气模式来工作成为了现实。其充气模式为有 3 种：分层充气模式、均质稀混合气模式、均质混合气模式。在不同的工况下采用不同的过量空气系数。

　　FSI 发动机按照发动机负荷工况，基本上可以自动选择在低负荷时为分层稀薄燃烧，在高负荷时则为均质理论空燃比（14.6～14.7）燃烧。在中间负荷状态时，采用均质稀混合气模式。在 3 种运行模式中，燃料的喷射时间有所不同，真空作用的开关阀进行开启/关闭来控制进气气流的形态。

3.3.3　均质混合气模式

1. 分层充气模式

　　如图 3-2 所示，在这种工作模式中过量空气系数为 1.6～3。在分层充气模式下，空气经过接近全开的节气门（节气门不能完全打开，因为要保持一定的真空用于活性炭罐装置和废气再循环装置）引入燃烧室。此时，进气歧管阀会将下部进气道完全关闭，这样吸入的空气在上部进气道流动的速度就加快了，于是空气会呈旋涡状流入气缸内。活塞上的凹坑会增强这种涡旋流动效果，与此同时，节气门会进一步打开，以便尽量减小节流损失。在压缩行程上止点前约 60° 时，高压燃油以（100～150）bar 的压力喷射到火花塞附近。燃油的喷射时刻对混合气的形成有很大的影响，混合气形成只发生在 40°～50° 曲轴转角之间，如果曲轴转角小于这个范围就无法点燃混合气，如果曲轴转角大于这个范围混合气就变成均质充气了，如此稀薄的均质混合气是无法点燃的。

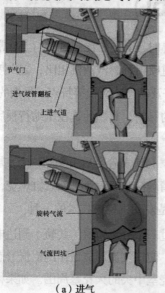
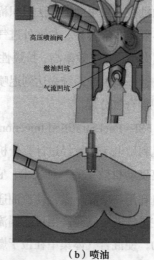

（a）进气　　　　　　　　　　　（b）喷油

图3-2　分层充气模式

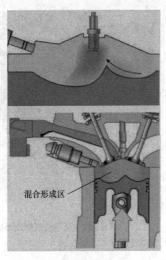

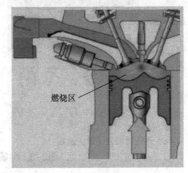

（c）混合气形成　　　　　　　　　　　　　（d）燃烧

图3-2　分层充气模式（续）

由于燃油喷射角非常小，所以燃油雾气实际并不与活塞顶接触，即称之为所谓的"空气引入"方式。并且只在火花塞附近聚集了具有良好点火性能的混合气，这些混合气在压缩行程中被点燃。另外在燃烧后，被点燃的混合气与气缸壁之间会出现一个隔离用的空气层，它的作用是降低通过发动机缸体散发掉的热量，提高了热效率。分层充气模式并不是在整个特性曲线范围内都能实现的。特性曲线范围受到限制，这是因为当负荷增大时，需要使用较浓的混合气，燃油消耗方面的优势也就随之下降了。

2．均质稀混合气模式

如图 3-3 所示，这种工作模式的过量空气系数为 1.55 左右，这种工作模式下也和分层充气一样节气门开度大，进气歧管关闭。只不过在点火上止点前 300° 左右时喷入燃油，形成混合气的时间比较长，有利于形成均匀的稀混合气，此种工作模式称为均质稀混合气模式。均质稀混合气模式是一种特殊的工作模式，像分层充气一样也只能在一定转速范围内工作，并且还需要满足以下条件。

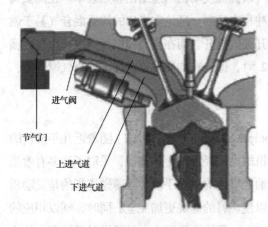

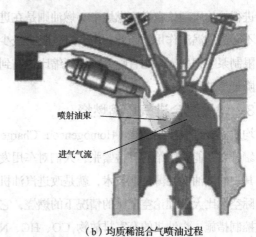

（a）均质稀混合气进气过程　　　　　　　　　（b）均质稀混合气喷油过程

图3-3　匀质稀混合气模式

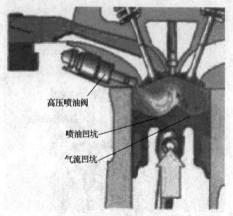

（c）均质稀混合气形成过程

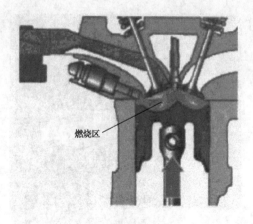

（d）均质稀混合气燃烧形成过程

图3-3　匀质稀混合气模式（续）

① 没有与排放系统有关的故障。

② 冷却液温度必须超过 50℃。

③ 氮氧化物催化剂的温度为 250℃～500℃。

④ 进气阀必须保持关闭状态。

均质稀释燃烧，在这种运动模式中，燃油在进气冲程喷射，并且由于产生加速稀释混合空气的纵涡流，进气阀被关闭。这时，阻碍燃烧的废气再循环 EGR 暂不进行。与均质理论空燃比不同的是，吸入空气量超过燃油喷射量燃烧的需要，此时过量空气系数大于 1。

如图 3-4 所示，均质混合气模式的过量空气系数为 1。节气门开度按照油门踏板的位置来控制，在发动机负荷较大转速较高时，进气阀就会完全打开，于是吸入的空气就经过上、下进气道进入气缸。燃油喷射并不是像分层充气模式那样在压缩行程时发生，而是发生在进气行程中，这样燃油和空气就有更充足的时间来混合，并且可以利用空气的流动旋转的涡流来击碎燃油颗粒，使之混合更加充分。均质模式的优点在于燃油是直接喷入燃烧室内，而吸入的空气可抽走一部分燃油汽化时所产生的热量。这种内部冷却可以降低爆燃趋势，因此可以提高发动机的压缩比和热效率。在高负荷中所进行的均质理论空燃比燃烧中，燃油则是在进气冲程中喷射。理论空燃比的均质混合气易于燃烧，不必借助涡流作用。因此，由于进气阻力减少，开关阀打开。而在全负荷以外，进行废气再循环，限制泵吸损失，采用直喷，可使压缩比提高到 12：1，即使在均质理论空燃比混合气燃烧中，仍能降低燃油耗。

3. 均质混合进气压缩燃烧

均质混合进气压缩燃烧（Homogeneous Charge Compression Ignition，HCCI）随着近几年油价的不断攀升以及能源供给的日益紧张，人们对车用发动机的燃油经济性更加重视，采取了许多有效措施，其中的汽油机稀薄燃烧技术，就是改进汽油机燃油经济性的重要手段。稀薄燃烧指的是发动机在实际空燃比大于理论空燃比的情况下的燃烧，它可以使燃料的燃烧更加完全。同时，辅以相应的排放控制措施，汽油机的有害排放物 CO、HC、NO_x、CO_2 等将大为减少，且稀燃时燃烧室内的主要成分 O_2 和 N_2 的比热较小，多变指数 n 较高，因而发动机的热效率高，燃油经济性好。然而，随着汽车内燃机技术的发展以及排放法规的日益严格，特别是"欧 V"乃至将来的"欧Ⅵ"法规，对现有内燃机技术提出了更为严峻的挑战。目前已应用的较先进的技术（如柴油机的高压共轨和预喷射、汽油机的分层稀薄混合气燃烧和缸内直喷，以及废气再循环、废气催化转化、微粒捕捉等）都难以完全满足新法规的要求。近几年提出并正在积极研究的一种汽油机均质混合气压缩燃烧（HCCI）技术则可望使内燃机的排放性能获得新的突破。

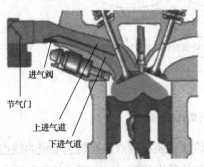

（a）匀质稀混合气进气过程

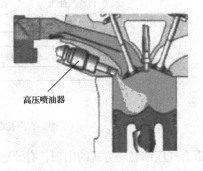

（b）匀质稀混合气喷油过程

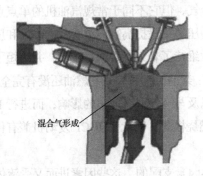

（c）匀质稀混合气形成过程

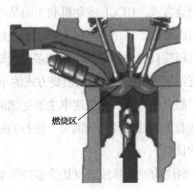

（d）匀质混合气燃烧过程

图3-4　质稀混合气模式

　　HCCI 燃烧是通过控制喷射时刻和喷射参数来在汽缸里面形成非常均匀的空气和燃料混合气，从而形成以预混燃烧为主的快速燃烧。通过这种压缩较低当量比的可燃混合气而形成的燃烧，能够有效降低燃烧过程的火焰温度，从而降低 NO_x 排放；另外，低当量比的可燃混合气也能够减少微粒物的排放，这样就从燃烧源头减少了有害排放物 NO_x（NO_2 和 NO，主要是 NO_2）和微粒物（Particle Matter，PM）的生成。另外，根据车辆动力系统具体组成情况，HCCI 发动机较传统汽油发动机可以将燃油效率提高 20%。在柴油机上应用均质混合进气压缩燃烧称为 HCCI，在汽油机上应用简称 CAI（Controlled Auto Ignition）。

　　HCCI 技术能够把汽油发动机的燃烧效率提高 30%。不论是美国的通用汽车、福特汽车，抑或德国的大众汽车、戴姆勒-克莱斯勒，还是日本的丰田汽车、日产汽车、本田汽车，都对这项技术倾注了很大的努力。虽然，HCCI 发动机也和传统的汽油发动机一样，都是向气缸里面注入均匀的空气和燃料混合气，但传统的汽油发动机通过火花塞点火，点燃可燃混合气，通过燃烧释放出热能，

再将热能转换为机械能输出。而 HCCI 发动机的点火过程同柴油发动机相类似，通过活塞压缩混合气使之温度升高至一定程度时自行燃烧。其既有传统汽油机混合气均质混合，又有传统柴油机的压燃式工作。通过图 3-5 可以看出 HCCI 发动机与传统汽油机、传统柴油机以及缸内直喷汽油机的相似和区别。

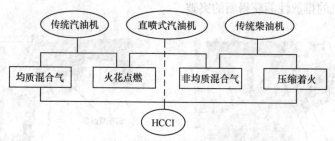

图3-5　HCCI和现有内燃机的关系

　　均质混合气压缩燃烧方式的出现，有效地解决了传统均质稀薄点燃燃烧速度慢的缺点，是有别于传统的汽油机均质点燃预混燃烧、柴油机非均质压缩扩散燃烧和 HCCI 发动机分层稀薄燃烧方式的第四种燃烧方式。HCCI 发动机利用的是均质混合气，但它不同于常规汽油机的单点点火方式。它通过提高压缩比，采用废气再循环、进气加温和增压等手段提高缸内混合气的温度和压力，促使混合气进行压缩自燃，在气缸内形成多点火焰，有效维持了着火燃烧的稳定性，并缩短了火焰传播距离和燃烧持续期。它与柴油机燃烧方式的不同在于：柴油机在着火时刻燃油还没有完全蒸发混合，进行的是扩散燃烧方式，燃烧速率主要受燃油蒸发以及与空气混合速率的影响；而进行 HCCI 燃烧的混合气在着火以前已经均匀混合，进行的是预混燃烧模式。因此，HCCI 发动机兼有传统汽油机和柴油机的优点。

　　HCCI 燃烧的能量释放过程是受多种化学动力学因素支配的，这些因素进而又受流体静力学和热力学状态历程的影响。普遍认为，燃烧的引发受化学动力学的控制，因为缸内的混合气受到压缩，温度和压力上升。温度和压力的时间历程、压缩冲程结束时的缸内温度和压力、燃油的自燃特性和残余废气量，连同 O_2 的浓度、不同的燃油含量和燃烧产物，共同支配着燃烧开始的方式。因此，HCCI 燃烧具有非常小的循环偏差，而且不存在火焰传播过程。为了获得 HCCI 燃烧，要考虑各种不同的参数。压缩冲程结束时的缸内温度和压力、燃油的自燃特性和残余废气量都会影响 HCCI 的点燃过程。与火花点燃式发动机相比，HCCI 发动机压缩冲程结束时的温度必须更高一些，以便使得传统的用于火花点燃式发动机的燃油也能够自燃。目前 HCCI 发动机商品化的主要问题是燃烧起点和燃烧速率的控制问题。

　　燃烧起点对于发动机的热效率和排放都有十分重要的影响。HCCI 发动机中的燃烧过程是一种受化学动力学控制的自燃过程，混合气是预先在气缸外面混合好的。所以，它既不能像压缩点燃式发动机那样通过喷油定时控制燃烧起点，又不能像火花点燃式发动机那样通过点火定时控制燃烧起点。

　　HCCI 的燃烧起点控制，也就是放热起点（SOHR）受各种发动机性能和工况条件，诸如空气/燃油比、进气温度、压缩比、残余废气量和冷却液温度的影响。如果采用 EGR 的话，还受 EGR 的影响。最常见报道的影响燃烧起点的参数是：可变的进气温度、进气压力和排气再循环率。所以，SOHR 的控制，是使 HCCI 发动机实用化的难点之一。大量的研究工作都集中在这个问题上。

为了在控制燃烧起点的同时扩展能够实现 HCCI 燃烧的工况范围和改善瞬态响应特性，已经报道的方法有：可变压缩比、可变气门定时，甚至双重燃油操作。例如，Lund 工艺研究所和 Saab 公司合作，在 Saab 公司的 1.6L 5 缸 SVC 可变压缩比发动机上进行的试验表明，在燃烧起点的控制方面，压缩比和进气温度之间存在一种抵冲关系：提高进气温度可以使燃烧提前发生；提高压缩比可以代替进气温度的提高，起到相同的作用。所以，通过调节压缩比，可以在不同的工况点达到同样的燃烧起点。随着压缩比提高到 17∶1，还可以使热效率提高，NO_x 排放下降。但提高压缩比的缺点是，由于膨胀加快，反应时间缩短，CO 排放会增加。改变气门定时，特别是改变排气门定时，可以改变残余废气量和气缸温度，进而调节燃烧起点。

随着现代发动机管理系统更加柔性化的发展。空气/燃油比和 EGR 量对化学反应来说都是非常重要的参数，因而对燃烧速率也有着非常重要的影响。人们开始研究燃烧室几何形状和紊流度是否对 HCCI 燃烧过程有影响的问题。

3.4 汽油机的不正常燃烧

所谓不正常燃烧，是指燃烧不是由火花塞点燃或火焰传播速率不正常的汽油燃烧过程。常见的不正常燃烧有爆震燃烧和表面点火。

3.4.1 爆震燃烧

爆震燃烧（简称爆燃）是汽油机的一种不正常燃烧现象。它是火焰传播前锋还没有到达燃烧室的末端前，末端的部分混合气内部出现了多个自发的火焰中心。这些火焰扩展速率极高，比电火花点火后的正常火焰传播速率快几十倍，有的可达到 1000m/s 以上，使得局部气缸压力急剧上升，比其他部分高得多。由于各部分的压力差别，则产生冲击波，以 3000~5000Hz 的频率反复撞击燃烧室壁和活塞顶部，使之振动而发出尖锐的金属敲击声。

虽然爆燃时的最高压力很高，但由于是冲击波，并不能对活塞更多地做功。轻微爆燃（火焰传播速率约在 60~100m/s）有利于提高热效率，发动机功率略有增加，因此，机动车允许轻微短时间的爆燃。严重的爆燃是不允许的，当火焰传播速率大于 300m/s 时，则作为不正常燃烧。通常所说的爆燃特指不正常燃烧，不包括轻微短时间的爆燃现象。

1. 爆燃的现象

发动机爆燃的现象具体表现在以下几方面。

① 发出金属敲击声（俗称敲缸），强烈爆燃时会引起发动机振动。

② 强烈爆燃时，发动机功率下降，运转不稳，转速下降，发动机有较大振动。

③ 发动机过热，气缸盖、冷却水、润滑油温度均上升。

④ 排气的颜色：在爆燃加剧时，排气管冒黑烟。

2. 爆燃的危害

① 发动机过热。正常情况下，在燃烧室壁、活塞顶及气缸壁等壁面上形成一种气体附面层（一种稳定的气体层流边界层）其导热性较差。因此，虽然燃烧气体温度可达 2000℃～2500℃，而燃烧室及气缸壁等表面的温度只有 200℃～300℃。但是当爆燃时，由于强烈的压力波冲击，使气体附面层受到破坏，因而高温气体向这些零件的传热量大大增加，发动机过热，传给冷却系的热损失增加，润滑油温度升高。润滑质量下降，加速磨损。

② 高温下燃烧产物分解。强烈爆燃时，燃烧室内局部温度很高，可达 4000℃以上。在这种情况下，燃烧产物将分解为 CO、H_2、O_2、NO 及游离碳等。游离碳在气缸内很难再燃烧，这就是爆燃时排出黑烟的原因。CO、H_2、NO 等在膨胀中重新燃烧而使发动机的补燃量增大，同时由于爆燃时的散热损失增加，因而发动机的热效率下降。

③ 容易引起早火。在一定条件下，强烈的爆燃还能在燃烧室内产生许多炽热点。这些炽热点，可能在电火花点火之前，点燃可燃混合气引起早火。

④ 爆燃促使积碳增加。爆燃时的不正常燃烧及高温促使积碳的形成量增加。这些积碳将可能破坏活塞、活塞环、火花塞和气门的正常工作。

3.4.2　表面点火

在点燃式发动机中，凡是不依靠电火花点火，而是由炽热表面点燃混合气而引起的不正常燃烧现象，均称为表面点火。发动机长时间高转速、大负荷运转以后，由火花塞电极或绝缘体或排气门的高温会引起后火或早火。此外，燃烧室炽热沉积物会引起多点点燃的早火现象。

1. 后火

在正常电火花点火以后，在火焰传播过程中，火焰前锋仍以正常的速度传播，炽热点点燃其余混合气，这种不正常燃烧现象，称为后火。在炽热点的温度足够时，可能出现下述情况，即关掉点火开关断火后，发动机还能像有电火花点火一样，继续运转，直到炽热点温度下降以后，发动机才停车。

2. 早火

在炽热点温度比较高时，往往在电火花正常点火以前。炽热点就点燃混合气，称为早火或早燃，相当于提前点火。由于混合气在进气及压缩行程中就长期受到炽热表面的加热，以及炽热点表面比电火花更大，其燃烧速率将比正常燃烧快。所以产生了很高的气缸压力和温度，造成压缩功过大，同时增大了向气缸壁的传热，总的效果是损失了功率。向气缸壁的传热增加，又进一步促使炽热点的温度升高，更早点燃混合气。单缸汽油机上的早火，往往导致停车；多缸发动机中，某一缸产生表面点火，由于被其他缸拖动运转，点火会越来越早，最终导致气门、火花塞、活塞等零件过热，以及活塞连杆组机械损伤。

爆燃和表面点火是两种完全不同的异常燃烧现象，其最大区别是：爆燃时的火焰以波的速率传播，而表面点火的火焰传播速率比较正常。另外，推迟点火等可消除爆燃，但对表面点火却不起作用。

3.5 影响汽油机燃烧过程的主要因素

影响燃烧过程的因素可分为使用因素与结构因素。结构因素本书不作介绍。使用因素包括点火提前角、混合气浓度、发动机转速及负荷、燃料性质等。燃料性质对使用者主要考虑汽油的抗爆性，也就是汽油的牌号要符合使用说明书的要求，燃料性质的影响本书不再详述。

3.5.1 点火提前角的影响

汽油燃烧不是瞬时完成的，电火花点火以后，要经过着火延迟期，然后才进入速燃期。如果点火提前角过小，将使混合气燃烧，在活塞快速下行时进行，即燃烧过程是在容积不断增大的膨胀过程中进行。这就使炽热的气体与气缸壁的接触面积增加，散热损失增大，而燃烧放热量得不到充分利用，最高燃烧压力降低，气体的膨胀功减少。导致发动机过热，功率下降，耗油量增加。若点火提前角过大，则在压缩过程后期燃烧的燃料量增多，使压力升高比增大，消耗的压缩功增加，最高燃烧压力较高，加重了零件的机械负荷。这同样会使发动机过热和功率下降，并使产生爆燃的倾向增加和可能引起发动机运转不稳定。

对于确定的发动机，在一定的运转状况下，总可以选择到一个最合适的点火提前角，使得发动机燃烧比较及时，热量利用较好，气缸壁和废气带走的热量较少，压力升高率也适当，发动机功率最大，油耗最低。这种工况对应的点火提前角称为最佳点火提前角。最佳点火提前角并非定值，随发动机的转速、节气门开度和技术状况变化，因此，必须随着使用情况的不同，及时地对点火提前角进行调整，使之接近最佳值。

由 3.2 节分析，随着点火提前角增大，最高燃烧压力出现早。因此，点火提前角过大（最高燃烧压力点在压缩上止点之前），将造成压缩功增加，燃烧损失增大，发动机功率下降，爆燃倾向增加。对提高发动机的功率来说，在不发生爆燃等异常情况下，点火提前角增大是有利的。

此外，气缸压缩压力的大小会影响到压缩过程终了时气体的压力和温度，因而也会影响到混合气的燃烧速率。因此，当汽车经过一段时间的使用之后，发动机气缸的压缩压力会有所降低，可以将点火提前角适当地调大，以补偿由于燃烧速率降低使燃烧过程延长的时间。

3.5.2   混合气浓度的影响

混合气的浓度对火焰传播能否进行、火焰传播速率的大小及是否发生爆燃都有很大的影响。混合气的浓度不同，燃烧时火焰传播速率也不同。试验表明，当 α =0.85~0.95 时，火焰传播速率最高，因而燃烧速率最大，使燃烧最高温度和压力都提高。此时，循环指示功最大，这种混合气称为功率混合气。

当 α =1.05~1.15 时，混合气稍稀，燃烧比较完全。此种混合气称为经济混合气。此时燃料消耗率最低，热效率提高，但指示功略有下降。最近发展的稀薄燃烧技术，α 值可以进一步增大，燃烧也更充分，发动机的经济性可以进一步提高。

当 α <0.85~0.95 的过浓混合气，由于混合气中严重缺氧而使燃烧不完全，一部分燃料的热能不能释放出来，所以热效率下降。α >1.05~1.15，火焰传播速率下降较多，使燃烧过于缓慢，补燃量增多，也使热效率下降。

汽车在实际使用中发动机经常是在部分负荷下工作，这时使用经济的混合气，可以提高汽车的燃料经济性；汽车在满负荷时要求汽油机产生最大功率，此时则应使用最大功率的混合气；汽车在低负荷或怠速时，进入气缸的可燃混合气数量少，而气缸内残余废气相对地增多，混合气受到稀释，容易产生断火现象，为此，供给较浓的混合气以保证发动机的稳定运转。

可燃混合气的浓度只有在一定的范围内，才能保证火焰进行传播。这就是火焰传播界限。α =0.4~0.5 时，由于混合气严重缺氧，燃烧不完全而放出的热量减少，因而燃烧温度降低，不足以使相邻的未燃燃料分子活化，火焰无法传播。因此，α =0.4~0.5 的混合气成分称为火焰传播上限。当 α =1.3~1.4 时，由于其热值过低，燃烧放热量少，同样不能进行火焰传播，称为火焰传播下限。为保证混合气正常燃烧，混合气浓度必须在火焰传播界限之内。混合气浓度 α 在 0.5~1.2 这一范围内，可以保证发动机稳定可靠的运转。需要指出的是，火焰传播界限并不是一成不变的常数，它随引起燃烧的条件变化而略有增减。同样，过量空气系数的最有利范围，即功率混合气和经济混合气的 α 值，都是指节气门全开情况下测定的数值。当节气门开度减小时，由于残余废气的稀释作用，功率混合气和经济混合气的 α 值均应略小一些，才能符合要求。因此，在一定转速下，不同节气门开度所要求的功率混合气或经济混合气都是不相同的。

3.5.3   转速的影响

（1）对着火延迟期的影响

转速增高时，着火延迟期 τ_i 变化不大，但 φ_i 随之增大，因而应增大点火提前角。

（2）对火焰传播速率和爆燃的影响

当转速增高时，火焰传播速率大体上与转速成正比例增加，因而最高燃烧压力 $\Delta p\,/\,\Delta\varphi$ 的值随转速变化不大。

　　由于转速增高，火焰传播速率增加，火焰传播时间缩短，爆燃的倾向减小。可用提高转速的方法消除爆燃或降低对辛烷值的要求。

3.5.4　负荷的影响

　　汽油机的负荷变化时，是靠改变节气门开度，调节进入气缸的混合气数量来达到不同的负荷要求，这种调节方法称为量调节。

　　（1）对着火延迟期的影响

　　负荷减小时，节气门开度减小，进入气缸的混合气量减少，而缸内残余废气量基本不变，残余废气对混合气有稀释作用。同时，因每循环燃烧的燃料量减少，缸内气体温度下降，这些都使着火延迟期增长。为此，负荷减小必须相应地加大点火提前角。需要说明的是，怠速时不对外做功，点火提前角不增大。

　　（2）对火焰传播速率的影响

　　负荷减小时，由于残余废气的稀释作用增大，燃烧温度下降，火焰传播速率下降。因此，最高燃烧压力、最高温度、$\Delta p / \Delta \varphi$ 下降，同时散热损失相对增加，因而油耗增大。

　　（3）对爆燃的影响

　　负荷减小时，由于残余废气的稀释作用增加，气缸内的温度、压力下降，使自燃准备时间增大，故爆燃倾向减小。

3.5.5　燃烧室沉积物的影响

　　发动机工作过程中，在燃烧室内零件表面上逐渐产生一层沉积物。由于沉积物导热不良，温度较高，它不断加热混合气使末端混合气温度升高，沉积物过多，使压缩比相对增大，因而使爆燃倾向增加。

3.6　柴油机燃烧过程

3.6.1　柴油机的混合气形成

1．混合气形成的特点

　　由于柴油的蒸发性差，所以柴油机的混合气形成必须采用高压喷雾的方法。在压缩过程接近终了时，借助喷油器将柴油以高压、高速喷入气缸，柴油受到气缸内空气的高温和运动的影响，很快地蒸发扩散和空气混合形成混合气。

　　与汽油机相比，柴油机的混合气形成有如下的特点。

① 柴油机的混合气形成在气缸内部。

② 混合气形成所占时间甚短，一般占 15°~35° 曲轴转角。因而混合气成分在燃烧室各处很不均匀，而且随着燃油的不断喷入在不断改变。为此，柴油机的过量空气系数远大于汽油机，一般为 1.2~1.5，致使气缸工作容积利用率降低。

柴油机的混合气形成质量，对于保证柴油机在尽可能小的过量空气系数下燃烧完全和燃烧及时有决定性的影响。柴油机混合气形成方式基本上有两种类型：一是空间雾化混合方式，即将燃油喷向燃烧室空间，燃油的喷射与燃烧室形状相配合，并利用燃烧室中的空气运动，燃油在空间雾化、蒸发与空气混合；二是油膜蒸发混合方式，即将少量燃油喷在燃烧室空间首先着火，大部分燃油喷在燃烧室壁面上，形成一层油膜，油膜受热逐步蒸发，并依靠燃烧室中强烈的旋转气流作用，与空气形成均匀的可燃混合气。

在小型高速柴油机中，燃油或多或少地会喷到燃烧室壁上，所以两种混合方式都兼而有之。目前多数柴油机仍以空间雾化混合为主。

在柴油机的混合气形成过程中，不论其混合气形成方式如何，都必须利用适当的空气运动。空气运动可以将油束吹散到更大的容积里去，扩大混合范围。油粒越小，就越快地随空气而运动。转速越高，涡流运动越强，吹散作用也越大。有组织的空气涡流运动还能产生热混合作用。即已燃气体因密度较小向燃烧室中央运动，密度较大的未燃燃油与新鲜空气被挤向外围进行混合。这样就使已燃物与未燃物分开，促进了混合气的形成。

柴油机的混合气形成所利用的空气运动形式较多。不同的燃烧室组织空气运动的方法不同。

直喷式燃烧室空气运动的主要形式有以下两种。

① 利用特殊形状的进气道，在进气过程中形成绕气缸中心线的旋转涡流运动。

② 挤压涡流简称挤流。它是在压缩行程后期，活塞顶上部的环形空间中的空气被挤入活塞顶的燃烧室内，造成空气涡流运动。

涡流室燃烧室空气运动的主要形式是压缩涡流，即在压缩过程中将空气压入涡流室形成强烈的有组织的空气运动。

预燃室燃烧室在压缩过程中形成强烈无组织的紊流，混合气形成主要依靠燃烧能量形成的燃烧涡流。

2．燃油的喷雾

将燃油喷散成细粒的过程称为燃油的喷雾或雾化。燃油雾化可以大大增加其蒸发表面积，加速混合气形成。燃油以很高的压力（9.8~19.6MPa）和速率（100~300m／s），从喷油器的喷孔喷出，由于空气阻力和高速流动时的内部扰动作用，被粉碎成细小的油滴。大小不同的油滴组成的圆锥体称为油束。油束中间部分雾化较差，油粒密集，直径较大，前进速率也较大。越向外围，油粒越细，速率越小，外部细小油粒最先蒸发并与空气混合。

（1）喷雾射程

油束贯穿距离为喷雾射程，其大小必须根据混合气形成方式的要求与燃烧室相互配合。过大时，将会有较多的燃油喷到燃烧室壁上，过小时，则燃油在燃烧室空间的分布不好，空气利用率降低。

（2）喷雾锥角

喷雾锥角标志油束的紧密程度,喷雾锥角大说明油束松散。喷雾锥角主要取决于喷孔的尺寸和形状。

（3）雾化质量

雾化质量指喷雾的细度和均匀度。喷雾细度可用油粒的平均直径来表示。喷雾的均匀度可用油粒的最大直径与平均直径之差来表示。平均直径越小、直径差值越小,说明喷雾越细、越均匀,雾化质量越好。不同的混合气形成方式对雾化特性的要求不同。

3. 影响喷雾特性的因素

影响喷雾特性的因素较多,主要有喷油压力、喷油器结构、喷孔直径、介质反压力、油泵凸轮外形和转速以及燃油的黏度。下面叙述几个主要因素的影响。

（1）喷油压力

喷油压力越大燃油喷出的初速度就越大,在喷孔中燃油的扰动程度及流出喷孔后介质阻力也越大,因而雾化的细度和均匀度提高,即雾化质量好。

（2）喷油器结构

喷油器的结构不同,引起油束的内部扰动不同,因而形成的油束不同。喷油器的结构要与燃烧系统的形式相配合。

对于孔式喷油器,当喷油压力、介质反压力及喷孔总截面积不变时,增加喷孔数目,减小喷孔直径,则雾化质量提高而射程缩短。孔式喷油器主要用于直接喷射式柴油机中。由于喷孔直径小,易引起积炭堵塞等故障。

轴针式喷油器只有一个喷孔,其针阀下端连有小轴针插入喷孔中。形成一个很小的环状间隙（0.01～0.025 mm）。轴针式喷油器多用于分隔式燃烧室。因为喷孔直径较大,而且由于在每次喷射时都有针阀活动疏通喷孔,故喷孔不易堵塞。

（3）介质反压力

当气缸内压缩空气的反压力增加时,介质密度增大,相应的空气阻力加大,使油束锥角增大,射程减小,有利于燃油雾化。非增压柴油机中介质反压力变化不大,影响也较小。

（4）喷油泵凸轮外形及转速

当喷油泵凸轮外形轮廓线形状变化较陡或凸轮转速较高时,会使喷油泵柱塞上升速度增加,供油速度加快由于喷油器的节流作用,燃油不能迅速流出,结果使喷油压力、油束流速增加。因此雾化得到改善,油束射程和锥角也随之增大。

3.6.2 柴油机的燃烧过程

车用柴油机的燃烧过程分为4个时期:着火延迟期、速燃期、缓燃期、补燃期,如图3-6所示。

1. 着火延迟期

从开始喷油到柴油着火使气缸压力开始急剧上升而与压缩压力曲线分开时止,这一段曲轴转角叫做着火延迟期,如图3-6所示的1-2段。着火延迟期的长短取决于燃烧室混合气的温度。柴油机的混合气是自燃着火的，燃烧室内混合气几乎是同时着火。因此在速燃期压力升高率很大，这就是柴油机工作粗暴的原因。着火延迟期越长，在着火前燃烧室内积累的柴油越多。工作越粗暴，因此，为使柴油机工作安静、平稳，减轻燃烧噪声，必须缩短着火延迟期、减少着火延迟期里的喷油量、减少着火延迟期里形成的可燃混合气数量。着火延迟期以时间 τ_i（ms）或曲轴转角 φ_i（°）表示。

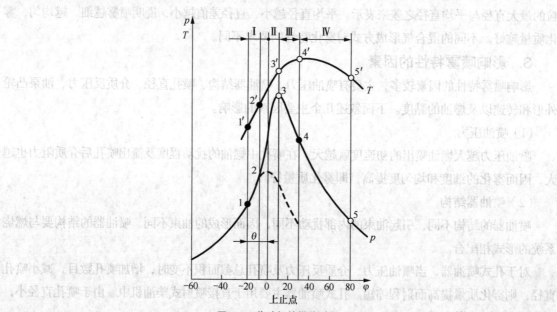

图3-6　柴油机的燃烧过程

I—着火延迟期　II—速燃期　III—缓燃期　IV—补燃期

2. 速燃期

如图 3-6 所示的 2-3 段是速燃期，即气缸压力急剧上升的始点到压力急剧上升的终点。其最高燃烧温度可达 1800 ~ 2200K，最大爆发压力达 4.9 ~ 8.8MPa。一般当压力升高率值超过 400 ~ 600 kPa／(°)。燃烧出现强烈的震音，称为柴油机工作粗暴。压力升高率主要取决于着火延迟期的长短和在着火延迟期里形成的混合气数量。

3. 缓燃期

如图 3-6 所示的 3-4 段是缓燃期，从气缸压力急剧上升的终点起到压力急剧下降的始点止。此阶段喷油和燃烧同时进行，由于活塞下行，容积不断增大，工质压力变化不大，到图 3-6 中的 4 点温度达最高值。

4. 补燃期

如图 3-6 所示的 4-5 段是补燃期，从缓燃期的终点开始到燃油基本上完全燃烧时为止。补燃期是在膨胀过程中燃烧，已不再喷油，压力大大下降。由于气体与缸壁的接触面积较大将热量传给冷却水，因此应尽量减少补燃。喷油器断油不干脆会延长补燃期。

喷油器喷射的细小油滴需要时间蒸发和与空气混合，实际混合时间只有 1 ~ 4ms。特别在大负荷情况下，供油量多，与空气的混合极不均匀，在高温缺氧下燃烧，产生细小的碳粒，形成黑烟。减少循环供油量可以减少冒烟，但最大输出功率要下降。

由上述分析可知。车用柴油机的燃烧过程更接近于混合加热循环。速燃期对应的是定容加热过程，而缓燃期则对应定压加热过程。但高增压、低转速的柴油发动机接近定压燃烧。

3.6.3　柴油机燃烧过程的影响因素

1. 喷油提前角

从喷油器开始喷油起至活塞到达压缩行程上止点为止的曲轴转角叫喷油提前角。如果喷油提前角过大，压缩气体的压力和温度都不很高，不能很好地组织燃烧，着火延迟期长。若喷油提前角过小，燃烧过程拉长，造成补燃量增加。

2. 喷油规律

喷油规律应当是初期喷油量要少，中、后期喷油量要大些，并且要求迅速降到零。这样发动机工作比较柔和，动力性和经济性也较高。喷油器的喷射锥角和喷射行程要与燃烧室形状相配合。

3. 负荷与转速

负荷增加，供油量也增加，过量空气系数相对减少。在单位容积内混合气燃烧放出的热量增加，着火延迟期缩短。因此发动机工作柔和。负荷过大，α 值过小，造成燃烧不良，补燃期加长，废气中出现碳烟，排气温度过高，经济性大大下降，且直接影响发动机寿命。当柴油机怠速运转时，压缩终了的空气温度低，着火延迟期加长。因此压力升高率较大，产生较强的敲缸声，工作粗暴。

发动机转速的提高加强了进气涡流，同时喷油压力也相应提高。使燃料的雾化和与空气的混合得到改善，因而着火延迟期 τ_i 缩短。但是着火延迟期 φ_i 则可能随转速的升高而增加。因此，随着转速的升高，喷油提前角应相应加大。相对于直接喷射柴油机来说，涡流室式柴油机对喷油提前角不太敏感。

4. 燃烧室的形式

对于柴油机来说，燃烧室的结构对燃烧过程有重大影响。燃烧室的结构分为直接喷射式燃烧室和分隔式燃烧室。分隔式燃烧室又分为涡流室式燃烧室和预燃室式燃烧室。

直接喷射式燃烧室结构比较简单紧凑，散热面积小，低温启动性能好，是最省油的。直喷式对喷油器的喷射质量要求较高，同时要有较强的进气涡流才能使混合气得以迅速形成而使燃烧良好。

预燃室式燃烧室被分隔为预燃室和主燃烧室。两室有小通道相通。开始喷射后，有部分柴油在预燃室内先发火燃烧，形成很高压力。这时，高温燃气与未燃烧的油气一起以很高的速度从预燃室经通道喷入主燃烧室，再与空气混合，进行"二次燃烧"。因此燃烧充分，空气利用较好；对喷雾要求低，对燃料品质不敏感；主燃烧室的压力上升率低，工作柔和。这些都是预燃室式燃烧室的优点。但是，由于气体流动损失和传热损失都较大，故油耗高、经济性差。且低温启动较困难。因此一般在预燃室内设置预热塞。

直喷式燃烧室和预燃室式燃烧室的优缺点彼此相反。直喷式的优点正好是预燃式的缺点；直喷式的缺点正好是预燃式的优点。这两种形式的燃烧室处于两个极端。而涡流式燃烧室正好是这两种形式的折中方案。

涡流式燃烧室的结构不同于预燃室式。涡流室与缸盖是一个整体。为了形成涡流，涡流室的形状大多是球形，占燃烧室总容积的 50%~70%，而预燃室占全部容积的 30%~40%，预燃室与主燃烧室的连接小孔只占活塞顶面积的 0.4%~0.8%。涡流室有切向通道与主燃烧室相连，其断面约为活塞面积的 2%~3.5%，比预燃室大得多。为了形成二次涡流，在活塞顶上开有导流槽和凹坑。在改善燃料与空气的混合方式上，两种燃烧室也不相同。涡流室是依靠强烈的有组织的压缩涡流运动使室内的燃料和空气首先混合，在着火燃烧后，涡流室内的燃气压力、温度迅速升高，室内燃气带着未燃的燃油、空气一起经过通道流入主燃烧室，借助于活塞顶上的浅槽形成二次涡流，加速燃油与主燃烧室中空气的混合。预燃室式是在压缩过程中，在预燃室内形成强烈的无组织的紊流运动，使空气与一部分雾化的油混合。着火燃烧后，预燃室压力、温度迅速升高，室内的混合气高速喷入主燃烧室，再次形成很强的燃烧涡流（或称二次涡流）。使大部分燃油在主燃烧室中迅速混合和燃烧。

由于涡流式与预燃室式有上述差异，涡流式的热效率、经济性和起动性能比预燃式稍好。但工作不如预燃室式柔和，噪声也较大，对燃料喷射要求也较高。

1. 燃烧过程的基本要求是完全、及时、正常。
2. 汽油机的正常燃烧要满足 3 个条件：由电火花点燃可燃混合气；形成火焰中心；火焰按一定的速率连续传播。
3. 燃烧过程包括着火延迟期、速燃期、补燃期。
4. 车用发动机稀薄燃烧包括缸外喷射稀燃系统（PFI）、直接喷射稀燃系统（GDI）和均质混合气压燃系统（HCCI）3 种类型。
5. 汽油机的不正常燃烧包括爆燃和表面点火。
6. 影响燃烧过程的因素可分为使用因素与结构因素。使用因素包括点火提前角，混合气浓度，发动机转速及负荷、燃料性质等。
7. 柴油机混合气的形成有空间雾化和油膜蒸发两种形式。
8. 燃油的喷雾评价指标分为喷雾射程、喷雾锥角和雾化质量。
9. 柴油机的燃烧过程分为着火延迟期、速燃期、缓燃期、补燃期。
10. 柴油机燃烧过程的影响因素有喷油提前角、喷油规律、负荷与转速和燃烧室的类型等。
11. 柴油机燃烧室对经济性、起动性和工作粗暴性的影响。

1. 汽油机燃烧过程可分为哪几个阶段？

2. 爆燃和正常燃烧的本质区别是什么？说明为什么低转速、大负荷容易产生爆燃？

3. 影响着火延迟期的主要因素有哪些？着火延迟期对汽油机燃烧过程有什么影响？

4. 混合气浓度对汽油机燃烧过程会产生什么影响？

5. 柴油机混合气形成有什么特点？

6. 柴油机燃烧过程可分为哪几个阶段？影响着火延迟期的主要因素有哪些？

7. 喷油提前角对柴油机燃烧过程有何影响？

8. 为什么柴油机在大负荷下易冒黑烟？

Chapter
4

第4章

| 发动机特性与测试 |

| 学习目标 |

- 掌握发动机特性的基本概念
- 掌握汽油机的速度特性及其特点
- 熟悉汽油机的负荷特性及其特点
- 了解影响机械效率的因素
- 熟悉柴油机的速度特性及其特点
- 掌握柴油机的负荷特性及其特点
- 了解发动机功率测试方法
- 熟悉发动机耗油量测试方法

发动机的平均有效压力 p_e、有效扭矩 T_e、有效功率 P_e、有效燃料消耗率 g_e、每小时耗油量 G_T 等性能指标随运转工况而变化的关系，称为发动机特性。用曲线表示这种关系，称为发动机的特性曲线。发动机特性是对发动机性能进行全面的评价和鉴定的依据。

汽油机特性

| 4.1.1 速度特性 |

研究汽油机速度特性的目的在于找出汽油机在不同的转速情况下，节气门全开及部分开启情况下，其动力性和经济性的变化规律，确定发动机的最大功率 $P_{e\max}$、最大扭矩 $T_{e\max}$ 和最小燃料消耗率 $g_{e\min}$ 时的转速，从而可以确定汽油机在不同的行驶工况应处于的最有利的转速范围。

节气门开度保持不变，发动机的性能指标 P_e、T_e、g_e 等随发动机转速 n 变化的关系叫做发动机的速度特性。表示这一关系的曲线，称为速度特性曲线，节气门全开时（或部分开启）的速度特性叫外特性（或部分特性）。如图 4-1 所示是某汽油机的外特性曲线。发动机作外特性试验时，不装风扇、空气滤清器、散热器、消声器、空压机等。装上附件所作出的特性称为使用外特性。

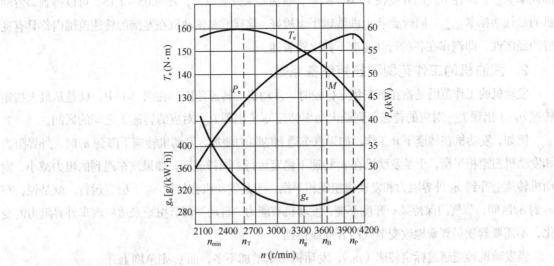

图4-1　汽油机的外特性曲线

1. 外特性曲线分析

（1）扭矩 T_e 曲线的变化规律

从图 4-1 中可以看出，扭矩 T_e 曲线是一条凸形曲线。发动机在较低转速时，T_e 随着转速的逐渐升高越来越大，到某一转速时，T_e 达最大值。以后，随着转速的继续升高，T_e 反而下降。

出现上述情况的原因有两个，一是充气系数的影响。充气系数越大，则 T_e 越大。由于充气系数是随转速而变化的。只有在某一转速附近时，充气系数达最高值。二是燃烧过程的影响。当转速低时，压缩过程的扰流小，燃烧前的雾化和混合不好，影响燃烧过程质量。高转速时，燃烧过程占用的曲轴转角较大，补燃期变长，散热面积大，热效率降低。这两个影响因素相叠加，就使得速度特性的 T_e 曲线在中间某一转速出现最大扭矩。

汽车在陡坡起步时，可以体验到最大扭矩的存在。发动机只有在接近最大扭矩的转速下才能平稳起步。

（2）功率 P_e 曲线的变化规律

P_e 随发动机转速和扭矩 T_e 的增加而增大。当转速从较低值增加时，扭矩 T_e 也同时增加，P_e 迅速上升；当扭矩 T_e 达最高点后，再继续增加转速时，扭矩开始下降，但转速的增加幅度比扭矩的增加幅度大，P_e 上升逐渐缓慢，到某一转速时，P_e 达最高点；若转速继续增加，由于发动机自身消耗功率倍增及充气系数下降，扭矩下降的幅度加大，即出现输出功率 P_e 也下降。

（3）燃料消耗率 g_e 曲线的变化规律

通过燃烧过程分析，在发动机低转速和高转速时，热效率都比较低。在高转速时，机械损失增加，因此只有在某一转速下，燃料消耗率 g_e 最低。

当节气门不是处于全开位置所得到的速度特性叫部分速度特性。就曲线的形状而言，部分特性和外特性相似，只是扭矩最大点和功率最大点都向低转速方向偏移。最经济的燃料消耗率 g_e 并不是在节气门处于全开位置，此时，由于可燃混合气较浓，燃烧不充分，故只能从部分特性中得到最低油耗率 $g_{e\min}$。即在节气门开度在 $75\% \sim 85\%$，省油器未开放以前，$\alpha = 1.05 \sim 1.15$，可以得到该发动机的最低油耗率 $g_{e\min}$。同时要求 g_e 曲线越平坦越好，这样汽车发动机在宽阔的转速范围内都具有良好的经济性，即汽车在各种行驶速度下都比较省油。

2. 汽油机的工作范围和扭矩储备系数

发动机的工作范围是指在汽车稳定行驶时，发动机的转速范围。在图 4-1 中，就是从最大扭矩转速 n_T（出现 $T_{e\max}$ 对应的转速）到最大功率转速 n_P（出现 $P_{e\max}$ 对应的转速）之间的区间。

例如，发动机在转速下 n 工作，如果汽车遇到的阻力增加，发动机转速下降到 n_1 时，外界阻力和发动机扭矩相平衡，于是发动机在 n_1 转速下稳定运行。同样道理，如果汽车遇到的阻力减小，发动机转速上升到 n_2 外界阻力和发动机扭矩相平衡，于是发动机在转速 n_2 下稳定运行。就是说，在 n_T 到 n_P 区间，节气门保持某一开度不变，发动机有能力"自动"调节扭矩来适应汽车外界阻力的变化，不需要驾驶员频繁地改变节气门开度或换挡。

当发动机转速超过标定转速（n_B），发动机功率增加不多，而 g_e 则急剧上升。

当汽车在行驶过程中，保持节气门全开，而行驶阻力不断增大，致使发动机转速低于 n_T，即 $T_{e\max}$ 不足以克服外界阻力矩，发动机转速急剧下降，直到熄火。

汽车的行驶阻力总是在不断变化的。为了表示汽车发动机在节气门全开情况下对外界阻力矩的适应能力，常用扭矩储备系数 μ 作为发动机克服外界阻力能力的评价指标。

$$\mu = \frac{T_{e\max} - T_B}{T_B} \times 100\% \qquad (4\text{-}1)$$

式中：$T_{e\max}$ 为最大扭矩，N·m；T_B 为标定工况下的扭矩，N·m。

$T_{e\max}$ 越大、T_B 越小、则 μ 越大。汽车对外界阻力的适应能力越强。一般车用汽油机的 $\mu = 10\% \sim 30\%$。

对于载货汽车，它对各种道路条件的适应性要求高，因此应选用扭矩储备系数较大和 n_T 数值较低的 T_e 特性曲线。市内公共汽车对加速性能要求高，要求较大的扭矩储备系数。对于中、高级轿车，需要增大高转速下的扭矩。以提高在高车速下的超车能力。因此 $T_{e\max}$ 应出现在较高转速下。

4.1.2　负荷特性

研究汽油机负荷特性的目的，是为了了解汽油机在各种负荷情况下工作的经济性。

由于汽油机的负荷是靠改变节气门开度的大小来完成的，节气门开度的大小改变了进入气缸混合气的数量，从而决定了发动机输出功率的大小，也就是负荷的大小。所以，汽油机这种调节负荷的方法称为量调节。

在转速一定的情况下，逐步地改变负荷（就是改变节气门的开度），每小时燃料消耗量 G_T 和有效燃料消耗率 g_e 随负荷而变化的关系，称为负荷特性（也称节流特性）。负荷可以用节气门开度的百分数或有效功率 P_e 来表示。

当汽车在道路条件变化的情况下行驶时，驾驶员通过加速踏板来改变节气门开度，使汽车保持等速行驶。等速行驶工况对汽车发动机来说，就是转速一定的负荷特性。

图 4-2 所示为某汽油机的负荷特性。横坐标表示负荷的大小（用 P_e 表示），纵坐标表示每小时燃料消耗量 G_T 和有效燃料消耗率 g_e。

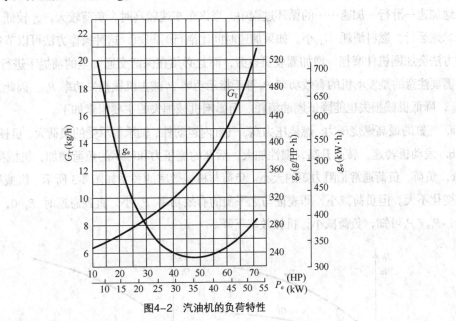

图4-2 汽油机的负荷特性

从图 4-2 中可以看出，G_T 随负荷的增加而增加。因为 G_T 主要决定于节气门开度和混合气成分。节气门开度越大，进入气缸的混合气越多；节气门开度在 70%～80% 的范围内，混合气浓度变化不大。因此 G_T 随负荷的升高而升高；当节气门开度大于 70%～80%，接近全开时，混合气变浓，因而 G_T 增加得更快。

曲线 g_e 则不同，存在一个最小值。当发动机怠速运转时，机械效率 $\eta_m = 0$，功率完全用于克服发动机自身的摩擦损失，g_e 可以认为是无限大。随着负荷增加，机械损失所占的比例也相应减少，因此 g_e 逐渐减小。当节气门开度接近全负荷时，混合气加浓，提高了有效功率，使燃烧不完全，g_e 又出现上升的趋势。汽车发动机是在各种不同的负荷情况下工作的。因此希望 g_e 曲线越平坦越好，这样在各种负荷条件下，发动机的经济性才不会差别太大。

对于每一个固定转速，都可以作出相应的负荷特性，因此可以得到无数多条曲线。根据这些曲线，可以确定在哪一些转速，在多大负荷的情况下，可以获得较小 g_e 的区间。

根据汽油机的负荷特性，可以分析出提高燃料经济性的途径有以下几种。

① 大约在最大功率的 2／3 处，是 g_e 曲线的凹形处，即在发动机负荷较大处 g_e 较小。因此发动机应该经常处于这样的负荷下工作。而且在超车、上坡时能提供较大功率。为了降低运输成本，载货车辆的燃料经济性是至关重要的。汽车设计时应考虑到常用工况的经济性。选用发动机时，在满足动力性要求的前提下，常用负荷应接近经济负荷，不用功率过大的发动机。

② 在道路良好的情况下，如果汽车的平均行驶速度比较低，则发动机经常处于小负荷状态下工作，后备功率较大。合理地拖带全挂车或半挂车使发动机经常工作在最大功率的 2／3 附近，可降低 g_e，提高劳动生产率，降低运输成本。

③ 汽车匀速行驶时，可以采用"加速—滑行"法提高发动机的经济性。加大节气门开度，汽车速度提高，当汽车行驶速度达到某一较高速度后，减小节气门，利用汽车的惯性滑行。让汽车处于不断地加速—滑行—加速……的循环过程中。当汽车车速较高时，负荷较大，g_e 较低。滑行时，发动机怠速运行，燃料消耗 G_T 小。如果加速时间比滑行时间短，这种操作方法可以节省燃料。但是这种方法会加剧机件磨损，增加驾驶员疲劳，而且必须在保证交通安全的前提下进行。

需要注意的是发动机的有效功率 P_e 等于指示功率 P_i 减去机械损失功率 P_m。因此，提高机械效率 η_m，降低机械损失也能降低燃油消耗。而影响机械损失的主要因素如下。

a. 气缸的最高燃烧压力。燃烧压力高，气缸内运动件、轴承等承受的负荷大，机械摩擦损失大。

b. 发动机转速。转速升高，惯性加大，活塞的侧压力和轴承的负荷增加，机械损失增加。

c. 负荷。负荷通常指阻力矩的大小。负荷与机械效率的关系如图 4-3 所示。机械损失功率随负荷的变化不大。但负荷减小，即表征与之平衡的有效功率 P_e 小，直到怠速时 $P_e=0$，$P_m=P_i$。根据 $\eta_m=1-P_m／P_i$ 可知，负荷减小，机械效率下降。

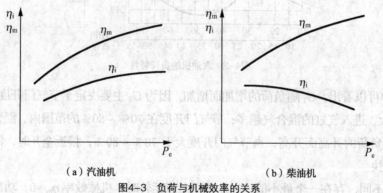

（a）汽油机　　　　　　　　（b）柴油机

图4-3　负荷与机械效率的关系

d. 润滑油和冷却水温度。润滑油黏度大，摩擦损失大。在保证润滑可靠的前提下，应尽量采用黏度小的润滑油。冷却水温度影响润滑油的温度，从而影响机械损失。水温过低，润滑油黏度大，机械损失大；水温过高，油温升高引起黏度降低，润滑油膜强度下降，润滑质量下降，摩擦损失增加。

柴油机特性

4.2.1 速度特性

柴油机油量调节机构（控制油门的齿条或拉杆）的位置不变，其有效性能指标 P_e、T_e、g_e、G_T 等随发动机转速 n 变化的关系叫做柴油机的速度特性。柴油机外特性曲线（油门在最大位置测得）如图 4-4 所示。一般，柴油机的 T_e 曲线比汽油机平坦，扭矩储备系数较小，为 μ =5% ~ 10%，这是柴油机的缺点。与汽油机相比，柴油机对外界阻力变化的适应性较差。将使换挡次数增多，有可能使柴油机因克服不了阻力而停止运转，出现危险。因此在一些车用柴油机的调速器内装有校正弹簧，在负荷增大、转速下降时，供油量自动增加，以提高扭矩。采取这样的措施后，扭矩储备系数可提高到 15% ~ 20%。

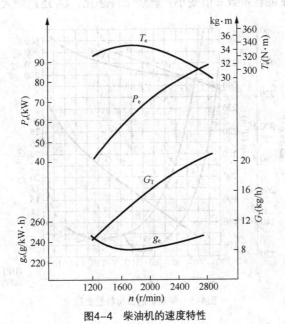

图4-4 柴油机的速度特性

柴油机的 g_e 曲线是一条凹形曲线。当发动机转速较高时，循环充气量略有减少，而供油量则有增加，过量空气系数下降，不完全燃烧的成分增加。因此，g_e 增大。当转速低时，燃烧室空气涡流减弱，空气和柴油混合不均匀程度加强，同样也造成不完全燃烧。同时，低速时漏气和散热损失增加也是造成低速时 g_e 高的一个原因。与汽油机相比，凹度较小。这是柴油机的一大优点。可以在宽阔的转速范围内都有较低的 g_e。同时，柴油机的 $g_{e\,min}$ 比汽油机低 20% ~ 30%，柴油机的经济性比汽油机明显好。

由于 T_e 变化不大，因此 P_e 曲线近似一条直线。当发动机达到标定转速时，调速器起作用，阻止供油量增加，防止发动机"飞车"。

4.2.2　负荷特性

柴油机保持某一转速不变，改变喷油泵齿条或拉杆位置，相应改变每循环供油量时，每小时耗油量 G_T、耗油率 g_e，随功率 P_e 变化而变化的关系，称为柴油机负荷特性。它是在喷油提前角、冷却水温度等调到最佳值的情况，由发动机台架实验测量得到的。

汽油机通过改变节气门开度，适应外界负荷的变化，称为量调节。柴油机则不同，在一定转速下，充入柴油机气缸的空气量是不变的。为了适应外界负荷的变化，只有改变循环供油量，即改变过量空气系数的方法来调节的，这种调节方法叫质调节。

由于车用柴油机工作时其转速经常变化，因此需要测定柴油机在不同转速下的负荷特性，以了解在各种不同转速下运行时最经济的负荷区。在柴油机性能调试过程中，常用负荷特性作为比较的标准。

如图 4-5 所示是柴油机的负荷特性曲线。G_T 由每循环供油量 Δg 决定。当转速一定时，负荷增加，供油量相应增加。因此随着输出功率的增加，G_T 曲线是呈上升趋势。当负荷继续增大到 90% 以后，混合气变浓，过量混合系数 α 值变小，燃烧条件恶化，G_T 迅速增大，上升更陡。

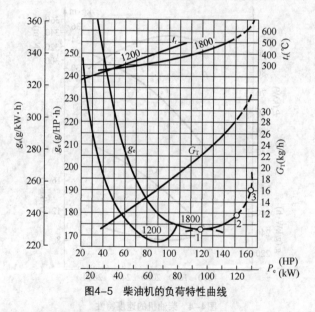

图4-5　柴油机的负荷特性曲线

与汽油机的情况相似，g_e 曲线的形状也是由发动机热效率和机械效率决定的。当发动机怠速运转时，输出功率等于零，g_e 无限大。随着负荷的增加，机械效率也相应提高，g_e 迅速减小。当负荷达到图 4-5 中 1 点时，过量空气系数下降，热效率会下降，但机械效率仍然有明显增加，故这时的 g_e 最低。随着负荷进一步增大，喷油量进一步增加，燃烧不完全补燃期拖长，热效率急剧下降，引起 g_e 上升。超过 2 点，排放的气体中会出现黑烟，因此 2 点称为冒烟界限。汽车发动机的最大供油量应限制在 2 点以内，超过 2 点，不仅燃料消耗量大，也影响发动机寿命。喷油量增加到 3 点，可得到最大功率。如果再继续增加喷油量，由于燃烧进一步恶化，g_e 急剧上升，输出功率反而下降。

从负荷特性曲线上可看出：对于每种转速下的负荷特性曲线，最低耗油率 $g_{e_{\min}}$ 越小，则经济性越好；同一转速下 $g_{e_{\min}}$ 越小，经济性越好；在负荷较宽范围内 g_e 变化不大，即 g_e 曲线变化较平坦，经济性越好。

从负荷特性曲线上还可以看出，低负荷区的燃料消耗率 g_e 较高，随负荷增加，g_e 值降低，在接近全负荷时，g_e 达到 $g_{e_{\min}}$ 值；且 g_e 低负荷区曲线变化较大。因此，为了提高汽车的燃料经济性，希望发动机经常处于或接近耗油率低、负荷较大的经济负荷区运行，故选配发动机时，应注意在满足动力性要求的前提下，不宜装置功率过大的发动机，以提高功率的利用率，提高燃料经济性。

4.3 发动机台架试验

对发动机的设计、制造、修理的质量进行检验的最有效方法是发动机的台架试验。

考核发动机的动力性、经济性和工作可靠性以及检查整机和零部件的制造质量、可靠性和耐磨性等性能，最有效的手段就是发动机试验。按国家标准规定进行测试，严格控制试验条件，尽量模拟发动机在实际使用条件下的各种工况，发动机试验通常都在试验台架上进行。

4.3.1 发动机台架测功试验

在实验台上测量发动机输出功率的测试设备有转速仪、水温表、机油压力表、机油温度表、气象仪器（湿度计、大气压力计、温度计）、计时器、燃料测量仪及测功器等。

测功器是改变负荷和转速，模拟实际使用工况，吸收试验发动机发出的功，测定发动机输出功率的装置。测功器的基本工作原理是发动机在某一工况下输出的动力矩与测功器上的阻力矩相平衡，在测功器上得到的阻力矩大小，就是发动机的动力矩，即有效扭矩 T_e，相应的 $P_e = T_e \cdot n / 9550$。而 g_e、G_T 等可通过容积法或质量法测定。室内台架试验台常用的测功器有电涡流测功器、水力测功器和平衡式直流电力测功器等。

测功器作为发动机的负载，实现对测定工况的调节，模拟汽车实际行驶时外界负载的变化，同时测量发动机的输出转矩和转速，即可算出发动机的功率。

测功器是发动机性能测试的重要设备，主要的类型有水力式、直流电力式和电涡流式。水力测功器是利用水作为工作介质，调节制动力矩。直流电力测功器是利用改变定子磁场的激磁电压产生制动力矩。电涡流测功器是利用电磁感应产生涡电流形成制动作用。

1. 水力测功器

水力测功器采用体积小、转动惯量小、吸收功率大的涡壳结构，由制动器和测力机构两部分组成。水力测功器制动器结构如图 4-6 所示，转子 12 由滚动轴承支撑在左右轴承外壳 10 上。外壳 13

可来回摆动，并与测力机构通过制动臂相连。转子 12 和定子 11 组成偶件，工作时发动机通过万向节 4 使转子与定子产生相对运动。有一定压力的水通过进水管进入转子与定子形成的涡壳室，由于转子旋转所产生的离心力及转子涡壳的作用，在侧壳与转子之间形成强烈的水涡流，通过水与外壳的摩擦，使外壳摆动。控制排水阀门开度可以调节水层厚度，水层越厚，水与转子和外壳的摩擦力矩越大，吸收功越多，此时外壳摆动的角度也越大，测力机构的读数随之增加。这样，发动机输出的机械能被水吸收变为热能并将转矩传递到外壳上，通过外壳上的制动臂将制动力传递给拉压传感器，经电子显示装置显示制动力的大小。

水力测功器的具有价格便宜、体积小、结构简单、操作方便、便于维修等优点，应用较为广泛。但同时也具有测量精度低，试验中能量不能回收，不能反拖发动机等的缺点。

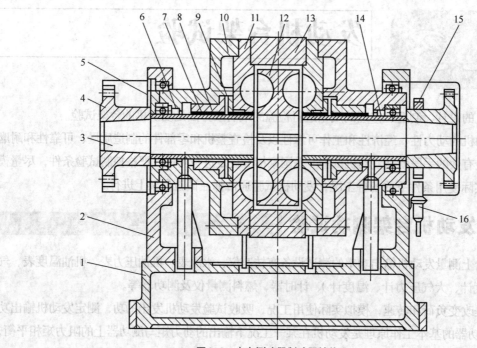

图4-6　水力测功器制动器结构图

1—底座　2—左右轴承座　3—转子轴　4—万向节　5—密封组件　6—骨架油封　7—轴承　8、9—双金属轴套
10—左右轴承外壳　11—定子　12—转子　13—外壳　14—封水圈　15—测速齿轮　16—测速传感器

2. 直流电力测功器

直流电力测功器，主要由平衡电机、测力机构、交流机组、激磁机组、负载电阻等组成，如图4-7所示。

直流电机转子1由发动机带动并在定子（外壳）磁场中旋转。定子（外壳）支承在与转子轴同芯的滚动轴承上，可自由摆动。外壳与测力机构相连，根据外壳摆动角度的大小，来指示测力机构读数。

发动机带动转子在定子磁场中旋转时，转子线圈切割磁力线而产生感应电流。感应电流的磁场与定子磁场相互作用产生方向相反的电磁力矩，定子外壳受到的电磁力矩与转子旋转方向相同，与发动机施加于转子的转矩大小相等。因此，通过外壳摆动角度经测力机构可反映发动机输出功率的大小。在一定转速下，改变定子磁场强度及负载电阻即可调节负荷大小。

平衡式电力测功器工作灵敏、精度高，可以回收电能，反拖发动机，应用也较为广泛。但同时也具有结构复杂，价格昂贵的缺点。

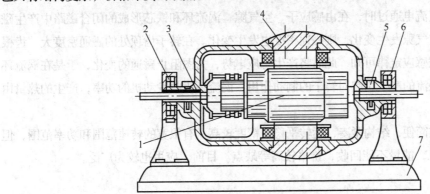

图4-7 平衡式直流电力测功器
1—转子 2、6—滚动轴承 3、4—滑动轴承 5—定子外壳 7—基座

3. 电涡流测功器

（1）电涡流测功器的结构

电涡流测功器因结构形式不同，分为盘式和感应子式两类。现在应用最多的是感应子式电涡流测功器。

图4-8所示为感应子式电涡流测功器的结构图。制动器由转子和定子组成，制成平衡式结构。

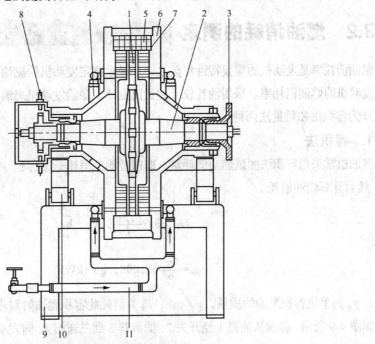

图4-8 电涡流测功器结构图
1—转子 2—转子轴 3—连接盘 4—冷却水管 5—激磁绕组 6—外壳
7—冷却水腔 8—转速传感器 9—底座 10—轴承座 11—进水管

转子为铁制的齿状圆盘。定子的结构较为复杂，由激磁绕组、涡流环、铁芯组成。电涡流测功器吸收的发动机功率全部转化为热量，测功器工作时，冷却水对测功器进行冷却。

（2）电涡流测功器的工作原理

当激磁绕组中有直流电通过时，在由感应子、空气隙、涡流环和铁芯形成的闭合磁路中产生磁通，当转子转动时，空气隙发生变化，则磁通密度也发生变化。在转子齿顶处的磁通密度大，齿根处磁通密度小，由电磁感应定律可知，此时将产生感应电势，力图阻止磁通的变化，于是在涡流环上感应出涡电流，涡电流的产生引起对转子的制动作用，涡流环吸收发动机的功率，产生的热量由冷却水带走。

电涡流测功器操作简便，结构紧凑，运转平稳，精度较高，有很宽的转速范围和功率范围，但也具有不能反拖发动机，能量不能回收，价格较高等缺点。目前，应用也较为广泛。

4. 测试过程

① 将发动机安装在测功器台架上，使发动机曲轴中心线与测功器转轴中心线重合。

② 安装仪表并接上电器线路及接通各种管路。

③ 检查调整气门间隙、分电器的断电器触点间隙、火花塞电极间隙及点火提前角，紧固各部螺栓螺母。柴油机要检查调整：喷油器的喷油提前角、喷油压力、喷油锥角及喷雾情况。

④ 记录当时气压和气温。

⑤ 起动发动机，操纵试验仪器，观察仪表工作情况，记录下数据，根据记录数据计算并绘制出 P_e、T_e、g_e 曲线。

4.3.2　燃油消耗的测定

燃油消耗率是发动机的重要特性参数之一。通过测定发动机的燃油消耗量，根据公式便可以计算出发动机的燃油消耗率。采用油耗仪（油量流量计）测量发动机燃油消耗量。测量方法按测量原理可分为容积法和质量法两种。

1. 容积法

汽油机常采用容积法测试燃油消耗量，即通过测定消耗一定容积 V_T (mL)的燃油所需要的时间 t(s)，然后计算燃油消耗。

$$G_T = 3.6 \frac{V_T \gamma_T}{t}, \ \text{kg} / \text{h} \tag{4-2}$$

$$g_e = \frac{G_T}{P_e} \times 1000, \ \text{g} / (\text{kWh}) \tag{4-3}$$

式中：γ_T 为单位容积燃油的质量，g / mL；P_e 为消耗此容积燃油时对应的发动机有效功率，kW。

如图 4-9 所示，燃油从油箱 1 经开关 2、滤清器 3 到三通阀 4，向发动机供油并可向量瓶 5 注油。试验时操作如下。

① 打开油箱开关，三通阀置于位置 1，发动机由油箱供油。

② 测量前将三通阀置于位置 2，油箱同时向发动机和量瓶供油。

③ 测量开始时，将三通阀转至位置 3，发动机直接由量瓶供油。记录燃油流过所选容器（由 50mL、100mL、200mL 三种容器串连在一起)上、下刻线间容积 V_T 所用时间 t，同时测量功率 P_e。

④ 测量完毕，将三通再次转回位置 2，向量瓶再次注油，准备下次测量。

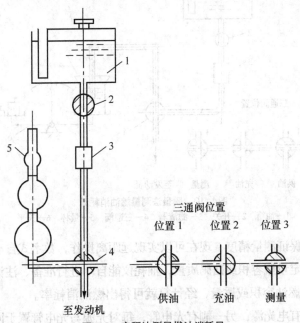

三通阀位置

位置 1　　　位置 2　　　位置 3

供油　　　充油　　　测量

图4-9　容积法测量燃油消耗量
1—油箱　2—开关　3—滤清器　4—三通阀　5—量瓶

2. 质量法

柴油机常采用质量法测量燃油消耗量，即通过测定消耗一定质量 G(mg)的燃油所需要的时间 t(s)，然后计算燃油消耗。

$$G_T = 3.6 \frac{G}{t}, \quad kg / h \tag{4-4}$$

$$g_e = \frac{G_T}{P_e} \times 1000, \quad g / (kWh) \tag{4-5}$$

如图 4-10 所示，燃油从油箱经开关 2、滤清器 3 向发动机供油并向量杯 5 注油，量杯放在天平 6 上。测量时操作步骤如下。

① 打开油箱开关，将三通阀 4 置于位置 1，油箱向发动机供油。

② 三通阀转至位置 2，油箱向发动机供油并向量杯充油。当量杯内燃油比天平另一砝码稍重后将三通阀转置位置 1。

③ 测量时，将三通阀置于位置 3，柴油机用量杯内燃油，当天平指针指零瞬间，开启秒表，然后取下一定质量的砝码。

④ 当天平指针再次到零位瞬时，停止秒表，记录用去的燃油量 m 和相应的时间 f。

⑤ 将取下的砝码放回天平上，将三通置于位置 2，在量杯再次充好油后，将三通阀转至位置 1，准备下次测量。

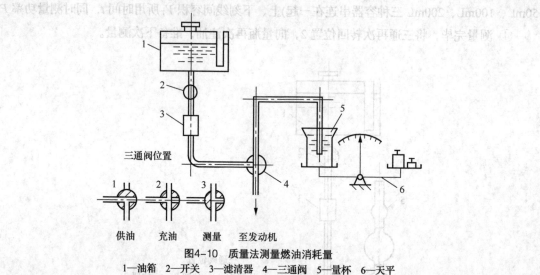

图4-10 质量法测量燃油消耗量
1—油箱 2—开关 3—滤清器 4—三通阀 5—量杯 6—天平

随着技术的发展，保证测量精度，现在可以实现远距离操作，数字式自动油耗测量仪出现了。这种油耗仪只要预先设定量瓶容积或砝码质量，油耗仪能自动进行准备、注油、测量等操作，并以数字显示出消耗时间及燃油容积或质量，经计算就可得出燃油消耗率。

在细颈刻线的一侧有电光源，另一侧有光电管，每对光源与光电管置于同一水平面上，若细颈管充满燃油，光源的光穿过细颈管时，由于燃油对光线的折射作用，光不能照到光电管上；当细颈管无油时，光可穿过细颈照射到光电管上，使光电管通电，再通过电路控制电动三通阀和计数器工作，实现时间和油耗量的自动显示，如图 4-11 所示。

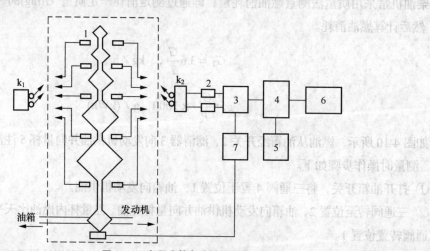

图4-11 容积式数字油耗仪原理
1—光源 2—整形放大 3—触发器 4—门电路 5—脉冲发生器
6—计数器 7—量程选择开关 k_1—光电源 k_2—光电管

4.3.3 特性曲线的试验方法

测量前，发动机冷却水出水温度应控制在（80±5）℃。转速、排气温度等变动均不大于1%，然后稳定运转1min，开始测量。

1. 速度特性试验

进行外特性试验时，应安装试验室排气系统、废气再循环装置、发电机、调节器和充足电的蓄电池。可以装或者不装空气滤清器和曲轴精通风装置。进行使用外特性试验时，应安装发动机的全部附件，使用原汽车的排气系统。

试验时，保持节气门位置不变，在发动机转速范围内，适当分开间隔，测量8个以上的点。从转速最高点开始测量，逐渐增加测功器的负荷，转速逐渐降低。测量要在所有参数稳定的情况下进行。然后，根据测得的扭矩 T_e、转速 n 和燃料消耗 G，计算出该测量点的 P_e 和 g_e，再绘制速度特性曲线。

2. 负荷特性试验

试验的目的是在规定的转速下，评定发动机部分负荷的经济性。负荷特性试验所装的附件与外特性试验相同。选定某一转速下（50%～80%额定转速），从小负荷开始，逐步增加负荷，若转速下降，应开大节气门，使转速回升到选定转速。逐步提高负荷，直到节气门全开。测量多于8个点。每点均测量发动机的有效扭矩 T_e 和燃料消耗 G，计算得到 g_e，并绘制成 g_e 曲线。

小结

1. 发动机特性指的是发动机的平均有效压力 p_e、有效扭矩 T_e、有效功率 P_e、有效燃料消耗率 g_e、每小时耗油量 G_T 等性能指标随运转工况而变化的关系。

2. 汽油机特性分为速度特性和负荷特性，以速度特性分析为主；柴油机分为速度特性和负荷特性，以负荷特性分析为主。

3. 汽油发动机的工作范围是从最大扭矩转速 n_T（出现 $T_{e_{max}}$ 对应的转速）到最大功率转速 n_P（出现 $P_{e_{max}}$ 对应的转速）之间的区间。

4. 汽油发动机的工作特点：在 n_T 到 n_P 区间，节气门保持某一开度不变，发动机有能力"自动"调节扭矩来适应汽车外界阻力的变化，不需要驾驶员频繁地改变节气门开度或换挡。

5. 常用扭矩储备系数作为发动机克服外界阻力能力的评价指标。

6. 机械效率的影响因素主要包括气缸的最高燃烧压力、发动机转速、负荷、润滑油和冷却水温度等。

7. 柴油机的 T_e 曲线比汽油机平坦，扭矩储备系数较小。

8. 为了适应外界负荷的变化，汽油机作量调节，柴油机作质调节。

9. 对于每种转速下的柴油机负荷特性曲线，最低耗油率 $g_{e_{min}}$ 越小，则经济性越好；同一转速

下 $g_{e_{min}}$ 越小，经济性越好；在负荷较宽范围内 g_e 变化不大，即 g_e 曲线变化较平坦，经济性越好。

10. 室内台架试验台常用的测功器有电涡流测功器、水力测功器和平衡式直流电力测功器等。

11. 采用油耗仪（油量流量计）测量发动机燃油消耗量。测量方法按测量原理可分为容积法和质量法两种。

12. 速度特性试验方法和负荷特性试验方法。

1. 什么是速度特性？汽油机速度特性有哪些特点？

2. 什么是负荷特性？柴油机负荷特性有哪些特点？

3. 试分析汽油机和柴油机负荷特性的区别？

4. 如何测定发动机的功率与油耗？

5. 影响机械效率的主要因素有哪些？

6. 测功器分为几种类型？各自特点？

第二篇

汽 车 理 论

　　汽车的使用性能是指汽车能适应使用条件而发挥最大工作效率的能力。在分析汽车运动规律的基础上，汽车理论主要介绍汽车的使用性能与汽车结构之间的内在联系，分析汽车主要使用性能的影响因素，指出汽车合理使用的正确方法。通过汽车理论的学习，应掌握汽车各主要使用性能的评价指标和评价方法，初步掌握建立汽车动力学方程和预测汽车性能的基本方法，为汽车诊断和汽车维修等后续课程的学习打下基础。

　　汽车的主要使用性能包括以下几项。

　　1. 汽车的动力性。它是汽车各种性能中最基本、最重要的使用性能。汽车的动力性好，运输效率就高。

　　2. 汽车的制动性。它直接影响行车安全。只有制动性良好，汽车的行驶速度才有可能提高，才能充分发挥动力性。

　　3. 汽车的燃料经济性。它可以用来评判汽车运输的经济效果。

　　4. 汽车的操纵稳定性。它对汽车的行驶安全、减轻驾驶员的劳动强度和汽车动力性的充分发挥等均有很大影响。

　　5. 汽车的通过性。它对汽车的平均行驶速度有间接的影响。

　　6. 汽车的行驶平顺性。它有利于充分发挥汽车的动力性，并减轻驾驶员的疲劳。

Chapter 5

第5章

| 汽车动力性 |

‖ 学习目标

- 掌握汽车的动力性指标
- 掌握汽车的驱动力，熟悉其影响因素
- 熟悉车轮的半径，了解其选用方法
- 掌握汽车的行驶阻力，熟悉其影响因素
- 熟悉驱动力的产生，了解轮胎的驻波现象
- 掌握汽车行驶的驱动—附着条件及其应用，熟悉驱动力—行驶阻力平衡图
- 掌握汽车的动力因数，熟悉动力特性图
- 熟悉汽车的功率平衡方程与功率平衡图
- 熟悉影响汽车动力性的主要因素

本章主要研究汽车的上述各项性能。通过学习，应掌握汽车各主要使用性能的评价指标和评价方法，初步掌握建立汽车动力学方程和预测汽车性能的基本方法，为汽车诊断和汽车维修等后续课程的学习打下一定的基础。

汽车动力性的评价指标

汽车的动力性是汽车最基本、最重要的性能之一，它是指汽车直线行驶在良好路面上所能达到的平均行驶速度。汽车的动力性直接影响使用中的运输效率。动力性好，汽车平均行驶速度高，汽

车的运输效率也高。

平均行驶速度是汽车动力性的总指标。为获得尽可能高的平均行驶速度，就必须提高汽车的最高车速、加速能力和爬坡能力。因此，汽车的动力性可用最高车速、加速能力和爬坡能力这 3 个方面的具体指标来评定。

5.1.1　汽车的最高车速

汽车的最高车速是指在水平良好的混凝土或沥青路面上汽车所能达到的最高行驶速度，用符号 $v_{a_{max}}$ 表示，单位为 km/h。一般轿车最高车速为 130~200km/h，客车最高车速为 90~130km/h，货车的最高车速为 80~110km/h。跑车的最高车速可达 330km/h 左右，F1 方程式赛车最高实际车速达 387.5km/h。

在使用中要使汽车达到最高车速，必须将加速踏板踩到底，变速器挂入最高挡位。一般来说，发动机排量越大，汽车最高车速越高；发动机配置相同的前提下，手动挡比自动挡车速更高；发动机排量相同的前提下，车身越小，最高车速越高。

5.1.2　汽车的加速能力

汽车的加速能力是指汽车在各种行驶条件下迅速提高行驶速度的能力，可用汽车以最大加速强度加速行驶时的加速度、加速时间或加速行程来表示。实际中，评价汽车的加速能力最常用的指标是加速时间 t，单位为 s。加速时间 t 分原地起步加速时间与超车加速时间两种。

1. 原地起步加速时间

指汽车由低挡起步，并以最大的加速强度逐步换至最高挡，达到某一距离或车速所需的时间。一般常用原地起步行驶，从 0~400m 距离所需的时间来表示汽车的原地起步加速能力；也可用原地起步从 0~100km/h 行驶速度所需的时间来表明汽车的原地起步加速能力。

通常来说，轿车级别越高，加速时间越短。一般，轿车的加速时间为 10s 左右，而跑车的加速时间可以在 5s 以内；手动挡汽车的加速时间比自动挡的短。

2. 超车加速时间

指用高挡由某一较低车速全力加速至某一高速所需的时间。因为超车时汽车与被超车辆并行，容易发生交通安全事故，所以超车加速能力强，并行的行驶时间短，行驶就安全。超车加速能力多采用在直接挡从 30~40km/h 全力加速行驶至某一高速（一般为 80% $v_{a_{max}}$）所需的时间来表示。还有用车速—加速时间关系的加速曲线来全面反映汽车加速能力的。

汽车加速时间对提高汽车的平均行驶速度有一定影响。特别是在行车途中常常要以最大的加速性来处理相关的紧急情况，比如在交叉路口起步的瞬间，在高速公路超车时都能体现出加速能力的重要性。

5.1.3   汽车的爬坡能力

汽车的爬坡能力常用满载时，汽车在良好路面上的最大爬坡度来表示。显然，汽车爬过最大坡道时，必须将加速踏板踩到底，变速器挂入Ⅰ挡（最低挡），且汽车只能在最大坡道上等速行驶。

最大爬坡度用符号 i_{max} 来表示，它是汽车能爬过的最大坡道角度 α_{max} 的正切值，即：

$$i_{max}=\tan\alpha_{max} \tag{5-1}$$

各种车辆对爬坡能力的要求不同，简单做以下介绍。

爬坡能力是越野汽车的一个重要指标，由于越野车经常在坏路或无路条件下行驶，它的最大爬坡度要求达到60%（即30°）左右或更高。

货车在各种路面上行驶，要求具有足够的爬坡能力，一般 i_{max} 为30%（即16.5°）左右。

轿车主要行驶在良好路面上，而且轿车的发动机功率较大，车速高，加速快，爬坡能力也强，一般不强调它的爬坡能力。

此外，为了维持道路上各种车辆能畅通行驶，要求各种车辆在常见的坡道上的行驶速度相差不能太悬殊。所以也可用在一定坡道上，汽车所能达到的车速来表明它的爬坡能力。

 汽车的驱动力

为了确定汽车的动力性及汽车沿行驶方向的运动状况，需掌握作用于汽车上的沿汽车行驶方向的各种外力。作用于汽车的外力有驱动力与行驶阻力。本节主要研究汽车驱动力。

5.2.1   汽车驱动力的产生

在学习驱动力的产生之前，先复习一下汽车常见的动力传递路线，如图5-1所示。

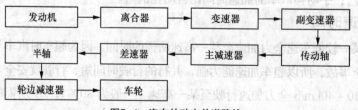

图5-1   汽车的动力传递路线

由图5-1可知，发动机输出的转矩经传动系最终传到驱动轮上，使车轮对路面产生一圆周力 F_0，路面则对驱动轮产生反作用力 F_t，如图5-2所示。F_t 是驱动汽车的外力，称之为汽车的驱动力。F_t 与 F_0 大小相等，方向相反，其公式为

$$F_t = F_0 = \frac{M_t}{r} \qquad (5\text{-}2)$$

式中：M_t 为作用在驱动轮上的转矩，$N \cdot m$；r 为车轮半径，m。

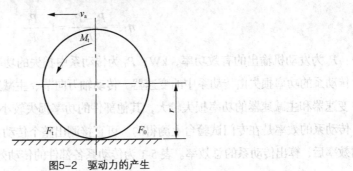

图5-2　驱动力的产生

作用在驱动轮上的转矩 M_t 是发动机输出的有效转矩 M_e 经传动系传到驱动轮上的，两者的关系式：

$$M_t = M_e i_g i_0 \eta_T \qquad (5\text{-}3)$$

式中：M_e 为发动机输出的有效转矩，$N \cdot m$；i_g 为变速器的传动比；i_0 为主减速器的传动比；η_T 为传动系的传动效率。

将上式代入驱动力式（5-2）中，可得：

$$F_t = \frac{M_e i_g i_0 \eta_T}{r} \qquad (5\text{-}4)$$

如果汽车上装有分动器、轮边减速器、液力传动等，还应考虑这些传动装置相应的传动比和传动效率。

5.2.2　汽车驱动力的影响因素

1．发动机的速度特性

发动机的外特性曲线代表了发动机所能达到的最高动力性。由图 5-3 可知，发动机转速 n 达到某一值时（介于最高转速与最低转速间），发动机扭矩 T_e 达到最大值。

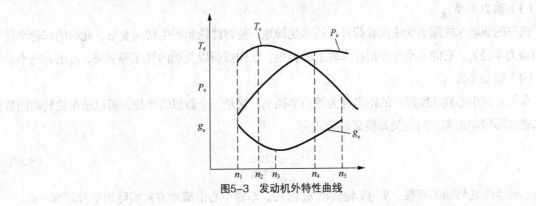

图5-3　发动机外特性曲线

2．传动系的传动效率

发动机输出的功率在经传动系传至驱动轮的过程中，部分功率消耗于克服传动系各种机构中的阻力。传动系的传动效率为

$$\eta_T = \frac{P_e - P_T}{P_e} = 1 - \frac{P_T}{P_e} \qquad (5-5)$$

式中：P_e 为发动机输出的有效功率，kW；P_T 为传动系中损失的功率，kW。

传动系的功率损失由传动系中的变速器、传动轴万向节、主减速器等部件的功率损失所组成。其中变速器和主减速器的功率损失较大，其他部件的功率损失较小。

传动系的效率是在专门试验台上测得的。可直接测出整个传动系的效率，也可分别测出每一部件的效率后，算出传动系的总效率。表 5-1 为传动系各部件的传动效率，用来估算汽车的传动效率。

表 5-1　　　　　　　　　　传动系各部件的传动效率

部件名称	η_T	部件名称	η_T
4~6挡变速器	95%	单级减速主减速器	96%
分动器	95%	双级减速主减速器	92%
8挡以上变速器	90%	传动轴的万向节	98%

传动效率受到各种因素的影响而变化，但对汽车进行初步的动力性分析时，可视其为常数。采用有级机械变速器传动系的轿车，其传动效率可取为 0.9~0.92；货车、客车可取 0.82~0.85；越野汽车可取为 0.80~0.85。

3．汽车车轮的半径

现代汽车多采用弹性车轮，车轮半径会因车轮所处的状态变化而不同。

（1）自由半径 r_0

车轮处于无载荷状态时的半径称为自由半径 r_0。

（2）静力半径 r_s

汽车静止时，弹性车轮承受法向载荷，轮胎产生径向变形。此时，车轮中心至轮胎与道路接触面间的距离称为静力半径 r_s。它的大小与法向载荷及胎内气压等有关。由于轮胎发生显著变形，所以 $r_s < r_0$。

（3）动力半径 r_g

汽车的驱动车轮除承受法向载荷外，还承受转矩，使弹性轮胎产生切向变形。此时的车轮半径称为动力半径 r_g。它的大小与作用在车轮上的转矩、法向载荷以及胎内气压等有关，r_g 比 r_s 略小。

（4）滚动半径 r_r

车轮几何中心到速度瞬心的距离称为滚动半径 r_r。这是一个假想的半径，可以按车轮转动圈数与车轮实际滚动距离之间的关系换算，公式为

$$r_r = \frac{S}{2\pi n_K} \qquad (5-6)$$

式中：n_K 为车轮转动的圈数；S 为车轮转动 n_K 圈后，车轮中心沿滚动方向实际的平移距离，m。

在驱动力的作用下，滚动半径减小；在制动力的作用下，滚动半径增大。滚动半径可通过试验测量按表达式求得，也可以用经验公式进行估算：

$$r_r = \frac{Fd}{2\pi}$$ （5-7）

式中：d 为轮胎的自由直径，m；F 为计算常数，子午线轮胎 $F = 3.05$，斜交轮胎 $F=2.99$。

动力半径 r_g 用于动力学分析，滚动半径 r_r 用于运动学分析，但在一般分析中常不计其差别，统称为车轮的工作半径 r，即 $r_g \approx r_r \approx r$。

汽车的行驶阻力

汽车行驶时需要克服所遇到的各种阻力。汽车在水平道路上等速行驶时必须克服来自地面的滚动阻力 F_f 和来自汽车周围空气的空气阻力 F_w。当汽车上坡行驶时，还必须克服汽车重力沿坡道方向的分力，称为坡度阻力 F_i。汽车加速行驶时需要克服的惯性力，称为加速阻力 F_j。汽车行驶的总阻力为：

$$\sum F = F_f + F_w + F_i + F_j$$ （5-8）

注意，滚动阻力和空气阻力在任何行驶条件下都是存在的，但坡道阻力仅在上坡行驶时存在，加速阻力仅在汽车加速行驶时存在。

5.3.1 滚动阻力 F_f

1. 滚动阻力

滚动阻力 F_f 是指车轮在路面滚动时，由于轮胎与路面之间的相互作用所产生的能量损失总称。主要包括以下几点。

① 轮胎变形引起的能量损失。当汽车在平坦的硬路面上行驶时，所占比例较大。

② 路面变形引起的能量损失。汽车在松软的路面上行驶时，所占比例较大。

③ 轮胎与路面间相对滑移引起的摩擦损失。随行驶车速的提高，所占比例增加。

④ 路面不平导致汽车振动引起的能量损失。汽车在不平的硬路面上行驶时，所占比例较大。

需要注意的是：按力学上对力的定义，滚动阻力 F_f 不是力。

滚动阻力的计算公式为

$$F_f = Gf$$ （5-9）

式中：G 为汽车重力，N；f 为滚动阻力系数。

2. 滚动阻力系数 f 及其影响因素

对汽车性能进行一般分析时，不需对各种损失分别进行计算，而以滚动阻力系数 f 来概括各种损失的总效应。滚动阻力系数与路面的种类、行驶车速以及轮胎的结构、材料、气压等有关，可通过试验确定。

（1）路面种类

表 5-2 为汽车用同一轮胎在不同路上以中低速行驶试验所得到的滚动阻力系数。可以看出，良好的沥青及混凝土路面的滚动阻力系数最小，不到 0.02。即车轮载荷为 1 000N 时，滚动时所需的推力（滚动阻力）只需要 20N。

表 5-2　　　　　　　　　　　　　滚动阻力系数表

路面类型	滚动阻力系数	路面类型	滚动阻力系数
良好的沥青或混凝土路面	0.010 ~ 0.018	雨后压紧土路	0.050 ~ 0.150
一般的沥青或混凝土路面	0.018 ~ 0.020	泥泞土路	0.100 ~ 0.250
碎石路面	0.020 ~ 0.025	干砂路面	0.100 ~ 0.300
良好的卵石路面	0.025 ~ 0.030	混砂路面	0.060 ~ 0.150
坑洼的卵石路面	0.030 ~ 0.050	结冰路面	0.015 ~ 0.030
干燥的压紧土路	0.025 ~ 0.035	压紧雪道	0.030 ~ 0.050

（2）轮胎的结构、材料、气压

子午线轮胎、扁平轮胎、钢丝帘布轮胎的滚动阻力系数较小。轮胎气压充足时，滚动阻力系数较小。

（3）行驶车速

汽车的速度越大，滚动阻力系数随之增大。如图 5-4 所示，当车速<50km/h，f 变化不大；但是高速行驶时，f 的数值迅速增长。

当汽车车速超过临界车速时，轮胎会出现驻波现象，即轮胎周缘不再是圆形，而呈明显的波浪形，如图 5-5 所示。轮胎温度迅速增加到 100℃ 以上，大量发热，胎面与轮胎帘布层脱落，导致破损或爆胎。

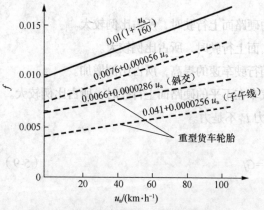

图5-4　货车轮胎滚动阻力系数的估算公式

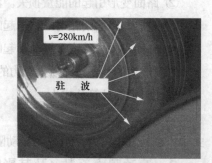

图5-5　轮胎的驻波现象

　　滚动阻力系数的数值也可以用经验公式大致估算。一般在较平坦的硬路面上，轿车的滚动阻力系数可按下式估算。

$$f = f_0 \left(1 + \frac{v_a^2}{19440} \right) \qquad (5\text{-}10)$$

式中：f_0 为良好沥青或混凝土路面为 0.014，卵石路面为 0.025，砂石路面为 0.020；v_a 为车速，km/h。

　　货车的轮胎气压高，滚动阻力系数可用下式来估算。

$$f = 0.0076 + 0.000056 v_a \qquad (5\text{-}11)$$

式中：v_a 为车速，km/h。

5.3.2　空气阻力 F_w

　　汽车行驶时，受到的空气作用力在行驶方向上的分力称为空气阻力。汽车在空气介质中运动，空气介质本身也有运动，空气阻力的方向并不一定与汽车行驶方向相反。

　　空气阻力分为摩擦阻力和压力阻力两部分。

1. 摩擦阻力

摩擦阻力是由于空气的黏性在车身表面产生的切向力在行驶方向上的分力。

2. 压力阻力

压力阻力是作用在汽车外形表面上的法向压力在行驶方向上的分力。压力阻力分为形状阻力、干扰阻力、内循环阻力和诱导阻力等 4 部分。

① 形状阻力是由汽车形状引起的阻力，与车身主体形状有关。

② 干扰阻力是车身表面上一些如把手、后视镜、引水槽、驱动轴等突起物而引起的阻力。

③ 内循环阻力为发动机冷却系统以及车身通风等所需要的空气在车体内部流动时形成的阻力。

④ 诱导阻力是汽车行驶时的空气升力在行驶方向上的分力。

　　在一般轿车的空气阻力中，摩擦阻力占 9%，压力阻力占 91%（其中，形状阻力占 58%，干扰阻力占 14%，内循环阻力占 12%，诱导阻力占 7%）。

　　空气阻力是真实存在的力，用符号 F_w 来表示，单位为 N。计算公式如下。

$$F_w = \frac{C_D A v_r^2}{21.15} \qquad (5\text{-}12)$$

式中：C_D 为空气阻力系数；A 为迎风面积，m^2；v_r 为汽车与空气的相对速度，一般取汽车的行驶速度，km/h。

　　公式表明：空气阻力与汽车相对速度的平方成正比。因此高速行车对空气阻力的影响非常明显。车速高，发动机就要将相当一部分的动力，或者说燃油能量用于克服空气阻力。

　　依靠降低行驶速度或减小迎风面积 A 来减小空气阻力受到一定限制，而通过合理的汽车外形设计来降低 C_D 是减小空气阻力的主要手段。试验表明：C_D 每降低 10%，燃油节约 7%。目前，轿车

的 C_D 值减小至 0.3 左右，将来可进一步降低。空气阻力系数可由道路试验、风洞试验等方法测得。表 5-3 所列为一些常见车型的 C_D 值。

表 5-3   常见车型的空气阻力系数 C_D

车　　型	空气阻力系数 C_D
帕萨特	0.28
奥迪 A4	0.28
现代	0.29
奔驰 C 级	0.26
奔驰 S 级	0.27
保时捷	0.31
路虎	0.38

5.3.3 坡度阻力 F_i

当汽车上坡行驶时，汽车重力沿坡道方向的分力称为汽车的坡度阻力，符号 F_i，单位为 N，如图 5-6 所示。

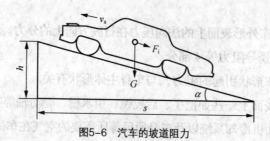

图5-6 汽车的坡道阻力

坡度阻力的公式为

$$F_i=G\sin\alpha \tag{5-13}$$

式中：G 为汽车的总重力，N；α 为坡道角度，（°）。

当坡道角度不大（$\alpha<10° \sim 15°$）时，道路坡度 $i=h/s=\tan\alpha \approx \sin\alpha$，则坡度阻力可按下式计算。

$$F_i=Gi \tag{5-14}$$

当坡度较大时，坡度阻力应按定义式计算，否则计算误差较大。

滚动阻力 F_f 与坡度阻力 F_i 都是与道路有关的阻力，且都与汽车重力成正比，所以可把这两种阻力合在一起考虑，称为道路阻力，用 F_ψ 表示：

$$F_\psi=F_f+F_i=FG\cos\alpha+G\sin\alpha \tag{5-15}$$

当坡道角度不大时，$\cos\alpha \approx 1$，$\sin\alpha \approx i$，则：

$$F_\psi=Gf+Gi=G(f+i)=G\psi \tag{5-16}$$

式中：ψ 为道路阻力系数，$\psi=f+i$。

5.3.4 加速阻力 F_j

加速阻力 F_j 是当汽车加速行驶时，需要克服汽车质量加速运动的惯性力。汽车的质量包括平移质量和旋转质量两部分：加速时，平移质量产生惯性力，旋转质量产生惯性力偶距。为了简化计算，常把旋转质量的惯性力偶距转化为平移质量的惯性力，用系数 δ 作为计入旋转质量惯性力矩的汽车质量换算系数。因此，加速阻力的计算公式为

$$F_j = \frac{\delta G}{g} \frac{dv}{dt} \qquad (5\text{-}17)$$

式中：δ 为汽车旋转质量换算系数；G 为汽车总重力，N；g 为重力加速度，$g = 9.81\text{m/s}^2$；dv/dt 为汽车的加速度，m/s^2。

旋转质量换算系数主要与飞轮的转动惯量、车轮的转动惯量和传动系的传动比有关，在进行汽车动力性一般计算时，可按下面的经验公式估算。

$$\delta = 1 + \delta_1 + \delta_2 i_g^2 \qquad (5\text{-}18)$$

式中：δ_1 为车轮旋转质量换算系数，轿车 0.05 ~ 0.07，货车 0.04 ~ 0.05；δ_2 为飞轮旋转质量换算系数，0.03 ~ 0.05；i_g 为变速器传动比。

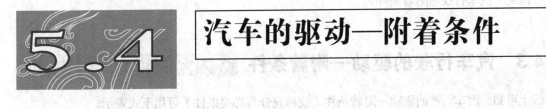

5.4 汽车的驱动—附着条件

5.4.1 汽车行驶的驱动条件

汽车的驱动力平衡方程为

$$F_t = F_f + F_w + F_i + F_j \qquad (5\text{-}19)$$

上式表示了汽车行驶时，驱动力与各行驶阻力之间的关系。可知，当 $F_t > F_f + F_w + F_i$，汽车将加速行驶；当 $F_t = F_f + F_w + F_i$，汽车将等速行驶；当 $F_t < F_f + F_w + F_i$，汽车无法起步或行驶中的汽车将减速直至停车。所以，汽车行驶的驱动条件（或称必要条件）为

$$F_t \geqslant F_f + F_w + F_i \qquad (5\text{-}20)$$

5.4.2 汽车行驶的附着条件

为了满足汽车的驱动条件，通过增大发动机转矩、加大传动比等方法可以来增大汽车的驱动力。但在实际使用中，驱动力过大会造成驱动轮发生滑转。驱动轮一旦产生滑转，驱动力再增加，只能加速驱动轮旋转，而不能增加地面给驱动车轮的切向反作用力，即驱动汽车的外力将受轮胎与路面

之间附着条件的限制。

轮胎与路面之间的附着条件可用附着力 F_φ 来表示。附着力越大，附着条件越好。附着力 F_φ 是指路面对轮胎切向反作用力的极限值。对一定的轮胎和路面，附着力与驱动轮法向反作用力 F_z 成正比，即：

$$F_\varphi = F_z \varphi \qquad (5-21)$$

式中：φ 为附着系数。它主要取决于路面的种类和表面状况，同时也与轮胎结构、胎面花纹以及使用条件等有关。表 5-4 列出了一些路面的平均附着系数。

表 5-4　　　　　　　　　　常见路面的平均附着系数

路面条件	附着系数
干沥青路面	0.7 ~ 0.8
湿沥青路面	0.5 ~ 0.6
干燥的碎石路	0.6 ~ 0.7
干土路	0.5 ~ 0.6
湿土路	0.2 ~ 0.4
滚压后的雪路	0.2 ~ 0.3

显然，驱动轮上的地面切向反作用力不能大于附着力，否则驱动轮会发生滑转，汽车无法正常行驶。因此，汽车行驶的附着条件为

$$F_t \leqslant F_\varphi = F_z \varphi \qquad （5-22）$$

5.4.3　汽车行驶的驱动—附着条件

综上可知，汽车行驶的驱动—附着条件（或称充分与必要条件）可用下式表示。

$$F_f + F_w + F_i \leqslant F_t \leqslant F_\varphi \qquad （5-23）$$

汽车行驶首先要满足驱动条件，即汽车本身产生足够大的驱动力。另外，为了保证汽车的正常行驶，轮胎与地面之间必须有良好的附着性能，即附着力足够大，地面才能在附着力的限制下对驱动轮作用足够的切向反作用力。

5.5　汽车的驱动力—行驶阻力平衡图

在汽车的驱动力图上，画出 $F_f + F_w = f(u_a)$ 曲线（汽车行驶过程中经常遇到的滚动阻力和空气阻力之和），得到的就是汽车的驱动力—行驶阻力平衡图，可用来确定汽车的动力性指标。

图 5-7 所示为一辆装有四挡变速器的汽车的驱动力—行驶阻力平衡图。

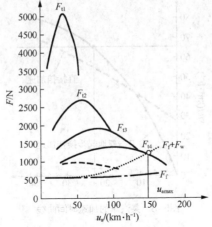

图5-7　驱动力—行驶阻力平衡图

| 5.5.1　确定最高车速

根据汽车最高车速的定义，最高挡位的驱动力曲线 F_{t4} 与行驶阻力(F_f+F_w)曲线的交点所对应的车速即为汽车的最高车速$u_{a\max}$。汽车以最高车速行驶时，驱动力全部用来克服滚动阻力和空气阻力，无多余的驱动力来爬坡或加速。

当车速低于最高车速$u_{a\max}$时，驱动力曲线高于行驶阻力曲线，即驱动力大于行驶阻力。两者的差值$[F_t-(F_f+F_w)]$为剩余驱动力，汽车可用来加速或爬坡。

当汽车遇坡道爬坡时，行驶阻力增加，汽车的行驶速度就会降低，为保证汽车正常行驶，必须降低挡位，发动机以部分负荷特性工作即可，如图 5-7 中虚线所示。

| 5.5.2　确定加速能力

汽车的加速能力通常用它在水平良好路面上行驶时能产生的最大加速度或最短加速时间来表示。汽车达到最大加速能力时，坡道阻力 F_j =0，附着力必须足够大，根据汽车的驱动力平衡方程可得：

$$j=\frac{dv}{dt}=\frac{g}{\delta G}\left[F_t-(F_f+F_w)\right] \tag{5-24}$$

根据上式和汽车的驱动力—行驶阻力平衡图，即可计算对应某一挡位和车速时，汽车所能产生的最大加速度。然后，将加速度曲线转换成加速度倒数曲线，再积分，即可得到加速时间曲线，如图 5-8 所示。从图中可以看出，用Ⅱ挡原地起步加速到某一车速的时间比直接挡用的时间要短。

| 5.5.3　确定爬坡能力

汽车达到最大爬坡能力时，就不会再有加速能力，所以加速阻力 F_j =0。根据汽车的驱动力平衡力方程可得：

$$F_i=F_t-(F_f+F_w) \tag{5-25}$$

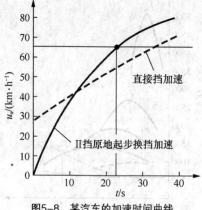

图5-8　某汽车的加速时间曲线

汽车以较低挡位行驶时，能爬过的坡道角度较大，$F_j = G\sin\alpha$，所以汽车的爬坡度根据汽车的驱动力-行驶阻力平衡图按下式进行求解。

$$\alpha = \arcsin\frac{F_t - (F_f + F_w)}{G} \tag{5-26}$$

$$i = \tan\alpha$$

汽车以较高挡位行驶时，能爬过的坡道角度较小，$F_j \approx Gi$，所以汽车的爬坡度根据汽车的驱动力-行驶阻力平衡图按下式求得。

$$i = \frac{F_t - (F_f + F_w)}{G} \tag{5-27}$$

在各挡的爬坡度中，Ⅰ挡的最大爬坡度代表了汽车的最大通过能力。直接挡的最大爬坡度表示汽车在一般坡道上不必换入低挡的通过能力，有利于提高汽车行驶的平均车速，减轻驾驶员的疲劳强度。

汽车的动力特性图

由汽车的驱动力与行驶阻力平衡方程可得：

$$F_t - F_w = F_f + F_i + F_j = Gf\cos\alpha + G\sin\alpha + \frac{\delta G}{g}\frac{\mathrm{d}v}{\mathrm{d}t} \tag{5-28}$$

$$\frac{F_t - F_w}{G} = f\cos\alpha + \sin\alpha + \frac{\delta}{g}\frac{\mathrm{d}v}{\mathrm{d}t} \tag{5-29}$$

上式中，等式左边主要取决于汽车的结构参数，等式右边则与汽车的结构基本无关，它主要取决于汽车的行驶条件和状况。令等式左边等于 D，称之为动力因数，即：

$$D = \frac{F_t - F_w}{G} = f\cos\alpha + \sin\alpha + \frac{\delta}{g}\frac{dv}{dt} \qquad (5\text{-}30)$$

当坡道角度较小时，$\cos\alpha \approx 1$，$\sin\alpha \approx i$，则：

$$D = f + i + \frac{\delta}{g}\frac{dv}{dt} \qquad (5\text{-}31)$$

上式也称为动力平衡方程。将汽车各挡的动力因数与车速的关系曲线称为动力特性图。动力特性图是以动力因数 D 为纵坐标，以车速 v_a 为横坐标的各挡 $D\text{-}v_a$ 曲线，可根据 $F_t\text{-}v_a$ 曲线和 $F_w\text{-}v_a$ 曲线来制取。一辆装用四挡变速器的汽车的动力特性图如图 5-9 所示。

动力因数 D 是衡量汽车驱动能力的一个标准，该数值越大，说明汽车的加速、爬坡和克服道路阻力的能力越大。

利用动力特性图也可以确定汽车的动力性的 3 个指标。

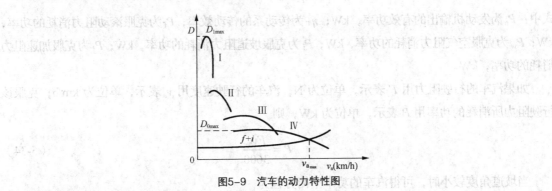

图5-9 汽车的动力特性图

（1）确定最高车速

在最高车速下，加速度 $j = \dfrac{dv}{dt} = 0$，在最高车速下 $i=0$，得到 $D=f$。也就是说：最高挡（Ⅳ挡）的动力因素曲线与滚动阻力系数 f 曲线的交点就是最高车速 u_{amax}。

（2）确定加速能力

汽车达到最大加速能力时，坡道角 $\alpha=0$。根据动力平衡方程可得：

$$\frac{dv}{dt} = \frac{g}{\delta}(D - f) \qquad (5\text{-}32)$$

根据上式和动力特性曲线，即可画出各挡的加速度曲线。然后，计算加速度的倒数，并做出相应曲线，图解积分即可计算得到加速时间。

（3）确定爬坡能力

汽车达到最大爬坡能力时，加速度 $j=0$。计算得到：$D_{max}=f\cos\alpha_{max}+\sin\alpha_{max}$

Ⅰ挡工作时，爬坡度较大，此时：$D_{1max}=f\cos\alpha_{1max}+\sin\alpha_{1max}$

其余挡位爬坡时，由于坡度 α 较小（10° ~ 15°），可认为 $\cos\alpha_{max}\approx1$，$\sin\alpha_{max}\approx\tan\alpha_{max}= i_{max}$，简化成下式计算。

$$i_{max} = D_{max} - f$$

因此，在动力特性图上，各挡最大动力因素与对应的滚动阻力系数之间的距离即为汽车各挡的最大爬坡度。如果 I 挡时按此式计算最大爬坡度，得到的数值误差较大。

汽车的功率平衡图

汽车行驶时，不仅驱动力与行驶阻力平衡，发动机输出的有效功率与克服传动损失和各种行驶阻力所消耗的功率也平衡，即：

$$P_e = \frac{1}{\eta_T}\left(P_f + P_w + P_i + P_j\right) \tag{5-33}$$

式中：P_e 为发动机输出的有效功率，kW；η_T 为传动系的传动效率；P_f 为克服滚动阻力消耗的功率，kW；P_w 为克服空气阻力消耗的功率，kW；P_i 为克服坡道阻力消耗的功率，kW；P_j 为克服加速阻力消耗的功率，kW。

如果汽车的行驶阻力用 F 表示，单位为 N；汽车的行驶速度用 v_a 表示，单位为 km/h；克服该行驶阻力所消耗的功率用 P 表示，单位为 kW，则

$$P = \frac{Fv_a}{3600} \tag{5-34}$$

当坡道角度较小时，可得汽车的功率平衡方程为

$$P_e = \frac{1}{\eta_T}\left(\frac{Gfv_a}{3600} + \frac{Giv_a}{3600} + \frac{C_D A v_a^3}{76140} + \frac{\delta G v_a}{3600}\frac{dv}{dt}\right) \tag{5-35}$$

与汽车的驱动力-行驶阻力平衡一样，汽车的功率平衡也可用功率平衡图来表示。汽车的功率平衡图以发动机的功率为纵坐标，以行驶速度为横坐标，包括各挡位的 P_e-v_a 曲线和克服汽车经常遇到的行驶阻力所需的功率随车速的变化关系曲线（称阻力功率曲线），如图 5-10 所示。汽车行驶中经常遇到的行驶阻力为滚动阻力和空气阻力，克服这两种阻力所需的发动机功率为

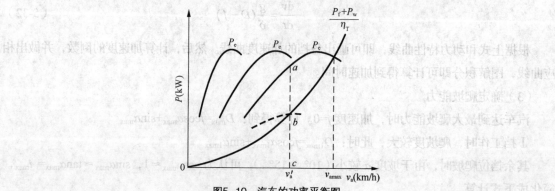

图5-10　汽车的功率平衡图

$$P_e = \frac{P_f + P_w}{\eta_T} \qquad (5\text{-}36)$$

利用功率平衡图也可确定汽车的动力性指标，但比用驱动力-行驶阻力平衡图或动力特性图复杂，所以一般不用功率平衡图来确定动力性指标，但用功率平衡图分析某些动力性问题比较方便。

由图 5-10 可见，各挡的功率曲线的起始点功率、最大功率及终点功率分别对应相等，因为各挡功率曲线均由该发动机的使用外特性转化而来，仅由于各挡传动比不同，相应的车速不同而已。低挡位时车速低，所占速度变化区域窄；高挡位时车速高，所占速度变化区域宽。

发动机以部分负荷工作时，汽车车速低于 $v_{a_{max}}$，发动机在该挡位下能发出的最大功率和该挡位下需要的功率之差 $[P_e - \frac{1}{\eta_T}(P_f + P_w)]$ 称为后备功率，它反映的是汽车的爬坡和加速性能。后备功率越大，汽车的动力性越好。

5.8 提高汽车动力性的措施

为了提高汽车的动力性，使汽车具有合理的动力性参数，必须对影响汽车动力性的各种因素进行分析，以便更好地找到提高汽车动力性的措施。影响汽车动力性的主要因素有：发动机的性能参数、汽车的结构参数和使用因素。

5.8.1 发动机的性能参数

（1）发动机的外特性

在发动机转矩特性的选择上，为提高汽车的动力性和高挡位的适应能力，应选择最大转矩、最大转矩转速、扭矩储备系数（或适应性系数）均较高的发动机。

（2）最大功率

汽车上配备的发动机功率越大，则汽车的动力性越好。但功率过大，汽车行驶中发动机经常在小负荷下工作，经济性降低。因此，发动机的最大功率一般按比质量来选择。

5.8.2 汽车的结构参数

1. 主减速器传动比

汽车上装用的发动机和变速器等均相同时，不同的主减速器传动比对汽车动力性的影响如图 5-11 所示，其中 $i_{01} < i_{02} < i_{03}$。

由图 5-11（a）可知，随着 i_0 的增大，功率曲线向左移动，在一定行驶车速时的后备功率增大，所以汽车的爬坡能力和加速能力提高。此外，主传动比为 i_{02} 时，阻力功率曲线与发动机功率曲线的

最大功率处相交，此时汽车的最高车速 $v_{a_{max}}$ 最高。主传动比过大（为 i_{03} 时）或过小（为 i_{01} 时）时，汽车的最高车速 $v_{a_{max}}$ 均降低。由此可见，为提高汽车的动力性，应在保证最高车速的前提下，尽可能选择较大的主减速器传动比。

但是，随着主减速比的增大，汽车最高速度不仅受到影响，发动机也会经常以较高转速工作，不利于发动机的使用寿命和燃料经济性。此外，增大主减速器传动比，相应的外形尺寸更大、结构更复杂，驱动桥的离地间隙减小，影响汽车的通过性。为此，对于一般用途汽车，在选择 i_0 时，应使阻力功率曲线与发动机功率曲线的交点所决定的最高车速略高于最大功率时的车速，如图 5-11（b）所示，两车速的比值一般为 $v_{a_{max}}/v_{aP}=5.1 \sim 1.25$。

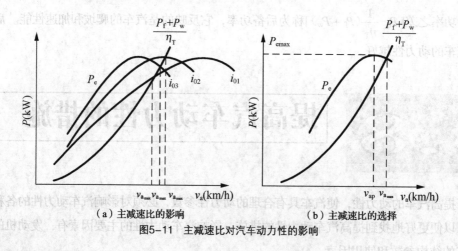

（a）主减速比的影响　　　　　　（b）主减速比的选择

图5-11　主减速比对汽车动力性的影响

2. 变速器参数

为了扩大发动机的转矩变化范围，克服活塞式发动机特性曲线上的缺陷，汽车必须在传动系中装用变速器，使汽车的驱动功率与驱动力矩接近等功率发动机，从而改善汽车的动力性。

影响汽车动力性的变速器参数主要是变速器挡数及各挡传动比。

（1）变速器挡数

变速器挡数增加，驾驶员可在不同行驶条件下选择最佳的挡位，使发动机输出最大功率，从而使汽车的后备功率增加，汽车具有较强的加速能力和爬坡能力。但普通齿轮式有级变速器，挡数过多会使结构复杂，操纵困难，有级变速器的实际挡数一般为 3~5 个。目前，汽车上广泛采用无级变速器（CVT），它无级变速的特性能够获得后备功率最大的传动比。后备功率决定了汽车的爬坡能力和加速能力，后备功率越大，汽车的动力性越好。所以汽车采用 CVT 的动力性能明显优于装用机械变速器（MT）和自动变速器（AT）的汽车。

（2）变速器传动比

变速器的 I 挡传动比直接影响汽车的最大爬坡度。 I 挡传动比越大，汽车的最大爬坡度越大，但要考虑驱动轮与道路之间附着条件的限制。

变速器各挡传动比的分配对汽车动力性也有影响。各挡传动比分配恰当，可使发动机经常在接近最大功率或最大转矩的转速范围内工作，从而提高汽车的加速和爬坡能力。如果各挡传动比分配不当，不仅影响汽车的动力性，还会导致换挡困难。

选择变速器传动比时，在确定变速器挡数后，一般先根据最大爬坡能力要求和附着条件确定 I 挡传动比，再按等比级数对各挡传动比进行分配。

3．空气阻力系数

汽车的外形影响空气阻力系数，对汽车的动力性也有影响。因为空气阻力与车速平方成正比，所以克服空气阻力消耗的功率与车速的立方成正比。所以改善汽车的流线型，减小空气阻力，对改善高速行驶汽车的动力性效果显著。

4．汽车总质量

除空气阻力外，其余行驶阻力都与汽车的总质量有关。在其他条件相同的情况下，随着汽车总质量的增加，汽车动力性下降。因此，减轻汽车自重可改善汽车的动力性。对于自重占汽车总质量比例较大的轿车，减轻自重所获得的效果更显著。

5．轮胎的尺寸和结构

对某一型号的汽车而言，汽车驱动力与轮胎半径成反比，车速与轮胎半径成正比。因此，轮胎半径对与动力性有关的驱动力和车速是矛盾的。

在良好路面上行驶的汽车，由于附着力较大，可以减小轮胎半径。轮胎尺寸的减小，使汽车自身质量降低，得到较大的驱动力。同时，汽车质心的高度降低，提高了行驶的稳定性，有利于汽车高速行驶。在发动机功率允许的情况下，车速提高可用减小主减速比来解决。

经常在软路面上或坏路上行驶的汽车，因车速不高，为了增加附着系数和离地间隙，通常要求轮胎的尺寸大些，以提高汽车的通过性能。

轮胎类型、花纹也影响汽车的动力性。为提高汽车的动力性，应尽量采用滚动阻力系数小的轮胎，如子午线轮胎。同时，合理选用轮胎的花纹及胎压，以增加附着系数。

5.8.3 汽车的使用因素

使用因素对汽车的动力性也有重要影响。一辆动力性能良好的汽车，如果长期使用、维护与调整不当，就可能降低发动机功率和传动效率，从而使汽车的动力性变坏。

1．发动机的技术状况

发动机技术状况不良会造成功率、转矩下降，使汽车动力性下降。对于混合气浓度、点火时间、冷却液温度、润滑油更换等需要正确地维护和调整。只有保持发动机应有的输出功率和转矩，才能保证汽车良好的动力性。

2．底盘的技术状况

汽车底盘技术状况直接影响传动系的机械效率。传动系各传动部件的松紧与润滑、车轮定位的调整、轮胎气压、制动性能的好坏、离合器的调整、润滑油的品质等都会直接影响汽车的动力性。

3．汽车的使用条件

道路、气候、海拔高度、交通规则与运输组织等使用条件在不同程度上影响汽车的动力性。在

汽车使用过程中，加强保养维护，正确驾驶，合理的运输组织，改善道路和交通条件，均有利于提高汽车的平均行驶速度，从而提高汽车运输生产效率。

4. 驾驶技术

提高驾驶技术，有利于发挥汽车的动力性。如加速时能适时和迅速地换挡，可减少加速时间。换挡熟练、合理冲坡，有助于提高汽车的爬坡能力。

1. 汽车的动力性是指汽车直线行驶在良好路面上所能达到的平均行驶速度。它的 3 个主要评价指标为：最高车速、加速时间和最大爬坡度。

2. 汽车的驱动力 F_t 是路面作用于汽车驱动轮圆周上的切向反作用力。它的影响因素有：发动机的转速特性、传动系的传动效率和车轮半径。

3. 车轮半径分自由半径 r_0、静力半径 r_s、动力半径 r_g 和滚动半径 r_{ro}。一般，动力半径 r_g 用于动力学分析，滚动半径 r_r 用于运动学分析。

4. 汽车的行驶阻力包括滚动阻力 F_f、空气阻力 F_w、坡度阻力 F_i 和加速阻力 F_j。滚动阻力和空气阻力在任何行驶条件下都存在，坡度阻力仅在上坡行驶时存在，加速阻力仅在汽车加速行驶时存在。

5. 滚动阻力 F_f 是指车轮在路面上滚动时引起的能量损失，包括四部分：轮胎变形引起的能量损失、路面变形引起的能量损失、轮胎与路面间相对滑移引起的摩擦损失、路面不平导致汽车振动所引起的能量损失。

6. 滚动阻力系数的影响因素：路面的种类、行驶车速、轮胎的结构、材料、气压等。

7. 降低空气阻力系数 C_D 是减小空气阻力的主要手段。

8. 汽车行驶的驱动—附着条件：$F_f + F_w + F_i \leq F_t \leq F_\varphi$。

9. 根据汽车的驱动力—行驶阻力平衡图、动力特性图可进行汽车动力性的分析，确定汽车的动力性指标。

10. 动力因数 D 值越大，表明汽车的加速、爬坡和克服道路阻力的能力越大。

11. 汽车动力性的主要影响因素：发动机特性、传动系参数、汽车结构因素及底盘技术状况。

1. 什么是汽车的动力性？动力性的评价指标是什么？

2. 汽车的驱动力是怎样产生的？如何计算？它是真正驱动汽车行驶的力吗？

3. 影响汽车驱动力的因素有哪些？

4. 汽车的行驶阻力有哪些？产生原因是什么？计算公式分别是？

5. 轮胎对滚动阻力系数的影响？

6. 路面的类型、表面状态和力学物理性质等是怎样影响滚动阻力系数的?

7. 汽车行驶的驱动条件、附着条件、驱动-附着条件分别是什么?

8. 什么是附着力? 主要取决于哪些因素?

9. 怎样用汽车的驱动力-行驶阻力平衡图来确定其最高车速、加速能力和爬坡能力?

10. 什么是汽车的后备功率? 意义是什么?

11. 根据汽车驱动力的大小能否判定汽车的动力性? 为什么?

12. 汽车动力因素的表达式? 其含义是什么?

13. 如何提高汽车的动力性?

14. 发动机的性能参数对汽车动力性的影响?

15. 汽车的结构参数对汽车动力性的影响?

16. 汽车使用因素对汽车动力性的影响?

Chapter

6

第6章

| 汽车燃油经济性 |

| 学习目标

- 掌握汽车燃油经济性的评价指标
- 熟悉汽车的燃料消耗平衡方程
- 熟悉汽车等速行驶时燃油消耗量的估算
- 熟悉影响汽车燃料经济性的主要因素

汽车的使用经济性是指汽车以最低的消耗费用完成运输工作的能力。在汽车使用中，燃料消耗费用、维修费用和折旧费用是汽车使用成本的主要组成部分，而对燃料消耗费用影响最大的是汽车的燃料经济性。

汽车的燃料经济性是指汽车在保证动力性的条件下，以最小的燃料消耗完成单位运输工作的能力。目前绝大部分汽车的燃料是石油产品，提高汽车的燃料经济性，减少汽车对石油能源的消耗，已成为世人关注的焦点之一。此外，燃料消耗费用约占汽车运输成本的40%，所以提高汽车的燃料经济性，也是降低运输成本的重要措施之一。

燃料经济性的评价指标

汽车的经济性指标主要用耗油量来表示。由于汽车行驶的条件十分复杂，因此各国制定不同标准，对行驶条件作明确规定，来定量描述指定车型的油耗状况。主要有两种评价指标。

1. 汽车每行驶一定公里数所消耗的油量

（1）单位行驶里程的燃料消耗量

当燃料按容积计算时，用符号 Q_V 表示单位行驶里程的燃料消耗量，单位为 L/100km。我国采用该指标来评价，它表示了汽车正常行驶 100km 所消耗的燃油数量。一般是汽车制造厂根据国家规定的试验标准，通过样车测试得出来的。它包括等速百公里油耗和循环油耗。 该数值越大，说明汽车的燃油经济性越差。

单位行驶里程的燃料消耗量只考虑了行驶里程，没有考虑车型与装载质量的差别，所以只能用于比较同类型汽车或同一辆汽车的燃料经济性，也可用于分析不同部件（如发动机、传动系等）装在同一汽车上，对燃料经济性的影响。

（2）单位运输工作量的燃料消耗量

当燃料按容积计算时，用符号 Q_{VG} 表示单位运输工作量的燃料消耗量，对载货汽车和客车的单位分别为 L/(100t·km) 和 L/(1 000 人·km)。

单位运输工作量的燃料消耗量可以用来比较不同类型、不同装载质量汽车的燃料经济性。

2. 给定燃油数量能驱动汽车行驶的公里数

它是指汽车消耗单位质量或单位容积的燃料所能行驶的里程。美国等少数国家采用该指标，单位是 mile/US gal，即消耗 1 加仑燃料所能行驶的英里数，1mile=1.61km，1US gal= 4.55L。

单位行驶里程的燃料消耗量或单位运输工作量的燃料消耗量越少，说明汽车燃料经济性越好；消耗单位量的燃料所行驶的里程越长，燃料经济性越好。

6.2 燃料消耗计算

通常用汽车等速行驶的百公里燃料消耗量来表示汽车的燃料经济性。指汽车在一定载荷下，在水平良好的路面上，汽车以最高挡位等速行驶 100km，多次往返取平均值，记录下油耗量，即可获得不同车速下汽车的百公里耗油量。将每个车速段的耗油量用点连起来，发现是一条开口向上的抛物线，最凹点就是耗油量最低的车速段，也就是"经济车速"，如图 6-1 所示。

如果汽车在一定条件下等速行驶时，发动机的有效燃油消耗率为 g_e[g/(kW·h)]，发动机输出的有效功率为 P_e(kW)，汽车的行驶速度为 v_a(km/h)，则等速行驶 100km 的燃料消耗量按容积计为

$$Q_V = \frac{g_e P_e}{1.02 v_a \gamma} \tag{6-1}$$

式中：γ 为燃料的重度（N/L），汽油为 6.96 ~ 7.15N/L，柴油为 7.94 ~ 8.13N/L。

由汽车的功率平衡可知，汽车在任何条件下行驶时，发动机输出的有效功率都等于克服滚动阻力、空气阻力、加速阻力、坡度阻力和传动系机械损失所消耗功率的总和。

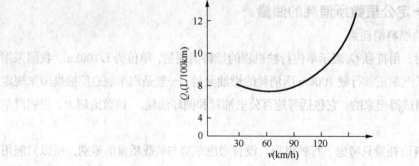

图6-1 燃油消耗量曲线

由此可得，汽车按某一瞬时的行驶工况和行驶条件等速行驶 100km 的燃料消耗量为

$$Q_V = \frac{g_e}{3672\eta_T\gamma}\left(Gf + Gi + \frac{C_DAv_a^2}{21.15} + \frac{\delta G}{g}\frac{dv}{dt}\right) \qquad (6\text{-}2)$$

上式称为非等速行驶的燃料消耗方程。此方程主要用来分析各种因素对汽车燃料经济性的影响，而不是用来计算汽车的燃料经济性指标。在实际使用中，汽车的燃料经济性指标一般通过试验方法测得。只有在汽车设计时，常根据所选用的发动机负荷特性曲线（各种转速下的燃油消耗率与负荷率关系曲线）和汽车的功率平衡图，用上述公式对汽车的燃料经济性进行估算。

在实际应用中，无论是用试验方法测定汽车的燃料经济性，还是在设计时估算汽车的燃料经济性，为便于测量或简化计算，一般都以汽车在水平良好的路面上等速行驶的百公里燃料消耗量作为指标，而且习惯用容积来计量燃料量。汽车在水平良好的路面上等速行驶的百公里燃料消耗量，按容积计为

$$Q_V = \frac{g_eP_e}{1.02v_a\gamma} = \frac{g_e}{3672\eta_T\gamma}\left(Gf + \frac{C_DAv_a^2}{21.15}\right) \qquad (6\text{-}3)$$

汽车在水平良好的路面上等速行驶时的燃料经济性估算方法，如图 6-2 所示。

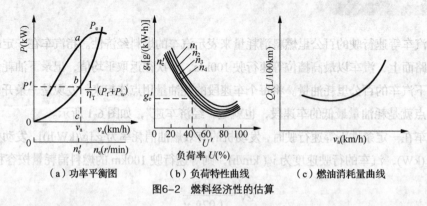

（a）功率平衡图　　　　（b）负荷特性曲线　　　　（c）燃油消耗量曲线

图6-2 燃料经济性的估算

燃料经济性估算方法步骤如下。

① 根据负荷特性曲线确定任意发动机转速 n_e'，并计算在一定挡位下该转速对应的行驶速度 v_a'。汽车行驶速度 v_a 与发动机转速 n 的关系为

$$v_a = 0.377 \frac{nr}{i_g i_0} \qquad (6\text{-}4)$$

式中：r 为车轮半径，m；i_g 为变速器传动比；i_0 为主减速器传动比。

② 在功率平衡图上，求得汽车以相应挡位和行驶速度 v_a' 等速行驶时发动机输出的实际功率 P'。

③ 根据 n_e' 和 U' 在负荷特性图上求得发动机的有效燃油消耗率 g_e'，再根据 g_e'、P' 和 V'，计算汽车在水平良好的路面上，以一定挡位和行驶速度 v' 等速行驶的百公里燃料消耗量。

④ 按同样方法，计算汽车以不同行驶速度（即不同发动机转速）等速行驶的百公里燃料消耗量，便可作出汽车在水平良好的路面上以一定挡位等速行驶的百公里燃料消耗量曲线。在曲线上通常可以找到燃料消耗量最低的点和该点对应的经济车速。

6.3 提高燃料经济性的措施

由汽车非等速行驶的燃料消耗方程不难看出，影响汽车的燃料经济性因素主要有三个方面：发动机的有效燃油消耗率、汽车的行驶阻力和传动系的传动效率。因此，要提高汽车燃料经济性，必须从结构和使用两方面来采取具体措施，来降低发动机有效燃油消耗率、减小汽车的行驶阻力和提高传动系的传动效率。

6.3.1 结构因素

由发动机性能指标之间的关系和发动机的速度特性和负荷特性可知，发动机的有效燃油消耗率主要取决于发动机的有效热效率和发动机的工况。有效热效率主要取决于发动机的结构类型和压缩比。因此，在设计与制造过程中，需要合理设计结构、合理选择参数、采用先进技术和提高制造精度。

1. 合理选用发动机

在汽车设计时，发动机一般是作为总成来选用的。为提高汽车的燃料经济性，在选用发动机时，主要应注意其类型、压缩比和最大功率。

（1）发动机的类型

目前，汽车上应用的发动机按燃料不同，主要分为汽油机、柴油机和燃气发动机。三者中，柴油机的热效率最高，尤其发动机在部分负荷工作时的燃油消耗率较低，柴油机的燃料消耗（按容积计算）比汽油机要节省 20%~40%。研究将汽油高尔夫和柴油高尔夫在同等环境下进行对比测试，装配 1.6 L 柴油机的高尔夫轿车，最大速度 145km/h，每百公里平均耗油市内 6.8L、公路 5.3L；装配 1.3L 汽油机的高尔夫轿车，最大速度 160 km/h，每百公里平均耗油市内 10L、公路 6.7L。因此，世界上许多大汽车生产企业都积极发展和推广柴油机，选用柴油机对提高汽车的燃料经济性极为有利。

选用燃气发动机时，应尽量选用单燃料的燃气发动机。因为单燃料燃气发动机是专门根据燃气特点设计制造的，其性能明显优于双燃料或混合燃料燃气发动机。

按发动机对燃料供给量的控制方式不同，分为传统机械控制方式和电控方式。对燃料供给量采用电控方式的发动机，在各种工况下均可精确地控制混合气的浓度，保证各缸供应混合气的均匀性，燃料燃烧完全，发动机的经济性较好。因此，为提高汽车的燃料经济性，应尽量选用电控燃料喷射式发动机。

传统的电控燃料喷射式发动机采用缸外喷射。大众、宝马等公司研发采用了缸内直喷技术。图6-3所示为大众的一款发动机——EA888，它集缸内直喷、涡轮增压、可变气门正时等一系列先进技术于一身，实现了动力与经济环保的结合。

图6-3　EA888TSI汽油直喷发动机

（2）发动机的压缩比

目前的轿车发动机都是高速汽油发动机，发动机的热效率越高，燃油利用率越高，也就越省油。而发动机的热效率随压缩比的增加而增加，因此，选用发动机时，压缩比也是一个重要参数。现在轿车汽油发动机压缩比一般为9.3～10.5。同时，还采用配气系统可变装置（可变气门升程、可变凸轮轴转角、可变进气管长度等）和稀燃技术，来达到节油目的。

（3）发动机的最大功率

由发动机的负荷特性可知，在转速一定的条件下，负荷率在80%～90%时，有效燃油消耗率最低。发动机在中等转速较高负荷率下工作时，其燃料经济性较好。在汽车的实际使用中，大部分使用时间内发动机的负荷率都达不到经济范围。试验表明，一般汽车在水平良好路面上以常用速度行驶时，克服各种阻力所需的功率仅为发动机相应转速下最大功率的50%～60%，相当于发动机最大功率的20%左右。因此，为提高汽车使用中发动机的负荷率，以提高汽车的燃料经济性，在保证汽车动力性足够的前提下，不宜选用大功率的发动机。

2. 合理选择变速器挡数

由汽车的功率平衡图可知，汽车的行驶速度和阻力功率一定时，发动机的负荷率随使用的变速器挡位不同而变化，挡位越高，负荷率越大。只要变速器的挡位足够多，就可选择某一合适的挡位，使发动机的负荷率保持在80%～90%的经济范围内，从而使汽车的燃料经济性最佳。由此可见，增加变速器的挡位数量，可增加汽车以经济工况行驶的机会，有利于提高汽车的燃料经济性。但挡数太多，会使结构复杂，操作不便。

3. 提高传动系的传动效率

传动系的传动效率取决于传动系各总成的机械效率，而各总成的机械效率主要取决于总成的结构，所以改进传动系各总成的结构是提高传动系传动效率的主要措施。在传动系的结构设计中，合理选择传动方式和各总成的结构形式、改善润滑条件、缩短传动路线等，可减少传动过程中的功率损失，提高汽车的燃料经济性。如图6-4所示采用了双离合器的DSG变速器，能够提供无间断的动力输出，带来低油耗的同时，车辆性能方面没有任何损失，同样具有出色的加速性和最高时速，并且与传统自动变速器一样可以实现顺畅换挡，不影响牵引力。

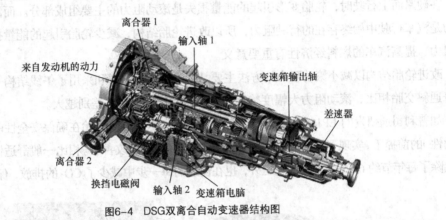

图6-4 DSG双离合自动变速器结构图

4. 减小汽车总质量

汽车的总质量直接影响滚动阻力、坡度阻力和加速阻力的大小，减小汽车总质量，是减小行驶阻力以降低燃料消耗最有效的措施之一。

减小汽车总质量的措施主要有：采用高强度的低合金钢、铝合金、塑料等轻质材料制造汽车零件；改进汽车结构，尽量减少大型零部件尺寸和数量，提高零部件承载能力，如采用前轮驱动、承载式车身等；零件设计时，在保证零件强度和刚度的前提下，不追求过高的安全系数，以减小零件的尺寸和质量。

奥迪汽车在车身轻量化技术领域一直处于世界领先水平。奥迪 TT、A8 和 R8 的车身均采用奥迪空间框架结构技术（ASF），主要由铝或全部由铝制成，如图 6-5 所示。铝质车身与钢板车身相比质量大约可减轻 40%。研究表明，车重每减轻 10%，油耗可降低 6% ~ 8%。换言之，车身质量降低 100kg，意味着百公里油耗减少 0.3L，每公里 CO_2 排放也将相应减少 7.5g ~ 12.5g。

5. 合理设计汽车外形

汽车的外形是影响空气阻力的主要因素，流线型的车身外形，如图 6-6 所示，减少汽车车身外部凸出物的数量和面积，可有效减小迎风面积、降低空气阻力系数，从而减小汽车行驶时的空气阻力，尤其对提高汽车中、高速行驶时的燃料经济性，有显著的效果。另外，随着社会的发展，人们的审美观点也在不断变化，汽车的外形设计也必须符合美学要求。

图6-5　奥迪全铝车身框架结构（ASF）

图6-6　流线型车身设计

6. 改进轮胎结构

在硬路面上行驶时，轮胎变形引起的能量损失是滚动阻力的主要组成部分。而滚动阻力和空气阻力是汽车行驶中始终存在的行驶阻力，所以改进轮胎结构，减少轮胎引起的能量损失，对减小行驶阻力、提高汽车的燃料经济性有重要意义。

改进轮胎结构以减小滚动阻力的方法主要是：改进橡胶材料和采用子午线结构等。子午线轮胎与普通斜交胎相比，滚动阻力大幅度减小，而且行驶速度越高，差别越大。

如普利司通研发的 EP100A 轮胎，如图 6-7 所示，这种低阻轮胎在确保安全性能（特别是湿路制动性）的前提下，实现了对轮胎滚动阻力高达 20%～25% 的改善率。相比一般舒适性轮胎，EP100A 轮胎除了每年节约 6.2% 左右的油耗之外，也在前进的每一步中减少了 CO_2 的排放，保护了地球环境。

图6-7　EP100A轮胎

6.3.2　使用因素

在汽车使用方面，对汽车的燃料经济性影响最大的是汽车的技术状况和驾驶技术。在汽车的实际使用中，由于使用因素造成的燃料浪费往往远大于采取某项结构措施而节省的燃料，如：子午线轮胎比普通斜交胎可节油 6%～8%，某轿车空气阻力系数从 0.5 降低到 0.3 可使油耗降低 22%，而不同技术水平的驾驶员在相同条件下驾驶同一汽车，其燃料消耗量的差异可达 20%～40%。由此可见，为降低汽车运行中的燃料消耗，提高汽车的燃料经济性，在使用方面采取措施比在结构方面采取措施更有潜力。

1. 保持汽车良好的技术状况

① 发动机的技术状况。发动机是汽车上直接消耗燃料的总成，在发动机的结构因素一定的前提下，保持其良好的技术状况是减少燃料消耗的技术基础。

发动机技术状况对燃料经济性影响较大的主要是：气缸压力、配气相位、工作温度、燃料供给系和点火系的技术状况。

由于磨损或其他原因造成气缸密封性不良，使气缸压力降低，发动机燃烧过程中的燃烧速度和平均有效压力就会下降，因此发动机的动力性下降、燃料消耗增多。

配气机构有关零部件的磨损或失调会使配气相位失准，充气系数下降，发动机功率降低、燃料消耗增多。试验表明：发动机的气门间隙每减小 0.1mm，功率降低 3.5% ~ 4.0%，燃料消耗增加 2% ~ 3%。

燃料供给系的技术状况直接影响混合气的浓度和形成质量，从而影响发动机的动力性和燃料经济性。如：空气滤清器技术状况不良时，进气阻力大，实际充气量减小，使混合气变浓，燃油消耗率明显增加；燃油滤清器工作不良时，燃油中机械杂质堵塞油道、量孔，或进入燃烧室使积炭增多，都会影响供油浓度或燃烧过程，使燃油消耗率增加；柴油机供油提前角调整不当，会影响燃烧过程，使燃油消耗率增加；汽油机的化油器调整不当，会使混合气过浓或过稀，燃油消耗率增加。实验表明：汽油机混合气过浓或过稀，料油消耗增加 20% ~ 30%。

汽油机点火系统技术状况不良，如点火不正时、断电器触点间隙不当或火花塞工作不良等，不仅影响发动机的启动性能和动力性能，还使燃油消耗率增大。试验表明一个火花塞不工作，8 缸和 6 缸发动机燃料消耗分别增加 15% 和 25%；断电器触点间隙每增加或减小 0.1mm，燃料消耗分别增加 2% 和 4%。

冷却系统的技术状况直接影响发动机的工作温度。发动机工作温度过低，燃料雾化和蒸发不良，且发动机运转阻力大，使燃油消耗率增加；而温度过高，则充气量下降，且容易产生早燃和爆燃，也会使燃油消耗率增加。

② 底盘技术状况。底盘技术状况好坏直接影响传动系的机械效率和行驶阻力，因此对汽车的燃料经济性影响也很大。

汽车传动系的技术状况良好时，机械效率一般为 0.85 ~ 0.90，功率损失约为所传递功率的 10% ~ 15%。在传动系功率损失中，变速器和主减速器的损失所占比例最大，在使用中，保证传动系各总成的可靠润滑，并使各间隙保持在正常范围，对于减少摩擦损失，提高传动系的机械效率，降低汽车的燃料消耗有明显效果。

行驶系中的轮毂轴承过松或过紧、转向轮定位不正确、轮胎气压不符合标准，都会增大汽车行驶阻力，使汽车的燃料消耗增加。试验表明：转向轮前束值失准 1mm，燃料消耗增加约 5%；载货汽车的全部轮胎气压若都降低 49kPa，燃料消耗将增加约 5%，若气压降低 98kPa，燃料消耗将增加约 10%。

制动系调整不当，放松制动踏板或手柄后有制动拖滞现象，会增加行驶阻力，使汽车的燃料消耗增加。

2. 提高驾驶技术

根据对长期驾驶经验的总结，降低汽车燃料消耗的合理驾驶操作方法包括：

① 保持发动机正常的工作温度。发动机的工作温度过高或过低都会使燃料消耗增加，因此在汽车行驶中，应使发动机水温保持在80℃～90℃；在低温条件下启动时，要进行预热；发动机启动后，应低速运转升温，待水温升至50℃～60℃后再挂挡起步；并注意经常检查冷却水量、保温罩和百叶窗的状况及冷却系统工作情况。

② 合理使用挡位。汽车行驶的道路条件相同时，使用的变速器挡位不同，发动机的工况不同，燃油消耗率也不同。合理使用挡位主要是要做到"低挡不高速，高挡不硬撑"。

"低挡不高速"是指在变速器挂低挡时，不能追求高速行驶；使用低挡靠提高发动机转速来提高车速，发动机的内部损失增大，会使燃料消耗增加。"高挡不硬撑"是指汽车行驶阻力较大时，应及时换入低挡以提高驱动轮上的驱动力矩；在一般道路上行驶时，应尽可能采用高挡行驶，以增大发动机的负荷率，但汽车行驶阻力较大时，仍采用高挡强行，使发动机的负荷率过高，燃油消耗率也会增加。因此，在驾驶中，必须合理选择挡位，使发动机的负荷率保持在燃油消耗率较低的范围。此外，换挡操作要做到脚轻手快，以减少功率浪费。

③ 控制行驶速度。汽车在相同道路上行驶时，车速不同燃料消耗也不同，控制汽车行驶速度主要是要做到"缓加速，中速行"。

"缓加速"是指汽车加速时不要过急，因为汽车的加速度越高，克服加速阻力所需的功率越大，燃料消耗越多。"中速行"是指汽车的行驶速度不能过高或过低，以经济车速行驶时的燃料消耗量最低。由于经济车速相对较低，如解放CA1091型汽车为40～50km/h，影响运输效率，因此在实际运行中，汽车多以略高于经济车速的速度行驶。

④ 正确使用制动和滑行。正确使用制动和滑行主要是要做到"少制动，多滑行"。

"少制动"是指汽车行驶中，在保证行驶安全的前提下，尽量少使用制动。因为汽车的制动过程就是消耗汽车行驶惯性能量而使汽车减速的过程，而汽车行驶的惯性能量是由燃料的化学能转换而来，汽车惯性能量的无为消耗，也就意味着燃料的浪费。

"多滑行"是指汽车行驶中，在确保安全的前提下，充分利用汽车行驶中的惯性行驶。试验表明：在平原丘陵地区，滑行距离最多可达总行驶里程的30%～40%，同是中速行驶，采用或不采用滑行，燃料消耗量相差30%左右。行车中，滑行的方式主要有加速滑行、减速滑行和坡道滑行三种。加速滑行是指先以高速挡加速至一定车速后，再摘挡滑行，加速和滑行两个过程循环进行；加速滑行适合在道路条件好、交通流量少时使用，要得到良好的节油效果，关键是对发动机负荷率和滑行初、终速度的控制，在加速时发动机的负荷率应控制在80%～90%，滑行的初、终速度不应超出经济车速的上、下限，滑行的初始速度过高或终了速度过低，均会使加速时间增长，燃料消耗增加。减速滑行是指汽车在行驶中遇到障碍物、弯道、桥梁、坑洼或到达停车站等必须降低车速时，提前放松加速踏板，以滑行代替制动使汽车减速，充分利用汽车的惯性，减少能量浪费；在丘陵山区，利用坡道滑行是降低燃料消耗的有效方法，但利用坡道滑行时，必须保证行车安全，在险要路段和坡度大而长的坡道上禁止滑行，下坡滑行不得熄火，并应控制车速。

此外，驾驶应养成良好的习惯，不乱轰油门，发现故障及时维修，尽量减少汽车使用中的燃料浪费。

1. 汽车的燃油经济性常用一定运行工况下汽车行驶百公里的燃油消耗量或一定燃油量能使汽车行驶的里程来衡量。

2. 我国的燃油经济性评价指标为百公里燃料消耗量，单位为 L/100km。该数值越小，说明汽车的燃油经济性越好。

3. 汽车在水平良好的路面上等速行驶的百公里燃油消耗量为：$Q_v = \dfrac{g_e P_e}{1.02 v_a \gamma}$。

4. 影响汽车的燃油经济性主要因素是：发动机的有效燃油消耗率、汽车的行驶阻力和传动系的传动效率。

5. 提高汽车燃油经济性可从汽车结构和使用两方面来采取具体措施。

1. 什么是汽车的燃油经济性？其评价指标有哪些？
2. 等速行驶百公里燃油消耗方程？意义是什么？
3. 什么是经济车速？
4. 选用怎样的发动机有利于提高汽车燃油经济性？
5. 发动机的压缩比对燃油经济性的影响？如何选用？
6. 为什么要实现汽车轻量化？有哪些措施？
7. 提高汽车燃油经济性的使用措施有哪些？
8. 简述提高汽车燃油经济性的驾驶技术。

第7章

| 汽车制动性 |

| 学习目标 |

- 掌握制动性能的评价指标
- 熟悉汽车制动力的产生
- 掌握地面制动力、制动器制动力和附着力的关系
- 了解制动过程，会计算制动距离
- 熟悉制动的方向稳定性及其分析
- 掌握汽车的 β 线与 I 线、同步附着系数及其应用
- 熟悉提高制动性的措施

汽车的行驶安全性包括主动安全性和被动安全性。

主动安全性指机动车本身防止或减少交通事故的能力，它主要与车辆的制动性、动力性、操纵稳定性、舒适性、结构尺寸、视野和灯光等因素有关。

被动安全性是指发生车祸后，车辆本身所具有的减少人员伤亡、货物受损的能力。提高机动车被动安全性的措施有：配置安全带、安全气囊，安装安全玻璃，设置安全门、配备灭火器等。研究表明，单独使用安全带可使驾驶员的事故死亡率下降 42% 左右，单独使用安全气囊可下降 18% 左右，而两者联合使用可下降 47% 左右。

本章主要介绍汽车的制动性能，通过分析介绍一些提高制动性的措施。

汽车制动性的评价指标

　　汽车的制动性是指汽车在行驶中，强制降低车速以至停车并维持方向稳定的能力，以及下长坡时维持一定车速的能力。汽车制动性的好坏，直接影响行驶安全和行驶速度的充分发挥。制动效能、制动效能的恒定性和制动时的方向稳定性是用来评价汽车制动性的 3 个指标。

　　1. 制动效能

　　汽车的制动效能是指汽车迅速减速直至停车的能力。制动效能可用制动距离、制动减速度、制动力及制动时间来评定。它是制动性最基本的评价指标。

　　2. 制动效能的恒定性

　　制动效能的恒定性是指抵抗制动效能的热衰退和水衰退的能力。

　　3. 制动时的方向稳定性

　　制动时的方向稳定性是指在制动过程中，汽车按驾驶员给定轨迹行驶的能力，即保持直线行驶或按预定弯道行驶的能力。

汽车制动时的车轮受力分析

　　现代汽车上普遍采用气压或液压行车制动系统。汽车制动时，驾驶员踩下制动踏板，行车制动系统的气压或液压作用在车轮制动器上，使制动器的制动蹄与制动鼓（或制动盘）压紧，制动蹄与制动鼓（或制动盘）之间的摩擦形成阻止车轮转动的摩擦力矩 M_τ，称之为制动力矩。

7.2.1　地面制动力 F_τ

　　如图 7-1 所示，由于制动力矩对车轮的作用，使车轮对地面产生一个与汽车行驶方向相同的作用力，而地面则对车轮产生一个与汽车行驶方向相反的切向反作用力 F_τ，此地面切向反作用力是使汽车减速以至停车的外力，称之为地面制动力。

7.2.2　制动器制动力 F_μ

　　制动器制动力是指为克服制动力矩在轮胎周缘上所需施加的切向力，符号 F_μ，单位为 N。它相当于将车轮架离地面，并踩住制动踏板，在轮胎周缘沿切向方向施加一个力，直至使车轮转动时所

需的最小切向力，其大小为

$$F_\mu = \frac{M_\tau}{r}$$ （7-1）

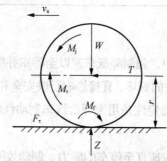

图7-1 制动时车轮的受力情况

W—车轮的法向载荷，N；Z—地面对车轮的法向反作用力，N；T—车轴对车轮的推力，N；M_τ—制动力矩，N·m；
r—车轮半径，m；M_f—滚动阻力矩，M_j—惯性力矩，N·m；F_τ—地面制动力，N

制动器制动力来说明车轮制动器的作用，取决于制动力矩和车轮半径。其中制动力矩又与两方面因素有关：一是车轮制动器的结构类型、尺寸和摩擦系数；二是制动踏板力。在人力制动系统中，制动踏板力即驾驶员踩制动踏板的操纵力；在气压或液压制动系统中，制动踏板力即制动时作用在车轮制动器上的气压力或液压力。应当注意，在使用中，车轮制动器的技术状况对其摩擦副的摩擦系数有很大影响。

由图 7-1 可得，当车轮未抱死拖滑时，地面制动力为

$$F_\tau = \frac{M_\tau + M_f - M_j}{r}$$ （7-2）

制动时，车轮的滚动阻力矩和惯性力矩与制动力矩相比小得多，可忽略不计，则

$$F_\tau = \frac{M_\tau}{r}$$ （7-3）

由式 7-3 可知，当车轮未抱死拖滑时，地面制动力与制动器制动力相等，并取决于制动力矩和车轮半径。但必须注意：地面制动力与驱动力一样，也是轮胎与地面之间相互传递的纵向力，所以也受纵向附着力的限制。

7.2.3 地面制动力、制动器制动力与附着力的关系

当制动踏板力较小时，制动力矩也比较小，车轮对地面的作用力小于附着力，地面制动力仍能克服制动力矩而使车轮维持滚动状态，地面制动力等于制动器制动力；随制动踏板力增大，地面制动力和制动器制动力也增大，当两者与附着力相等时，如果继续增大制动踏板力，制动器制动力仍继续随之增大，但地面制动力达到附着极限不再增加，车轮出现抱死拖滑现象，如图 7-2 所示。

不难得出：地面制动力首先取决于制动器制动力，同时也受附着力的限制。相比而言，通过增

大制动器尺寸、增加制动踏板力、增大摩擦系数等来增大制动器制动力比较容易，为提高汽车的制动性能，制动时的附着力是提高地面制动力的障碍。而提高附着力的关键是提高附着系数。

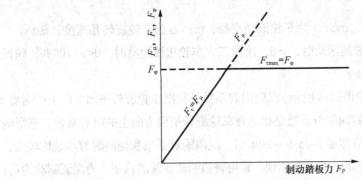

图7-2 制动力与附着力的关系

在汽车的制动过程中，附着系数不是常数，它不仅与轮胎结构和路面状况有关，也与车轮的运动状态有关。仔细观察汽车的制动过程可发现，轮胎留在地面上的印痕从车轮滚动到滑动是一个渐变的过程，如图7-3所示。

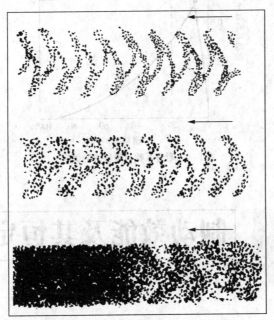

图7-3 制动时轮胎留在地面上的印痕

第一阶段：车轮单纯滚动。印痕的形状基本与轮胎胎面花纹相一致。

第二阶段：车轮边滚边滑。可辨别轮胎花纹的印痕，但花纹逐渐模糊，轮胎胎面相对地面发生一定的相对滑动，随着滑动成分的增加，花纹越来越模糊。

第三阶段：车轮拖滑。车轮抱死拖滑，粗黑印痕，看不出花纹。

制动时车轮的运动状态用滑移率 s 来表示，它是指车轮运动中滑动成分所占的比例，可按公式

7-4 计算。

$$s = \frac{v_\omega - r\omega}{v_\omega} \times 100\% \qquad (7\text{-}4)$$

式中：v_ω 为车轮中心平移速度，m/s；r 为车轮滚动半径，m；ω 为车轮旋转角速度，rad/s。

图 7-3 中，阶段一，车轮做纯滚动时，$s=0$；阶段二，车轮边滚边滑时，$0<s<100\%$；阶段三，车轮完全抱死拖滑时，$s=100\%$。

附着系数随滑移率的变化如图 7-4 所示。纵向附着系数是指沿车轮旋转平面方向上的附着系数，它直接影响最大地面制动力；侧向附着系数是指垂直车轮旋转平面方向上的附着系数，它影响汽车制动时的方向稳定性。在车轮滑移率 $s=15\% \sim 20\%$ 时，纵向附着系数和侧向附着系数均较大，但只有装用防抱死制动系统（ABS）的汽车才能实现，装用普通制动系统的汽车，为保证制动的可行性，紧急制动时必须提供足够大的制动器制动力，使车轮滑移率达到 100%。

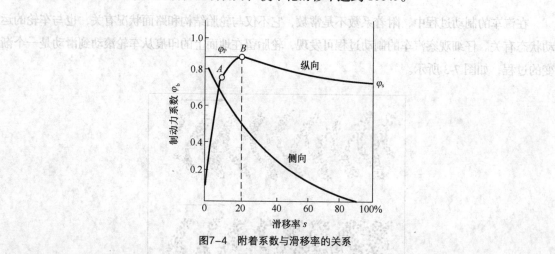

图7-4　附着系数与滑移率的关系

7.3 制动效能及其恒定性

7.3.1 制动效能

汽车的制动效能是指汽车迅速减速直至停车的能力，主要用制动距离和制动减速度来评定。制动距离是反映车辆制动效能比较简单而又直观的指标，是较为综合的制动性能指标，为大多数国家评价制动性能所采用。

我国《机动车制动检验规范》规定用制动力或制动距离来评价汽车的制动效能，制动力一般用制动试验台检测，而制动距离一般用路试的方法检测。

1. 制动过程分析

从驾驶员接收到制动信号开始，到完全制动停车为止的全部制动过程中，制动减速度 j 随制动时间 t 的变化，如图 7-5 所示。

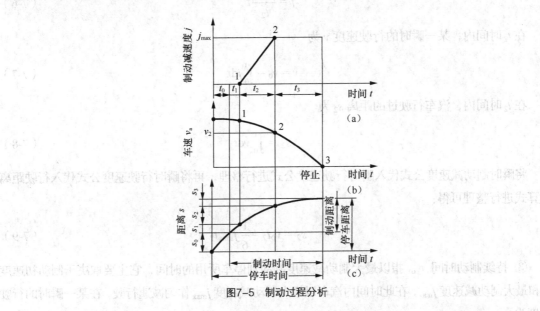

图7-5　制动过程分析

汽车在紧急制动时的全部制动过程，按时间可分为以下两个阶段。

① 驾驶员反应时间 t_0。指从驾驶员接收到制动信号开始，至驾驶员的脚接触到制动踏板为止所经历的时间。它包括驾驶员发现红灯或障碍物等做出紧急制动决定所用时间和将脚由加速踏板等位置移动到制动踏板上所用时间。驾驶员反应时间的长短主要与驾驶员的身体素质和驾驶经验等有关，一般为 0.3～1.0s，在此时间内可认为汽车以制动初速度 v_0 作等速行驶，行驶过的距离为 $s_0=v_0t_0$。

② 制动系协调时间 (t_1+t_2)。指从驾驶员的脚接触到制动踏板开始，至制动减速度达到最大值所用的时间。它包括制动系反应时间和制动减速度增长时间。制动系协调时间主要取决于踏制动踏板的速度和制动系的结构，一般为 0.2～0.9s。

制动系反应时间是指从驾驶员的脚接触到制动踏板开始，至开始出现制动减速度为止所经历的时间。它包括消除制动踏板自由行程所用时间、消除机械制动系机械传动装置间隙所用时间、液压油或压缩空气在制动管路中流动所用时间、消除制动器间隙所用时间等，在此时间内仍可认为汽车以制动初速度 v_0 作等速行驶，行驶过的距离为 $s_1=v_0t_1$。

制动减速度增长时间是指制动减速度由零增长到最大 j_{max} 所用的时间，也可称为制动力增长时间。在此时间内汽车作变减速行驶，如果汽车采用全轮制动，则最大制动减速度为

$$j_{max}=\frac{F_\varphi}{m}=\frac{G_\varphi}{m}=\frac{mg_\varphi}{m}=g_\varphi \tag{7-5}$$

式中：F_φ 为附着力，N；m 为汽车的总质量，kg；G 为汽车的总重力，N；g 为重力加速度，m/s²；φ 为附着系数。

在 t_2 时间内，制动减速接近直线增长，所以某一瞬时（即从制动减速度开始增长经历任意时间 t 时）的制动减速度 j 应为

$$j = \frac{j_{max}}{t_2}t \tag{7-6}$$

在 t_2 时间内，某一瞬时的行驶速度 v 为

$$v = v_0 - \int_0^t j dt \tag{7-7}$$

在 t_2 时间内，汽车行驶过的距离 s_2 为

$$s_2 = \int_0^{t_2} v dt \tag{7-8}$$

将瞬时制动减速度公式代入瞬时行驶速度公式进行整理，再将瞬时行驶速度公式代入行驶距离计算式进行整理可得：

$$s_2 = v_0 t_2 - \frac{1}{6} j_{max} t_2^2 \tag{7-9}$$

③ 持续制动时间 t_3。指以最大制动减速度制动到停车所用的时间，它主要取决于制动初速度 v_0 和最大制动减速度 j_{max}，在此时间内汽车以最大制动减速度 j_{max} 作匀减速行驶，在某一瞬时的行驶速度为

$$v = v_2 - j_{max} t \tag{7-10}$$

式中：v_2 为制动减速度刚刚达到最大值时（图 7-5 中 2 点）的瞬时行驶速度，可按 t_2 时间内的瞬时行驶速度公式计算，$v_2 = v_0 - 2 j_{max} t_2$。

在 t_3 时间内，汽车行驶的初速度为 v_2，末速度为 $v_3 = 0$，根据匀减速运动公式可得汽车行驶过的距离 s_2 为：

$$s_3 = \frac{v_2^2 - v_3^2}{2 j_{max}} \tag{7-11}$$

将 v_2 和 v_3 代入上式并进行整理可得：

$$s_3 = \frac{v_0^2}{2 j_{max}} - \frac{1}{2} v_0 t_2 + \frac{1}{8} j_{max} t_2^2 \tag{7-12}$$

2. 制动距离计算

我国《机动车制动检验规范》中规定的制动距离，是指从驾驶员踩着制动踏板起到完全停车为止汽车行驶过的距离 s，也就是在制动系协调时间和持续制动时间内汽车行驶过的距离之和，即 $(s_1 + s_2 + s_3)$，将各式代入并进行整理可得：

$$s = v_0 \left(t_1 + \frac{t_2}{2} \right) + \frac{v_0^2}{2 j_{max}} - \frac{1}{24} j_{max} t_2^2 \tag{7-13}$$

因为 t_2 很小（一般只有零点几秒），所以上式中第三项在近似计算中可忽略不计。此外，以上

公式中，汽车行驶速度的单位均为 m/s，如果行驶速度以 km/h 为单位，并将 $j_{max}=g\varphi$ 代入上式进行整理，可得汽车以初速度 v_0(km/h) 在附着系数为 φ 的路面上紧急制动时的制动距离为：

$$s = \frac{v_0}{3.6}\left(t_1+\frac{t_2}{2}\right)+\frac{v_0^2}{254\varphi} \tag{7-14}$$

《机动车制动检验规范》中规定：在检验汽车的制动距离时，应在坡度小于 ±0.1% 的平坦、干燥水泥或沥青路面上，或附着系数不小于 0.7 的其他路面上；在用车辆进行空载检验，制造厂出厂的新车进行满载检验；检验时应按表 7-1 准确控制制动时的初速度，否则应按经验公式和实际初速度计算出允许的制动距离。

表 7-1　　　　　　　　　　　　　制动距离检验标准和经验公式

汽车类型		小型汽车 总质量< 4.5t	中型汽车 4.5t≤总质量≤12t	大型汽车 总质量>12t
空载	v_0=20km/h	—	3.6m	4.0m
	v_0=30km/h	6.2m	—	—
	经验公式	$s=0.05v_0+$	$s=0.05v_0+$	$s=0.05v_0+$
满载	v_0=20km/h		3.7m	4.2m
	v_0=30km/h	6.4m	—	—
	经验公式	$s=0.05v_0+$	$s=0.05v_0+$	$s=0.05v_0+$

制动距离是一个反映整车制动性能的指标，而不能反映出各个车轮的制动状况及制动力的分配情况。当制动距离延长时，也反映不出具体是什么故障使制动性能变差的。所以还要进行制动力的检验。

3. 制动力检验

制动力必须在制动试验台上进行检验。我国《机动车制动检验规范》中规定：制造厂出厂的新车，制动力应符合设计要求；在用车辆，制动力应不低于原厂设计标准的 90%，且按同轴左、右轮制动力之差与其中较大制动力的比值，前轴左、右轮制动力之差不得大于 5%。后轴左、右轮制动力之差不得大于 10%。

为保证制动距离符合规定，在用制动力检验汽车的制动效能时，还必须规定制动系的协调时间。我国《机动车制动检验规范》中规定：液压制动系的协调时间应不大于 0.3s；气压制动系的协调时间，中型汽车应不大于 0.5s，大型汽车应不大于 0.6s；汽车拖带挂车或半挂车时，制动系协调时间应不大于单车最大允许值再加 0.2s。

同时，《机动车制动检验规范》中还规定：所有车辆制动完全释放时间应不大于 0.8s。

7.3.2　制动效能的恒定性

制动效能的恒定性主要指的是制动器的抗热衰退性能。当汽车下长坡时，为控制车速保证行车安全，经常需要连续地较长时间做较大强度的制动，制动器温度常在 300℃ 以上，甚至高达 600℃～700℃。

制动器温度升高后，制动器摩擦副的摩擦系数减小，摩擦力矩下降，汽车的制动效能衰退，这种现象称为制动器的热衰退。影响因素主要是制动器摩擦副的材料和制动器的结构形式。热衰退是目前制动器不可避免的现象，只是有程度的差别。

汽车涉水后，由于制动器摩擦副被水浸湿，制动效能也会下降，这种现象称为制动器的水衰退。与鼓式制动器相比，盘式制动器暴露在外，被水浸湿后容易干燥，抗水衰退能力也就比较强。在使用中，汽车涉水后，踩几次制动踏板，有意提高制动器温度，使水分迅速蒸发，可有效缓解制动器的水衰退。

制动时的方向稳定性

制动时的方向稳定性直接影响行驶安全。影响制动时方向稳定性的因素主要是跑偏、侧滑和丧失转向能力。

7.4.1 制动跑偏

在汽车制动时，驾驶员本期望按直线方向减速停车，但有时会出现汽车自动向左或向右偏驶的现象。制动时汽车自动偏驶的现象称为制动跑偏。制动跑偏的程度可用横向位移或航向角来评价，横向位移是指汽车制动后车身最大的横向移动量，航向角是指制动后汽车的纵轴线与原定行驶方向的夹角。

制动时引起汽车跑偏的原因主要是左、右车轮的制动器制动力不等。研究可得如下结论。

① 在汽车制动时，如果左、右车轮的制动器制动力不等，就会引起汽车跑偏，跑偏的方向总是制动力较大的一侧，如图 7-6 所示。

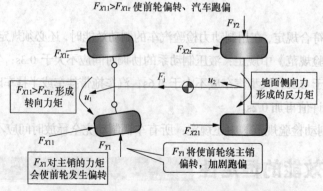

图7-6　汽车向制动力大的一侧（左侧）跑偏

② 左、右轮制动器制动力的差值越大，制动时间（或制动距离）越长，跑偏的程度越严重。

③ 左、右轮制动器制动力不等时，更易引起制动跑偏。为保证汽车制动时的方向稳定性，我国《机动车制动检验规范》中规定：在用制动力检验汽车的制动性能时，左、右前轮制动力差值应不超过 5%，左、右后轮制动器制动力应不超过 10%；用路试方法检验汽车的制动性能时，在紧急制动或点制动的过程中，不允许有跑偏现象。制动规范中对左、右轮制动力的差值规定是由试验确定的，左、右轮制动力差值符合标准时，一般不会发生制动跑偏现象。

左、右轮制动器制动力不等，多是由于装配或调整误差等造成的，如：左、右轮制动器的间隙不同、磨损程度不同或某一侧制动器摩擦副有油污等。通过正确的调整或维修，一般可以排除制动跑偏故障。

7.4.2 制动侧滑

制动侧滑是指制动时，汽车的某一轴车轮或全部车轮发生横向滑动的现象。制动侧滑影响汽车的操纵稳定性，尤其是高速行驶的汽车，如果后轴车轮侧滑会引起汽车剧烈的回转运动，严重时会使汽车调头甚至翻车。

车轮侧滑是由于侧向力超过了侧向附着力。在汽车制动时，随车轮滑移率的增大，侧向附着系数减小，侧滑的可能性增大。当车轮被抱死拖滑（滑移率为 100%）时，侧向附着系数几乎为零，稍有侧向力就会引起侧滑。

7.4.3 丧失转向能力

丧失转向能力是指汽车在弯道上制动时，转动转向盘也无法使汽车转向沿预定弯道制动停车的现象。

汽车转向行驶时，由于转向轮偏转，使车轴对转向轮的推力产生侧向分力，若侧向分力超过转向轮上的侧向附着力，就会引起转向轮侧滑，从而使汽车不能沿预定的方向行驶。汽车制动时，由于车轮滑移率的增大，侧向附着系数减小，因此汽车的转向能力下降；当转向轮抱死拖滑（滑移率为 100%）时，侧向附着系数几乎为零，汽车将完全丧失转向能力。

前、后制动器制动力的分配

对不装用 ABS 的普通制动系统，在汽车以最大强度制动时，必须使所有车轮均拖死，以保证汽车制动的可靠性。在汽车制动过程中，前、后轴车轮的抱死次序可分为 3 种：前轮先于后轮抱死、后轮先于前轮抱死和前、后轮同时抱死。

7.5.1 前、后轮抱死次序分析

1. 前轮抱死拖滑

如图 7-7 所示，如果制动时只有前轮抱死或者前轮先于后轮抱死拖滑，那么汽车不会侧滑，属于稳定工况，但是会丧失转向能力。

2. 后轮抱死拖滑

如果制动时只有后轮抱死或者后轮先于前轮抱死拖滑（而且车速较快、存在侧向干扰），那么汽车将发生侧滑（或称"甩尾"），这是一种非常危险的不稳定工况。但由于后轮先抱死，前轮还会有转向能力。

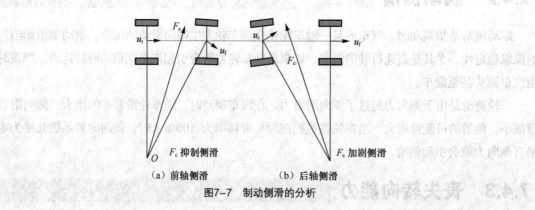

(a) 前轴侧滑   (b) 后轴侧滑

图7-7　制动侧滑的分析

如果前、后轮同时抱死，在汽车未达到最大制动强度之前，前、后轴车轮均不会抱死，有利于保持汽车制动时的方向稳定性。

由以上分析可见，前、后轮同时抱死是制动的最佳状态，不仅制动系工作效率高，而且制动时的方向稳定性好。

7.5.2 理想的前、后轮制动器制动力分配曲线

理想的前、后轮制动器制动力分配是指在各种道路条件下，均能保持最佳制动状态所需的前、后轮制动器制动力分配。由于汽车前、后轮的附着力取决于前、后轮的地面法向反作用力和附着系数，而前、后轮全部抱死时的地面法向反作用力也取决于附着系数，所以汽车制动时，保持理想制动状态所需的前、后轮制动器制动力分配应随附着系数而变化。

在达到理想制动状态前、后轮同时抱死时，前、后轮的制动器制动力分别等于各自的附着力，且前、后轮的制动器制动力之和等于汽车总的附着力。因此，理想的前、后轮制动器制动力分配曲线，即 I 曲线，如图 7-8 所示。

I 曲线上任意一点的坐标都代表相应附着系数的道路上，前、后轮同时抱死时，所要求的理想前、后轮制动器制动力数值。

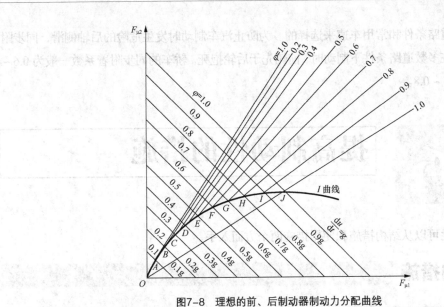

图7-8　理想的前、后制动器制动力分配曲线

7.5.3　实际的前、后轮制动器制动力分配曲线

两轴汽车的前、后轮制动器制动力之比一般为常数。为了说明前、后轮制动器制动力的分配，通常用前轮制动器制动力与汽车总制动器制动力之比来表示分配比例。实际的前、后轮制动器制动力分配曲线，简称"β"线，如图7-9所示，某汽车的"β"线和"I"曲线相交于一个交点，该点对应的附着系数 φ_0 则称为同步附着系数。

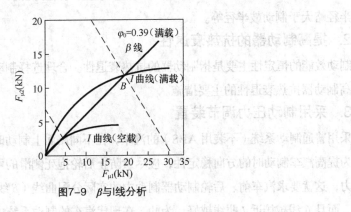

图7-9　β 与I线分析

同步附着系数是汽车制动系的一个重要参数，它说明前、后轮带动器制动力分配为固定比值的汽车，只有在一种路面上，即附着系数为 φ_0 的路面上制动时，才能达到前、后轮同时抱死的理想制动状态。在 $\varphi<\varphi_0$ 的路面上制动时，由于 I 曲线（满载）位于 β 线的上方，当前轮抱死所需的制动器制动力一定时，实际的后轮制动器制动力总是达不到同时抱死需要的制动力，所以前轮先于后轮抱死。而在 $\varphi>\varphi_0$ 的路面上制动时，由于 I 曲线（满载）位于 β 线的下方，当前轮抱死所需的制动器制动力一定时，实际的后轮制动器制动力总是已超过同时抱死需要的制动力，所以后轮先于前轮抱死。

汽车空载的 I 曲线基本位于 β 线下方，所以空载制动时，一般都是后轮先于前轮抱死。同步附

着系数主要是根据道路条件和常用车速来选择的。为防止汽车制动时发生危险的后轴侧滑，同步附着系数一般应保证在多数道路条件下制动时，前轮先于后轮抱死。轿车的同步附着系数一般为 0.6 ~ 0.9，货车一般为 0.5 ~ 0.8。

 # 提高制动性的措施

提高汽车制动性可以从结构措施和使用措施两个方面入手。

7.6.1　结构措施

提高汽车制动性的结构措施可从 3 个方面解决：通过提高制动力来提高制动效能；通过改进摩擦材料和制动器的结构来提高制动效能的恒定性；通过合理分配前、后轮制动器制动力来提高制动时的方向稳定性。

1. 增大制动器的制动力矩

足够的制动力矩是产生最大的地面制动力的保障，否则有大的附着力也无法利用。为增大制动器的制动力矩，在制动器结构上可采取的具体措施有：选用摩擦系数较大的摩擦副材料，适当增大制动鼓（或制动盘）直径，适当增大制动气压或液压，保证摩擦片与制动鼓吃合面大且均匀，使摩擦片半径略大于制动鼓半径等。

2. 提高制动器的抗热衰退性

制动效能的恒定性主要是指制动器的抗热衰退性。合理选择制动器的结构形式和摩擦副材料，是提高制动器抗热衰退性的主要措施。

3. 采用制动压力调节装置

采用普通制动系统（不装用 ABS）的汽车，在不同路面上制动时，不可能都达到理想的制动状态。为提高汽车制动时的方向稳定性，应尽量防止后轮抱死侧滑的可能性，并尽量保持转向轮的转向能力，这就要求汽车前、后轮制动器制动力的实际分配曲线（β 线）应在理想分配曲线（I 曲线）下方，而且 β 线越接近 I 曲线越好。为此，在现代汽车的制动系统中装有各种压力调节装置，根据需要调节实际的前、后轮制动器制动力分配比值，以实现上述目的。

4. 采用防抱死制动系统 ABS

汽车制动过程中，车轮抱死是导致侧滑和失去转向能力的主要原因，而且车轮抱死使纵向附着系数也不能取得最大值，因此，制动时防止车轮抱死并控制车轮的滑移率，是提高汽车制动性的重要措施。在汽车紧急制动时，为防止车轮抱死，目前广泛应用防抱死制动系统，即 ABS(Anti-lock Brake System)。

　　无论是气压制动系统还是液压制动系统，ABS 均是在普通制动系统的基础上增加了传感器、ABS 执行机构和 ABS 计算机 3 部分，如图 7-10 所示。ABS 计算机接收传感器信号，比较各轮转速和汽车行驶速度，判断各车轮的滑移情况后，向 ABS 执行机构下达指令来调节各车轮制动器的制动压力，通过重复地减少或增加在轮子上的制动压力来控制车轮的打滑率，保持车轮转动。

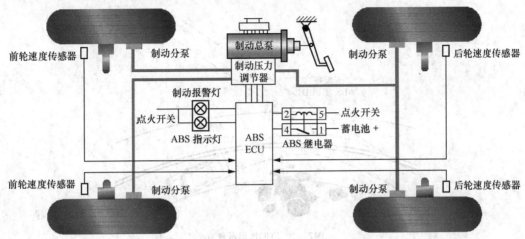

图7-10　ABS系统结构组成

　　轮胎一旦发生抱死，方向盘将无法控制方向，车辆就会处于不稳定的状态。这时，如果能够微妙地调整踩踏刹车踏板的力度，就可能使车辆摆脱不稳定状态。ABS 系统能够对车辆的四个轮胎分别施加这种微妙的制动控制，不仅能够减少事故的发生，还能让驾驶者轻松地对车辆进行稳定、有效的制动，同时确保方向盘的控制作用，如图 7-11 所示。

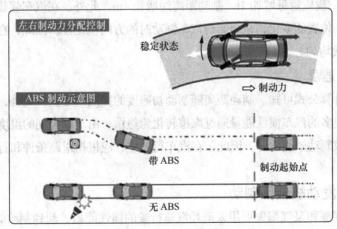

图7-11　ABS作用示意图

5. 采用电子制动力分配系统 EBD

　　电子制动力分配系统 EBD（Electric Brake Force Distribution）能够自动调节前、后轴的制动力分配比例，提高制动效能（在一定程度上可以缩短制动距离），并配合 ABS 提高制动稳定性。汽车制动时，如果四只轮胎附着地面的条件不同。比如，左侧轮附着在湿滑路面，而右侧轮附着于干燥路面，四个车轮与地面的摩擦力不同，在制动时（四个轮子的制动力相同）就容易产生打滑、倾斜和侧翻等现象。而在 EBD 系统的辅助之下，刹车力可以得到最佳的效率，使得刹车距离明显地缩短，并在刹车的时候保持车辆的平稳，提高行车的安全。另外，如图 7-12 所示，EBD 系统在弯道之中进行刹车的操作亦具有维持车辆稳定的功能，增加弯道行驶的安全。

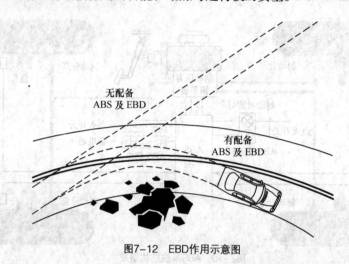

图7-12　EBD作用示意图

7.6.2　使用措施

1．合理装载

在行驶速度一定时，汽车的行驶惯性随载质量的增加而增大，因此制动距离会增长。试验证明：载质量为 3t 的汽车，载质量每增加 1t，制动距离约增长 1m。此外，在汽车装载质量和装载方式不同时，由于汽车重心位置的变化，也会影响汽车制动时的方向稳定性。因此，在汽车使用中，应禁止超载，并保证装载均匀。

2．控制行驶速度

由制动距离的计算公式可知。制动距离随制动初速度的提高而增长。此外，随制动初速度的提高，制动器需要将更多的汽车惯性能量通过摩擦转化为热量，由于摩擦副的温度升高使制动器的热衰退增加，也会导致制动效能下降。因此，在汽车行驶中，应根据道路条件和行驶环境等适当控制车速，严禁超速。

3．充分利用发动机辅助制动

发动机的内部摩擦和泵气损失可用来消耗汽车行驶的惯性能量，起到制动的作用。

发动机辅助制动通常在减速制动或下坡需保持车速不变时使用。汽车下长坡利用发动机辅助制动时，变速器一般应挂入较低的挡位。但应注意：在紧急制动时，应脱开发动机与传动系的连接（如踩下离合器或挂空挡），否则发动机旋转质量的惯性力会消耗部分制动力，反而对制动不利。

发动机作为辅助制动器，不仅能在较长的时间内发挥制动作用，减轻车轮制动器的负担，而且由于传动系中差速器的作用，可将制动力矩平均分配在左、右车轮上，使制动跑偏和侧滑的可能性减小，尤其在附着系数小的路面上，这种作用就显得更为重要。此外，充分利用发动机辅助制动，在行车中可显著地减少车轮制动器的使用次数，在减轻驾驶员劳动强度的同时，还能使车轮制动器经常保持较低的温度，有利于紧急制动时保持较高的制动效能。

为了加强发动机的制动效果，在有些发动机的排气歧管中安装有阀门，利用发动机辅助制动时将阀门关闭，可增大排气阻力，从而使发动机产生更大的制动作用。这种方法通常称为排气制动。

4. 改善道路条件

道路的附着系数不仅限制汽车最大地面制动力，而且在附着系数小的路面上制动时，汽车也容易发生侧滑或失去转向能力。因此，改善道路条件，提高其附着系数，是保证汽车制动效能充分发挥和提高制动时方向稳定性的有效措施。

5. 提高驾驶技术

驾驶技术对汽车制动性有很大影响。制动过程中，若能保持车轮接近抱死而未抱死的状态，便可获得最佳的制动效果。此外，在紧急制动时，驾驶员踩制动踏板的动作越快，制动系的协调时间越短，可缩短制动距离。尤其在滑溜路面上，采用发动机辅助制动并适当控制车速等，尽量少踩制动，避免紧急制动，则可减小汽车制动侧滑或失去转向能力的可能性。

1. 汽车的行驶安全性包括主动安全性和被动安全性。

2. 主动安全性指机动车本身防止或减少交通事故的能力。包括车辆的制动性、动力性、操纵稳定性、舒适性、结构尺寸、视野和灯光等。

3. 被动安全性是指发生车祸后，车辆本身所具有的减少人员伤亡、货物受损的能力。包括配置安全带、安全气囊，安装安全玻璃，设置安全门、配备灭火器等。

4. 汽车制动性的 3 个评价指标是指制动效能、制动效能的恒定性和制动时的方向稳定性。

5. 地面制动力 F_r 首先取决于制动器制动力 F_u，同时也受附着力 F_φ 的限制。

6. 车轮做纯滚动时，滑移率 $s=0$；车轮完全抱死拖滑时，$s=100\%$。

7. 制动距离是从驾驶员踩着制动踏板起到完全停车为止汽车行驶过的距离。

8. 制动时的方向稳定性的因素主要是指汽车不发生跑偏、侧滑和失去转向能力。

9. 制动时引起汽车跑偏的原因主要是左、右车轮的制动器制动力不等。

10. 车轮侧滑是由于侧向力超过了侧向附着力。

11. 转向轮抱死拖滑，失去控制方向作用时，汽车将完全丧失转向能力。

12. 后轴侧滑具有较大的危险性，前、后轮同时抱死是制动的最佳状态。

13. "I"线是理想的前、后轮制动器制动力分配曲线。"β"线是实际的前、后轮制动器制动力分配曲线。两线交点对应的附着系数 φ_0 称为同步附着系数。

14. 可以通过提高制动力来提高制动效能；通过改进摩擦材料和制动器的结构来提高制动效能

的恒定性；通过合理分配前、后轮制动器制动力来提高制动时的方向稳定性。

1. 什么是汽车的制动性？它包括哪几个评价指标？

2. 什么是制动效能、制动效能的恒定性及制动时的方向稳定性？

3. 汽车制动效能的评价指标？

4. 分析制动力的产生。

5. 汽车制动时，真正使汽车减速直至停车的力是什么力？它是如何产生的？

6. 地面制动力、制动器制动力与附着力之间的关系？

7. 什么是汽车的制动距离？

8. 分析决定制动距离的主要因素和缩短制动距离的有效措施。

9. 什么是热衰退性？影响制动器热衰退的主要因素。

10. 什么是制动跑偏？产生原因是什么？

11. 什么是制动侧滑？产生原因是什么？

12. 什么是丧失转向能力？产生原因是什么？

13. 汽车制动时，如何避免跑偏、侧滑或失去转向能力？

14. 制动跑偏和制动侧滑之间的关系如何？

15. 制动器制动力的分配对汽车的制动性能有何影响？

16. 汽车制动时，前、后轴侧滑的危险性是否一样？

17. 简述理想和实际的前、后轮制动器制动力分配要求和分配曲线。

18. 同步附着系数定义？表示的意义？

19. 从结构方面分析，有哪些提高制动性的措施？

20. 从使用方面分析有哪些提高制动性的措施？

第8章

| 汽车的操纵稳定性 |

| 学习目标 |

- 熟悉汽车的极限稳定性
- 了解汽车的倾翻条件
- 了解汽车操纵稳定性的评价
- 熟悉轮胎的侧偏特性
- 掌握汽车的稳态转向特性
- 了解几种提高操纵稳定性的电子控制系统

汽车的操纵性是指汽车确切地响应驾驶员操纵指令的能力，稳定性是指汽车抵抗外界干扰而保持稳定行驶的能力。通常，汽车的操纵性和稳定性紧密关联，稳定性的好坏直接影响操纵性的好坏，通常将两者统称为操纵稳定性。

汽车的操纵稳定性是汽车的重要性能之一，它直接影响汽车的行驶安全、运输生产率和驾驶员的劳动强度等。在使用中，操纵稳定性不好的汽车，不仅驾驶员的劳动强度大、行驶安全性差，而且也使汽车的行驶速度受到限制，从而限制汽车动力性的充分发挥，也是决定汽车高速行驶安全的一个重要性能。

汽车的极限稳定性

汽车的极限稳定性是指汽车抵抗外界干扰而不发生翻车事故的能力。汽车的翻倒可分为纵向翻倒和横向翻倒，汽车的极限稳定性也分纵向极限稳定性和横向极限稳定性。

8.1.1   纵向极限稳定性

1. 纵向翻倒

汽车的纵向翻倒最容易发生在上坡或下坡时。以上坡为例，汽车的受力情况如图 8-1 所示。在实际使用中，当坡道较大时，汽车行驶速度比较低，空气阻力忽略不计；同时汽车的动力主要用来克服坡道阻力，在较大的坡道上加速能力有限，也不考虑加速阻力。

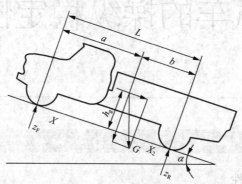

图8-1   汽车上坡受力图

由受力图可求得汽车前、后轮的地面法向反作用力为

$$Z_F = \frac{bG\cos\alpha - h_g G\sin\alpha}{L}$$

（8-1）

$$Z_R = \frac{aG\cos\alpha + h_g G\sin\alpha}{L}$$

（8-2）

式中：Z_F 为前轮地面法向反作用力，N；Z_R 为后轮地面法向反作用力，N；G 为汽车的总重力，N；a 为汽车重心到前轴的距离，m；b 为汽车重心到后轴的距离，m；h_g 为汽车重心高度，m；L 为汽车前后轴距，m；α 为道路纵向坡道角度，°。

由公式看出，随着坡道角度 α 的增大，前轮的地面法向反作用力 Z_F 减小。当坡道角度增大到一定程度，前轮的地面法向反作用力 Z_F 为零时，前轮将失去转向操纵能力，并可能发生向后纵向翻倒。因此，汽车上坡时不发生纵向翻倒的条件：$Z_F > 0$。

整理上式可得：

$$\tan\alpha < \frac{b}{h_g}$$

由纵向翻倒的条件可知，汽车的重心到后轴的距离 b 越大，汽车的重心高度 h_g 越小，则汽车上坡时越不容易发生向后纵向翻倒，汽车的极限稳定性好。

2. 驱动轮滑转

汽车上坡时，坡道阻力也随坡道角度的增大而增加，当克服坡道阻力所需的驱动力超过附着力时，汽车的驱动轮就会产生滑转，汽车行驶的稳定性也会遭到破坏。汽车上坡时，后轮驱动的汽车不发生驱动轮滑转的条件是：

$$F_{t_{max}} = G\sin\alpha \leqslant Z_R\varphi \tag{8-3}$$

式中：φ 为纵向附着系数；$F_{t_{max}}$ 为最大驱动力。

将计算式代入上式，并整理可得：

$$\tan\alpha \leqslant \frac{a\varphi}{L - \varphi h_g} \tag{8-4}$$

3. 纵向极限稳定条件

在实际使用中，如果汽车遇有较大坡道时，因附着条件的限制，地面无法提供克服坡道阻力所需的驱动力，汽车也就无法上坡，也就不会发生向后纵向翻倒。因此，要保持汽车纵向的极限稳定性，就要保证汽车上坡时，随着坡道角度的增大，驱动轮的滑转先于向后纵向翻倒。对后轮驱动的汽车，上坡时保持纵向极限稳定性的条件则为

$$\frac{a\varphi}{L - \varphi h_g} < \frac{b}{h_g} \tag{8-5}$$

整理上式可得：

$$\frac{b}{h_g} > \varphi$$

上式称为后轮驱动汽车上坡时的纵向极限稳定条件，用同样方法可求得后轮驱动汽车下坡时的纵向极限稳定条件，以及前轮驱动汽车、全轮驱动汽车上坡或下坡时的纵向极限稳定条件。对多数汽车而言，其重心位置都比较低，即重心高度 h_g 比较小，均能满足上述条件而有余，但越野汽车的重心一般较高，而且装用越野轮胎时附着系数也较大，失去纵向极限稳定性的危险增加。

| 8.1.2　侧向极限稳定性

汽车行驶中，受到侧向力（如离心力、重力的侧向分力等）时，其左、右车轮的地面法向反作用力也随之改变，如果侧向力足够大，使某一侧车轮的地面法向反作用力为零时，汽车就可能发生侧向翻倒，而失去侧向极限稳定性。此外，侧向力超过附着力时，汽车会向侧向力作用方向侧滑。

1. 侧向翻倒

汽车高速转弯时，由于受到较大的离心力，最容易发生侧向翻倒。在道路转弯处，一般都有外高内低的横向坡度，汽车在横向坡道上等速转弯时的受力情况，如图 8-2 所示。

由受力图可求得汽车左、右车轮的地面法向反作用力为：

$$Z_L = \frac{1}{B}\left(\frac{B}{2}G\cos\beta - Gh_g\sin\beta + F_c\frac{B}{2}\sin\beta + F_c h_g\cos\beta\right) \tag{8-6}$$

$$Z_R = \frac{1}{B}\left(\frac{B}{2}G\cos\beta + Gh_g\sin\beta + F_c\frac{B}{2}\sin\beta - F_c h_g\cos\beta\right) \tag{8-7}$$

式中：Z_L 为左侧车轮地面法向反作用力，N；Z_R 为右侧车轮地面法向反作用力，N；F_c 为汽车转弯

时的离心力，N；F_{yL} 为左侧车轮地面侧向反作用力，N；F_{yR} 为右侧车轮地面侧向反作用力，N；G 为汽车的总重力，N；h_g 为汽车重心高度，m；B 为汽车左右轮距，m；β 为道路横向坡道角度，°。

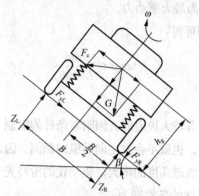

图8-2   汽车在横向坡道上等速转弯受力图

汽车转弯时，离心力 F_c 作用在汽车的重心上，其大小为

$$F_c = \frac{G}{g} \frac{v^2}{R}$$ （8-8）

式中：G 为汽车的总重力，N；g 为重力加速度，m/s²；v 为汽车行驶速度，m/s；R 为转弯半径，m。

由公式和受力图可知，随汽车转弯速度 v 的提高，离心力 F_c 增大，汽车右侧车轮的地面法向反作用力 Z_R 减小，当车速足够高使 $Z_R=0$ 时，汽车就可能向外侧（见图 8-2 中左侧）翻倒。汽车不向外侧翻倒的条件是 $Z_R>0$，将 Z_R 和 F_c 计算式代入此条件并进行整理，可得汽车不向外侧翻倒而允许的转弯车速范围为

$$v < \sqrt{\frac{gR(B + 2h_g \tan\beta)}{2h_g - B\tan\beta}}$$ （8-9）

由上式可见，当 $\tan\beta=2h_g/B$ 时，式中右侧分母为零，所以汽车在此横向坡道上，无论以多高的车速转弯行驶，均不会发生向外侧翻倒的现象。当 $\beta=0$ 即汽车在平路上转弯时，汽车不发生向外侧翻倒的条件是：

$$v < \sqrt{\frac{gRB}{2h_g}}$$ （8-10）

在道路实际施工中，一般都在转弯处设有一定的横向坡度，目的就是提高汽车转弯时的稳定性。随坡道角度增大，汽车不发生向外侧翻倒而允许的转弯车速越高。应当注意：如果横向坡道角度过大，而汽车转弯速度又比较低时，汽车可能向内侧（见图 8-2 中右侧）翻倒，按 $Z_L >0$ 可求得汽车在较大的横向坡道上转弯时，不发生向内侧翻倒而允许的最低转弯车速，这种情况在实际中一般不会出现。

汽车在横向坡道上停车或直线行驶时，离心力 $F_c=0$，如果坡道角度过大，汽车就会向坡道下方（见图 8-2 中右侧）翻倒，根据左侧车轮法向反作用力 Z_L 计算式，可求得汽车不发生翻倒允许的坡

道角度 β 应满足下式。

$$\tan \beta < \frac{B}{2h_{\text{g}}} \tag{8-11}$$

由以上各式不难看出，增大转弯半径、增大轮距和降低汽车重心高度，均可提高汽车侧向极限稳定性。

2. 侧滑

汽车转弯行驶时，随车速提高，汽车所受的侧向力增大，当侧向力超过侧向附着力时，汽车就会沿侧向力方向侧滑。由图 8-2 可得汽车不发生向外（左）侧滑的条件为

$$F_{\text{c}} \cos \beta - G \sin \beta \leqslant (F_{\text{c}} \sin \beta + G \cos \beta)\varphi \tag{8-12}$$

式中：φ 为侧向附着系数。

将离心力 F_{c} 计算式代入上式，并整理可得汽车不发生向外侧滑的允许车速范围为

$$v \leqslant \sqrt{\frac{gR(\varphi + \tan \beta)}{1 - \varphi \tan \beta}} \tag{8-13}$$

由上式可知，当 $\tan\beta = 1/\varphi$ 时，式中右侧分母为零，所以汽车在此横向坡道上，无论以多高的车速转弯行驶，均不会发生向外侧滑的现象。当 $\beta=0$ 即汽车在平路上转弯时，汽车不发生向外侧滑的条件是：

$$v \leqslant \sqrt{gR\varphi} \tag{8-14}$$

汽车在横向坡道上，停车或直线行驶时，离心力 $F_{\text{c}}=0$，如果坡道角度过大，汽车就会向坡道下方（见图 8-2 中右侧）侧滑，侧向力为 $G\sin\beta$，汽车不发生侧滑的条件则为

$$G\sin\beta \leqslant (G\cos\beta)\varphi \tag{8-15}$$

即：

$$\tan\beta \leqslant \varphi \tag{8-16}$$

3. 侧向极限稳定条件

为确保行驶安全，汽车高速转弯时，侧滑应先于侧翻。因为驾驶员一旦发现侧滑后，可及时降低车速，便能避免事故发生，要保证侧滑先于侧翻，由不发生侧翻和侧滑的条件可得：

$$\sqrt{\frac{gR(\varphi + \tan \beta)}{1 - \varphi \tan \beta}} < \sqrt{\frac{gR(B + 2h_{\text{g}} \tan \beta)}{2h_{\text{g}} - B \tan \beta}} \tag{8-17}$$

整理可得：

$$\frac{B}{2h_{\text{g}}} > \varphi \tag{8-18}$$

上式即为侧向极限稳定条件，其中 $B/2h_{\text{g}}$ 称为侧向稳定性系数。即使在侧向附着系数较高的良好路面上，一般汽车也能满足侧向极限稳定条件。在车辆使用中，尤其应注意载货汽车的装载高度。汽车重心高度会随装载高度提高，使侧向稳定系数下降，增加汽车发生侧翻的危险性。

8.2　轮胎的侧偏特性

8.2.1　轮胎的侧偏特性

　　汽车上装用的轮胎都是有弹性的充气轮胎，当车轮受到侧向力作用时，轮胎就会发生侧向变形，从而使车轮中心平面偏离轮胎接地印迹的长轴线，如图 8-3 所示。

　　装有弹性轮胎的车轮滚动轨迹，如图 8-4 所示。当车轮不受侧向力滚动时（见图 8-4（a）），轮胎胎面中心 a、b、c、d、e、f 各点依次落于地面上的 a_1、b_1、c_1、d_1、e_1、f_1 各点上，此时车轮沿直线滚动。当车轮受侧向力作用滚动时（见图 8-4（b）），假定侧向力不足以使车轮侧滑，由于弹性轮胎的侧向变形，使胎面中心 a、b、c、d、e、f 各点依次落于地面上的 a_1'、b_1'、c_1'、d_1'、e_1'、f_1' 各点上，此时车轮滚动轨迹偏离其直线行驶方向 α 角度。即装有弹性轮胎的车轮受侧向力作用时，由于轮胎的侧向变形，使车轮的滚动轨迹偏离其直线行驶方向，这种现象称为弹性轮胎的侧偏现象，角度 α 称为侧偏角。

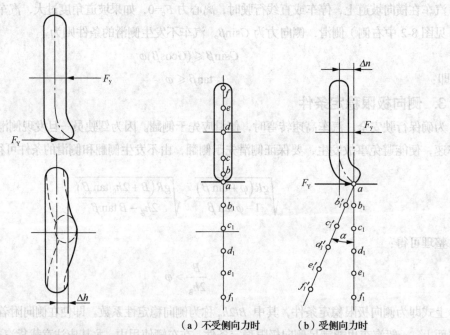

图8-3　弹性轮胎的侧向变形　　　　（a）不受侧向力时　（b）受侧向力时

图8-4　装有弹性轮胎的车轮滚动轨迹

　　对一定的轮胎而言，侧偏角随侧偏力的增加而增大，侧偏角与侧偏力之间的关系称为轮胎的侧偏性。图 8-5 所示为试验测得的轮胎侧偏特性曲线，在侧偏角不超过 3°~4° 时，侧偏力与侧偏角接近线性关系。侧偏力增加，侧偏角也增大，当侧偏力增加到接近附着极限时，由于轮胎接地部分局部滑移，侧偏角迅速增大。汽车正常行驶时，轮胎的侧偏角一般不超过 4°~5°，因此可认为侧偏力与侧偏角呈线性关系，即：

$$F_Y = k\alpha \tag{8-19}$$

式中：k 为侧偏刚度，N／(°)。

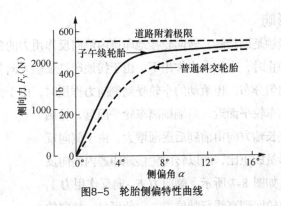

图8-5 轮胎侧偏特性曲线

侧偏刚度是指产生每1°的侧偏角所需的侧向力。轮胎的侧偏刚度主要与外胎结构、轮胎气压、轮胎与路面之间的法向和切向作用力等有关，一般用试验方法确定。

8.2.2 轮胎侧偏对转向操纵稳定性的影响

对汽车而言，当前轮转角（或转向盘转角）δ_{sw} 一定时，前、后轴车轮的侧偏角度影响转向半径 R。当前、后轴车轮的侧偏角度相等时，有侧偏时的转向半径与无侧偏时的转向半径也相等，称汽车具有中性转向特性；当后轴车轮的侧偏角度大于前轴车轮的侧偏角度时，有侧偏时的转向半径小于无侧偏时的转向半径，称汽车具有过多转向特性；当后轴车轮的侧偏角度小于前轴车轮的侧偏角度时，有侧偏时的转向半径大于无侧偏时的转向半径，称汽车具有不足转向特性，如图 8-6 所示。这便是汽车的 3 种稳态转向特性：不足转向、中性转向和过多转向。

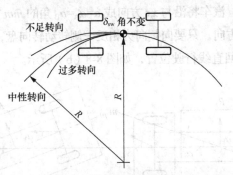

图8-6 汽车的3种稳态转向

当汽车沿给定的弯道转向行驶时，转向半径 R 一定，前、后轴车轮的侧偏角度影响转向所需的前轮转角（或转向盘转角）。当前、后轴车轮的侧偏角度相等时，具有中性转向特性的汽车，转向所

需的前轮转角与无侧偏时相等；当后轴车轮的侧偏角度大于前轴车轮时，具有过多转向特性的汽车，转向所需的前轮转角比无侧偏时小；当后轴车轮的侧偏角度小于前轴车轮时，具有不足转向特性的汽车，转向所需的前轮转角比无侧偏时大。

8.2.3　轮胎侧偏对直线行驶时操纵稳定性的影响

1. 前轮侧偏的影响

弹性轮胎与路面的接触是面接触。转向轮接地印迹内侧向反作用力的分布，影响汽车直线行驶时的操纵稳定性。车轮静止时，在侧向力作用下，由于接地印迹长轴方向各点的侧向变形量相等，所以地面侧向反作用力均匀分布。但滚动的车轮受到侧向力作用时，由于弹性轮胎的侧偏使接地印迹扭曲，接地印迹前端离车轮平面近，后端则离车轮平面远，轮胎的侧向变形量沿接地印迹长轴方向由前到后逐渐增大。由于侧向反作用力的大小与侧向变形量成正比，所以转向轮接地印迹内侧向反作用力的合力向后偏移，如图 8-7 所示，侧向力 F_{JY} 向反作用力 Y_1 形成的力偶矩力图使转向轮回到直线行驶位置。由此可见，转向轮的侧偏有利于汽车转向后转向轮的自动回正，同样有利于保持汽车直线行驶时的稳定性。

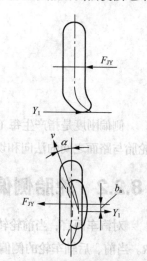

转向轮的侧偏刚度越小，受到侧向力作用时的侧偏角度就越大，自动回正作用也随之增大。目前，轿车上广泛采用低压胎来提高其附着性能，也增大了转向轮的自动回正作用，但为了防止转向沉重，采用低压胎的汽车不得不减小其主销后倾角，有些甚至出现负值。

图8-7　轮胎侧偏的自动回正作用

2. 前、后轮侧偏的综合影响

前、后轮的侧偏角度影响汽车的转向特性。而具有不同转向特性的汽车，其直线行驶时的稳定性也不同。

具有中性转向的汽车沿 xx 方向直线行驶时，如果有偶然的侧向力 R_y 作用在汽车重心上，由于前、后车轮的侧偏角度相等，汽车将沿与 xx 方向成 $\alpha=\alpha_A=\alpha_B$ 角的 mm 方向直线行驶，如图 8-8（a）所示。要想维持原来的行驶方向，只要向侧向力相反一侧转动转向盘，使汽车纵轴线与原行驶方向成 α 角，然后再将转向盘转回直线行驶位置，如图 8-8（b）所示。

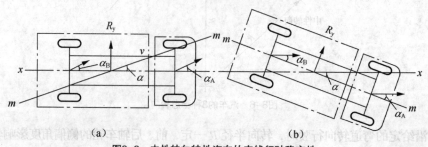

（a）　　　　　　　　　　　　（b）

图8-8　中性转向特性汽车的直线行驶稳定性

　　具有过多转向特性的汽车直线行驶时，如果有偶然的侧向力 R_y 作用在汽车重心上，由于前轮侧偏角度 α_A 比后轮侧偏角度 α_B 小，汽车将向侧向力方向相反的一侧转弯行驶，并产生离心力 F_c，如图8-9所示。由于离心力 F_c 的侧向分力 F_{cy} 与侧向力 R_y 的方向相同，会加剧轮胎的侧偏，从而使转向半径减小，离心力进一步增大，尤其车速较高时，如此恶性循环，最终将导致汽车失去操纵稳定性。

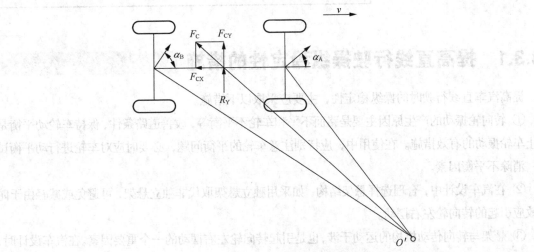

图8-9　过多转向特性汽车的直线行驶稳定性

　　具有不足转向特性的汽车直线行驶时，如果有偶然的侧向力 R_y 作用在汽车重心上，由于前轮侧偏角度 α_A 比后轮侧偏角度 α_B 大，汽车将向侧向力作用方向一侧转弯行驶，并产生离心力 F_c，如图8-10所示。由于离心力 F_c 的侧向分力 F_{cy} 与侧向力 R_y 的方向相反，有抑制侧向力 R_y 的作用，所以当侧向力 R_y 消失后，汽车能自动回复直线行驶。由此可见，具有不足转向特性的汽车也有良好的直线行驶稳定性。

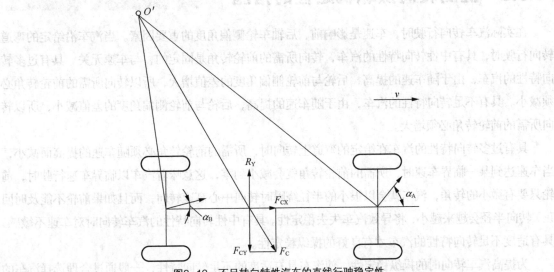

图8-10　不足转向特性汽车的直线行驶稳定性

提高汽车行驶操纵稳定性的措施

8.3.1　提高直线行驶操纵稳定性的措施

提高汽车直线行驶时的操纵稳定性，主要应采取以下措施。

① 转向轮振动的产生原因主要是路面不平和车轮不平衡等，改善道路条件、保持车轮动平衡是防止车轮振动的有效措施。在使用中，应特别注意车轮的平衡问题，必要时应对车轮进行动平衡试验，消除不平衡因素。

② 在汽车设计中，合理选择悬架结构，如采用独立悬架取代非独立悬架，可避免或减轻由于陀螺效应引起的转向轮左右摆动。

③ 悬架与转向传动机构的运动干涉，也是引起转向轮左右摆动的一个重要因素。在汽车设计时，应尽量使转向垂臂与直拉杆连接球头接近悬架铰接点，以协调悬架与转向传动机构的运动关系。

④ 合理选择转向轮定位参数，在充分考虑转向轻便和轮胎侧偏影响的前提下，保证转向轮有足够的自动回正能力。

⑤ 适当减小转向轮的侧偏刚度，不仅可增强转向轮的自动回正能力，而且有利于使汽车具有适度的不足转向特性，对提高汽车直线行驶时的操纵稳定性具有重要意义。

8.3.2　提高转向操纵稳定性的措施

在实际汽车转向行驶时，车速是影响前、后轴车轮侧偏角度的重要因素。当汽车沿给定的弯道转向行驶时，具有中性转向特性的汽车，转向所需的前轮转角是固定的，与车速无关。具有过多转向特性的汽车，由于随车速的提高，后轮与前轮侧偏角度的差值增大，所以转向所需的前轮转角必须减小。具有不足转向特性的汽车，由于随车速的提高，后轮与前轮侧偏角度的差值减小，所以转向所需的前轮转角必须增大。

具有过多转向特性的汽车在给定的弯道上转向时，所需的前轮转角必须随车速的提高而减小，当车速达到某一临界车速时，所需的前轮转角就会减小到零，这意味着汽车以临界车速行驶时，前轮只要有微小的转角，汽车就会以很小的半径绕瞬时转向中心高速转向，而且如果前轮不能及时回正，转向半径会越来越小，将导致汽车失去稳定性。具有中性转向特性的汽车转向时对车速不敏感，具有适度不足转向特性的汽车才有良好的操纵稳定性。

为提高汽车转向时的操纵稳定性，使汽车具有适度的不足转向特性，一般通过合理选择汽车的重心位置和轮胎充气压力来实现。在汽车总布置设计时，确定的汽车重心到前、后轴的距离，决定了汽车转向时离心力在前、后轴上的分配，直接影响前、后轮的侧偏角度，重心位置的确定应保证前轮侧偏角比后轮大。在使用中，轮胎的充气压力是影响其侧偏刚度的重要因素。转向轮的侧偏刚度越小，受到侧向力作用时的侧偏角度就越大，自动回正作用也随之增大。所以汽车前轮的充气压力一般比后轮低，以保证前轮侧偏角比后轮大。目前轿车上广泛采用低压胎以提高其附着性能，也增大了转向轮的自动回正作用，但防止转向沉重，因此采用低压胎的汽车不得不减小其主销后倾角，有些甚至出现负值。

8.3.3　提高操纵稳定性的电子控制系统

制动防抱死系统（ABS）与牵引力控制系统（TCS）都是提高操纵稳定性的电子控制系统。前面章节介绍了 ABS 系统，这里简单介绍一下 TCS 系统。

TCS（Traction Control System）即牵引力控制系统，又称循迹控制系统。这是一种根据驱动轮的转数及传动轮的转数来判定驱动轮是否发生打滑现象，当前者大于后者时，抑制驱动轮转速的防滑控制系统。TCS 对汽车的稳定性有很大的帮助，当汽车行驶在易滑的路面上时，没有 TCS 的汽车，在加速时驱动轮容易打滑，如果是后轮，将会造成甩尾，如果是前轮，车子方向就容易失控，导致车子向一侧偏移，而有了 TCS，汽车在加速时就能够避免或减轻这种现象，保持车子沿正确方向行驶，如图 8-11 所示。

TCS 牵引力控制系统（工作原理跟 ESP——电控行驶平稳系统一样）对于提升车辆的主动安全性有莫大的帮助，在一些发达国家，如美国已经立法规定量产车型必须配备该系统。而在国内的量产车型中牵引力控制系统也开始普及，一些较低级别的车型也开始装备这一配置，如长安志翔。

过去一直只限于改进轮胎、悬架、转向与传动系来（被动地）提高汽车固有的操纵稳定性。现在，随着支持控制系统的计算机与传感器、执行机构的迅速发展，出现了多种显著改善操纵稳定性的电子控制系统。

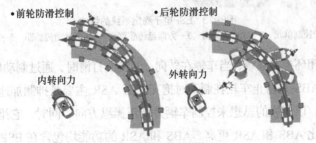

图8-11　牵引力控制系统TCS

1. 四轮转向系统 4WS

电控 4WS（4 Wheel Steering）汽车转弯行驶时，后两轮也随着前两轮有相应的转向运动。而一般两轮转向（2WS）汽车在中、高速作圆周行驶时，车身后部甩出一点，车身以稍稍横着一点的姿态做曲线运动，增加了驾驶员在判断与操作上的困难。电控 4WS 汽车的质心侧偏角总接近于零，车厢与行驶轨迹的方向一致，汽车自然流畅地做曲线运动，驾驶员能方便地判断与操作，显著地改善了操纵稳定性。图 8-12 比较了 2WS 与电控 4WS 汽车在移线行驶时的路径与车厢姿态。

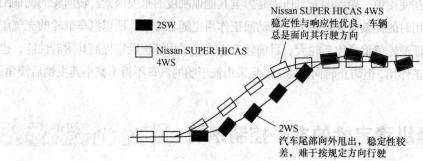

图8-12　2WS与4WS汽车移线行驶时的路径与车厢姿态比较

2. 电子稳定性程序控制系统 ESP

ESP（Electronic Stability Program）是一种车辆新型主动安全系统，是对 ABS、ASR 的进一步拓展。在 ABS 和 ASR 的基础上，增加了车辆转向行驶时横摆率传感器、侧向加速度传感器和转向盘转角传感器，通过 ECU 控制前、后、左、右车轮上的驱动力和制动力，确保车辆行驶的侧向稳定性，如图 8-13 所示。

图8-13　ESP电子稳定系统的组成
1—ESP 电子控制单元　2—轮速传感器　3—方向盘传感器　4—摇摆运动传感器　5—发动机 ECU

ESP 系统是一个闭环控制系统，当车辆在转向、制动或打滑时，通过制动以及动力系统的干涉，来稳定车辆的行驶。ABS 是防止车轮在制动时抱死，而 ASR 主要是抑制加速时车轮空转。ESP 作为一个更全面的系统，以集成的思想来控制车辆并修正操纵方向。同时，它维持车辆稳定，防止车辆侧滑，其控制层次比 ABS 和 ASR 更高。ABS 和 ASR 的功能均包含在 ESP 控制模块中，这 3 个系统共用一个液压单元，各自按 ESP 模块的指令，在不同的时间和条件下，发挥各自的功能。相对于 ABS 以及 ASR 等只在出现相应的工况下才工作，ESP 系统在加速、滑行、制动等各种操作状态下都保持工作。由各种传感器组成的庞大监视网络不断将汽车的当前状态与驾驶员需要的状态进行比较，这样无论汽车处于加速、制动、滑行、直行、拐弯，或者其他状态，电控车辆稳定行驶系统都能实现更好的行驶稳定性。一旦稳定性受到影响，系统就会触发相应的制动动作，如图 8-14 所示。

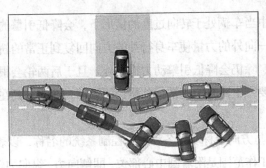

浅色—配备 ESP 车型；深色—未配备 ESP 车型
图8-14　ESP电子稳定系统

图 8-14 表示当需要躲避车辆或障碍物时，是否配备 ESP 车型的不同表现。明显看出，配备 ESP 车型可较好地维持车辆稳定，防止车辆侧滑。

ESP 控制的基础是汽车行驶状态的识别。工作时，ESP 系统首先根据驾驶员的意图与实际的汽车运行状态之间的差异来识别汽车所处的状态，即不足转向和过度转向，再根据横摆率传感器、轮速传感器等多个传感器发出的信号，及时启动相应车轮上的制动装置，以修正转向过度或转向不足的倾向。图 8-15 分别表明了 ESP 对过多转向和不足转向的控制。

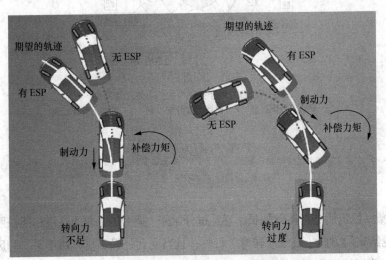

（a）对转向不足的控制　　　（b）对转向过度的控制
图8-15　ESP对汽车转向的控制

3. 车身稳定控制系统 VSC

防抱死制动系统（ABS）和驱动防滑系统（ASR）都是提高汽车操纵稳定性的电子控制装置。VSC（Vehicle Stability Control）即车身稳定控制系统，也是在 ABS 基础上发展而成的，包含 ABS 和 ASR 等多个控制系统，与 ESP 相类似。ABS 系统是用来确保紧急刹车的稳定性，TCS 是控制车辆急加速时之循迹性，而 VSC 则是控制车辆转弯过程的循迹稳定性。VSC 系统能快速地将车辆于转弯过程中转向过度或转向不足的现象，修正到了原有正常路径的循迹行驶，此套系统系由方向盘转角感测器、减速度感测器、车身偏摆角速度感测器、刹车油压感测器以及轮速感测器所组成的系统，可控制当车辆于转弯过程中当车辆处于转向过度的情形下，会降低引擎的输出力外，且执行前面外侧轮的刹车作用，来产生一向外的力量使车身行驶的方向回复到正常的轨迹，而当车辆在转弯过程中处于转向不足的情形下，除仍会降低引擎动力输出外，且于后两轮会根据转向不足的程度施与不同的刹车力，其目的也是要产生回复至正常行驶路径的力量，而使车辆在转弯的行驶过程中有好的行驶方向稳定性。

图 8-16 中的各个区域与方向上标明了各种电子控制系统的名称，以表明它们的有效工作范围。从中可看出：4WS 的有效工作范围是附着圆中心部位，即侧向力，纵向力较小的轮胎特性线性区域；TCS 的有效工作区是大驱动力附近的极限区域；ABS 在大制动力附近的极限区域；VSC 在大侧偏力的极限区域；其余几种系统的有效工作区域均在较大地面反作用力的轮胎特性非线性区。

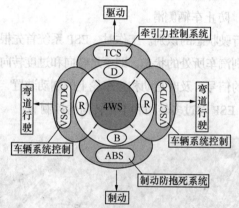

图8-16 各种电子控制系统的有效工作范围
D—驱动力分配控制 R—侧倾刚度分配控制 B—制动力分配控制

1. 汽车的操纵稳定性是指在驾驶员不感觉过分紧张、疲劳的条件下，汽车能按照驾驶员通过转向系及转向车轮给定的方向（直线或转弯）行驶；且当受到外界干扰（路不平、侧风、货物或乘客偏载）时，汽车能抵抗干扰而保持稳定行驶的性能。

2. 汽车的翻倒可分为纵向翻倒和横向翻倒。汽车的极限稳定性也分纵向极限稳定性和横向极限稳定性。

3. 汽车上坡时不发生纵向翻倒的条件是：$\tan\alpha < \dfrac{b}{h_g}$。即：汽车的重心到后轴的距离 b 越大，汽车的重心高度 h_g 越小，则汽车上坡时越不容易发生向后纵向翻倒，汽车的极限稳定性好。

4. 汽车在平路上转弯时，汽车不发生向外侧翻倒的条件是：$v < \sqrt{\dfrac{gRB}{2h_g}}$。

5. 汽车在横向坡道上停车或直线行驶时，不发生翻倒的条件：$\tan\beta < \dfrac{B}{2h_g}$。即：增大转弯半

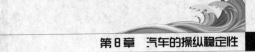

径、增大轮距和降低汽车重心高度，均可提高汽车侧向极限稳定性。

6. 弹性轮胎的侧偏现象是装有弹性轮胎的车轮受侧向力作用时，由于轮胎的侧向变形，使车轮的滚动轨迹偏离其直线行驶方向的现象。

7. 轮胎的侧偏特性主要是指侧偏力、回正力矩与侧偏角之间的关系。

8. 汽车稳态转向特性分为不足转向、中性转向和过度转向 3 种类型。具有适度不足转向特性的汽车才有良好的操纵稳定性。

9. 提高操纵稳定性的电子控制系统有制动防抱死系统（ABS）、牵引力控制系统（TCS）、四轮转向系统（4WS）、电子稳定性程序控制系统（ESP）和车身稳定控制系统（VSC）。

1. 汽车操纵稳定性的定义？
2. 什么是汽车的极限稳定性？
3. 汽车上坡时不发生纵向翻倒的条件？
4. 如何提高汽车的侧向极限稳定性？
5. 什么是侧偏现象和侧偏特性？
6. 轮胎的侧偏特性主要受哪些因素的影响？
7. 汽车稳态转向特性有哪几种类型？对汽车的操纵稳定性各有什么影响？
8. 轮胎侧偏对汽车转向操纵稳定性的影响？
9. 轮胎侧偏对汽车直线行驶的操作稳定性影响？
10. 提高汽车直线行驶操纵稳定性的措施有哪些？
11. 提高汽车转向操纵稳定性的措施有哪些？
12. 提高操纵稳定性的电子控制系统有哪些？

Chapter 9

第9章

| 汽车舒适性 |

| 学习目标 |

- 熟悉汽车行驶平顺性的评价指标
- 熟悉汽车平顺性的改善途径
- 了解汽车噪声及其控制方法
- 了解空气调节与居住性的一般要求

随着生活水平的提高，人们对汽车性能的要求除了动力性、经济性和安全性之外，在车辆的舒适性方面的要求也越来越高。舒适的驾驶环境渐渐成为现代汽车的重要标志。同时，从提高工作效率和降低事故发生率的要求出发，汽车的乘坐及工作环境必须有一定的舒适性。

汽车的舒适性是指汽车在一般行驶速度范围内行驶时，避免因汽车在行驶过程中所产生的振动和冲击，使人感到不舒服、疲劳，甚至损害健康，或者使货物损坏的性能。由于行驶平顺性主要是根据乘员的舒适程度来评价，所以又称为乘坐舒适性。

9.1 汽车行驶的平顺性

汽车是一个复杂的振动系统。在汽车行驶过程中，由于路面不平引起的冲击、加速或减速时的惯性力、发动机和传动轴的振动等，都会引起汽车振动。当汽车的振动达到一定程度时，将对乘客或货物的安全带来不利的影响，还会使汽车的使用寿命降低、操纵稳定性下降、行驶速度的发挥受到限制。

汽车行驶的平顺性是指汽车行驶时的隔振能力，主要研究汽车振动对人的生理反应（疲劳和舒适）和所载货物完整性的影响。

9.1.1　平顺性的评价指标

汽车行驶平顺性的评价指标，一般是根据人体对振动的生理反应来制定的。常用汽车车身振动的固有频率和振动加速度均方根值，评价汽车的行驶平顺性。

试验表明，为了保持汽车具有良好的行驶平顺性，车身振动的固有频率应为人体所习惯的步行时，身体上、下运动的频率，它为 60～80 次/min，振动加速度的极限值为 0.2～0.3g。对载货汽车，为了保证运输货物的完整性，车身振动加速度也不宜过大，其极限值一般应低于 0.6～0.7g；如是车身振动加速度达到 1g，未经固定的货物，就有可能离开车厢底板。

1. ISO2631-1978E 标准

ISO2631-1978E 标准是国际标准协会提出的《人体承受全身振动的评价指南》，它用加速度的均方根值作为描述振动强度的物理量，并给出了振动频率在 1～80Hz 范围内，人体对振动反应的 3 个不同的感觉界限：疲劳、降低工效界限，暴露极限和舒适降低界限。

（1）疲劳、降低工效界限 T_{FD}

如图 9-1 所示，该界限是一组在不同时间内频率与加速度均方根的界限曲线，如果人体承受的振动超过此界限，就会感觉疲劳和影响工作效率。

由图 9-1 可以看出：暴露时间（承受振动的时间）越长，在同一频率范围内界限容许的加速度均方根值（振动强度）下降。在垂直振动为 4～8Hz、水平振动为 2Hz 以下的振动频率范围内，人体在一定时间内能承受的振动强度最低，是人体最敏感的振动频率范围。

（2）暴露极限（健康及安全极限）

暴露极限采用与疲劳、降低工效界限相同的曲线形式来表示，只是将相应的加速度均方根值增大一倍。它是人体可承受的振动上限，超过该极限，将对人体健康有害。

（3）舒适降低界限 T_{CD}

此界限主要影响乘坐舒适性，在此界限内，振动不会影响人在车上进行吃、读、写等动作。超过此界限，人就会感觉不舒适。

舒适降低界限也采用与疲劳、降低工效界限相同的曲线形式来表示，只是相应的加速度均方根值为疲劳、降低工效界限的 1/3 倍。

2. 感觉评价

感觉评价是指根据乘客的主观感觉，对汽车行驶的平顺性进行评价。由于汽车行驶平顺性的好坏最终是反映在人的感觉上，平顺性的评价指标与感觉评价结果存在误差，所以感觉评价是平顺性的最终评价。

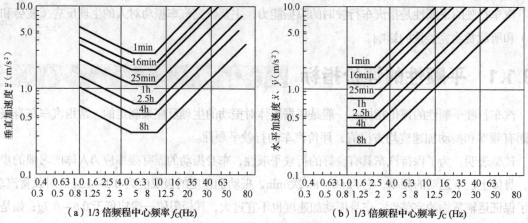

（a）1/3 倍频程中心频率 f_C(Hz)　　　　　　（b）1/3 倍频程中心频率 f_C(Hz)

图9-1　疲劳、降低工效界限

9.1.2　提高平顺性的措施

提高汽车行驶的平顺性，主要是减小汽车行驶时的振动强度，缩短振动时间。具体可以从以下几个方面采取措施。

1. 车速

车身振动频率较低，共振区通常在低频范围内。为了保证汽车具有良好的平顺性，应使引起车身共振的行驶速度尽可能地远离汽车行驶的常用速度。

2. 悬挂结构

减小悬挂刚度可提高汽车行驶平顺性。但刚度降低会增加非悬挂质量的高频振动位移。而大幅度的车轮振动有时会使车轮离开地面，前轮定位角也将发生显著变化，在紧急制动时会产生严重的汽车“点头”现象。转弯时因悬架侧倾刚度的降低，会使车身产生较大的侧倾角。

采用悬架刚度可变的非线性悬架，如空气弹簧、空气-液力弹簧等，使空车时的刚度比满载时的低，都可以改善汽车的平顺性。

3. 阻尼系统的阻尼

为使减振器阻尼效果好，又不传递大的冲击力，常把压缩行程的阻尼和伸张行程的阻尼取不同值。在弹性元件的压缩行程，为了减少减振器传递的路面冲击力，选择较小的相对阻尼系数；而在伸张行程，为使振动迅速衰减，选择较大的相对阻尼系数。

总之，改进减振器的性能，虽然对车身的固有振动频率影响不大，但可使车身的振动迅速衰减，缩短振动时间，从而提高汽车行驶的平顺性。

4. 轮胎

轮胎由于本身的弹性，在很大程度上吸收因路面不平所产生的振动，因此提高轮胎的缓冲性能，对提高汽车行驶的平顺性有重要意义。

轮胎的缓冲性能是指轮胎靠本身的弹性缓和路面冲击的能力。随着车速的提高，对轮胎的缓冲性能的要求越来越高。提高轮胎缓冲性能的措施如下：

① 增大轮胎断面、轮辋宽度和空气容量，并相应降低轮胎气压。

② 改进外胎结构形式，增加帘线强度，采用较细的帘线，减少帘布层数。

③ 提高帘线和橡胶的弹性，采用较柔软的胎冠。

5. 悬挂质量

汽车的悬挂质量由车身、车架及其上的总成所构成。悬挂质量由减振器和悬架弹簧与车轴、车轮相连。

减少公共汽车和载货汽车的悬挂质量，车身振动的低频和加速度增加，会大大降低行驶平顺性。在此情况下，为了保持良好的行驶平顺性，应采用等挠度悬架，使悬架刚度随悬挂质量的减小而减小。

6. 非悬挂质量

车轮、车轴构成非悬挂质量。车轮再经过具有一定弹性和阻尼的轮胎支承路面上。

减小非悬挂质量可降低车身的振动频率，增高车轮的振动频率。这样就使低频共振与高频共振区域的振动减小，而将高频共振移向更高的行驶速度，对行驶平顺性有利。

常用非悬挂质量与悬挂质量之比来评价非悬挂质量对行驶平顺性的影响。比值越小，行驶平顺性越好。对于现代轿车为 $10.5\% \sim 14.5\%$，可以保证良好的行驶平顺性。

7. 改善道路条件

对汽车而言，振动强度主要取决于道路条件和行驶速度。道路不平是引起汽车振动的主要原因，改善道路条件，避免或减轻汽车的振动，是提高汽车行驶平顺性最简单而且最有效的措施。

此外，座位的结构、尺寸、布置方式和车身（或载货汽车的驾驶室）的密封性（防尘、防雨、防止废气进入车身）、通风保暖、照明、隔声等效能，以及是否设有其他提高乘客舒适的设备（钟表、收音机、烟灰盒、点烟器等）都影响汽车的乘坐舒适性。在设计时合理布置坐椅位置，在使用中加强车轮和悬架的维护等，均有利于提高汽车行驶时的平顺性。

汽车的噪声

现代工业、交通运输和航空事业的迅速发展促进了人类物质生活水平的提高，与此同时，也带来了噪声问题。众所周知，噪声污染和空气污染、水污染一样，被称为当今的 3 大污染。我国的环境噪声主要来源于交通方面，而车辆产生的噪声占交通噪声的 75% 左右。随着人们对汽车乘坐舒适性要求的提高、环保意识的加强以及汽车工业的发展，汽车的噪声控制日益受到人们的重视。

9.2.1　汽车噪声的来源

按噪声的影响范围，汽车产生的噪声可分为车内噪声和车外噪声。前者影响汽车的乘坐舒适性，后者造成环境的公害。

汽车车内噪声的来源十分复杂，如图 9-2 所示，主要来源于发动机、传动系、轮胎和车身等。

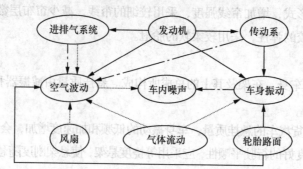

图9-2　车内噪声的主要来源和传播途径

车厢外的噪声向车厢内的传播是按空气传播的规律进行的，具体途径有以下两个。

第一个途径：固体传播。车厢外的声源或振动（源）的作用通过结构件传播到车身，引起车身振动，再由车身板壁振动辐射噪声至车内，形成车内噪声，称之为固体声。

第二个途径：空气传播。将各种噪声源所辐射的噪声通过空气，由车身的缝隙或孔洞传播到车内，形成车内噪声，称之为空气声。

汽车噪声还包括制动噪声、储气筒放气声、喇叭声以及各种专用车辆上动力装置噪声等，但由于这些噪声是不连续的，因此不是汽车的主要噪声源。

汽车噪声的强弱不仅与汽车的结构类型密切相关，还受使用过程中的技术状况、行驶车速、发动机转速、载荷以及道路条件的影响。

9.2.2　汽车主要噪声源的控制

1. 发动机噪声及控制

发动机噪声是汽车的主要噪声源。我国轿车车外加速噪声中，发动机噪声约占 55%；在大、中型汽车车外加速噪声中，发动机噪声约占 65%。包括燃烧噪声、机械噪声、进气噪声、排气噪声、冷却风扇噪声等。

（1）燃烧噪声

燃烧噪声是因可燃混合气在气缸内燃烧时，缸内压力急剧变化而产生的。

在汽油机正常燃烧时的燃烧噪声比较小，但发生爆震或表面点火不正常燃烧时，就会产生很大噪声。因此，汽油机燃烧噪声的控制措施主要是：选择合适牌号的汽油，适当推迟点火正时，及时清除燃烧室积炭等，以防止不正常燃烧现象的产生。

燃烧噪声是柴油发动机的主要噪声源。柴油机燃烧噪声比汽油机大，主要原因是燃烧时压力增长率高，而压力增长率取决于着火延迟期内形成的混合气数量。因此，控制柴油机着火延迟期内形成的混合气数量，以降低燃烧时的压力增长率是控制柴油机燃烧噪声的根本措施，具体包括适当延迟喷油正时、提高压缩比、选用十六烷值高的柴油、改进燃烧室结构、采用增压技术和提高废气再循环率等。

（2）机械噪声

机械噪声主要是在发动机运转过程中，相对运动零件之间相互摩擦或相互撞击所发出的声响。

机械噪声在很大程度上取决于发动机转速，是汽油发动机的主要噪声源。控制发动机的机械噪声的结构措施主要是：尽量减轻运动件的质量，以减小惯性力，并在满足装配和使用要求的前提下，尽量减少零件间的配合间隙；在使用中，定期维护和及时修理，保证配合零件之间的间隙正常和润滑可靠。

（3）进、排气噪声

进、排气噪声是发动机在进、排气过程中，由于气体流动和气体压力波动引起振动而产生的噪声。进、排气噪声随发动机负荷和转速的不同而变化，是发动机的主要噪声源，也是易于采取降噪措施的对象。

控制进气噪声主要有两方面的措施：一是改进空气滤清器结构，尽量加大空气滤清器的长度和断面，以增大空气滤清器的容积，并保持空气滤清器清洁；二是采用进气消声器。

发动机排气噪声的控制也可从两方面采取措施：一是改进排气系统的结构，如减少断面突变、弯道处采用较大的过渡圆角、降低管内壁面粗糙度、减小排气门杆直径等；二是采用排气消声器和减小排气歧管传来的结构振动。

（4）风扇噪声

主要由于叶片切割空气并使周围空气产生涡流，引起周围空气压力的波动而产生的噪声，此外还有因机械振动引起的噪声。

风扇噪声是汽车的最大噪声源之一，尤其是近年来，由于空调系统和排气净化装置等在汽车上的应用，使发动机罩内温度上升，冷却风扇负荷加大，风扇噪声更为严重。风扇噪声主要与发动机的转速有关。

控制风扇噪声的主要措施有：改进风扇结构，包括叶片形状、角度和材料；合理选择风扇与散热器之间的距离，最佳距离为 100 ~ 200mm；采用电子风扇或装用风扇离合器，以便在不需要风扇工作时，减少发动机的噪声源。

2. 传动系噪声及控制

传动系噪声可分为变速器噪声、传动轴噪声和驱动桥噪声，各总成的结构形式、汽车的运行工况（如速度和负荷的大小及变化情况）等对传动系噪声有很大影响。变速器噪声是传动系的主要噪声源，占传动系总噪声的 50% ~ 70%。

（1）变速器噪声

主要包括齿轮传动噪声、轴承运转噪声，此外还有发动机通过离合器传递给变速器壳的振动噪声。

齿轮传动噪声主要是轮齿进入啮合时的撞击声和轮齿脱离啮合时的摩擦声。控制齿轮噪声的主要措施有：合理设计齿轮传动机构，如选择合适的齿轮结构形式、材料和参数等；改进制造工艺，提高齿轮的加工精度；正确安装，以保证啮合间隙正常；选用合适润滑油，保证润滑可靠。

轴承噪声是由于工作中的振动和摩擦而产生的噪声。控制轴承噪声的主要措施有：优先选用球轴承；提高轴承制造精度和座圈刚度，以减小滚体与滚道之间的摩擦和冲击；正确安装，保证合适的轴承间隙和预紧度；改善润滑条件，以减轻摩擦。

控制变速器噪声除上述控制齿轮噪声和轴承噪声的措施外，还应注意对变速器壳体采取隔振、隔声措施，如：在结构上保证变速器壳体具有足够的刚度，避免共振；提高变速器壳体的密封性，防止齿轮噪声直接向外传递；变速器壳体选用高内阻材料，或在壳体表面涂阻尼材料，提高变速器壳体的隔声效果。

（2）传动轴噪声

主要是转速和转矩变化、变速器或驱动桥的振动、传动轴本身的不平衡等引起的传动轴振动噪声。

控制传动轴噪声的措施主要有：提高传动轴的刚度，保证传动轴的平衡；控制万向节最大允许夹角，最好采用等速万向节，消除传动轴工作时转速和转矩的波动；在使用中，保证传动轴各处配合间隙正常，保证各润滑点润滑可靠；在中间支承与吊耳间采取隔振措施，阻尼传动轴振动通过中间支承向车身的传播。

（3）驱动桥噪声

驱动桥主要组成零件是齿轮和轴承，所以驱动桥噪声与变速器噪声有很多相似之处，也包括齿轮传动噪声、轴承运转噪声和机械振动噪声。

由于驱动桥质量为非悬挂质量，受路面不平、驱动力和制动力的影响，会产生强烈的弯曲振动或扭转振动，所以在驱动桥噪声中，机械振动噪声占的比例比变速器大。为控制驱动桥的振动噪声，在结构上应保证驱动桥有足够的弯曲刚度和扭转刚度。

3. 轮胎噪声及控制

轮胎直接发出的噪声包括：轮胎花纹噪声、道路噪声、弹性振动噪声和空气噪声。轮胎花纹噪声是轮胎噪声的主要组成部分，它是指汽车行驶时，因轮胎花纹槽内的空气在接地时被挤压，并有规则地排出，从而引起周围空气压力变化而产生的噪声。道路噪声是指汽车在路面上行驶时，由于路面凹坑内的空气受挤压并排出而产生的噪声。其噪声产生机理与轮胎花纹噪声相同，均是由轮胎和路面相互作用而产生的。弹性振动噪声是由于轮胎不平衡、胎面花纹刚度变化或路面凹凸不平等原因激发轮胎振动而产生的噪声。空气噪声是指由于轮胎搅动周围空气而产生的噪声。

影响轮胎噪声的因素很多，最大的影响因素是轮胎花纹和路面状况。控制轮胎噪声的措施主要有：合理设计并合理选用轮胎结构和花纹类型；改善道路条件，使路面保持合适的粗糙度，路面粗糙度以0.5mm（平均纹高）为宜；在使用中，使轮胎保持正常气压，并控制汽车行驶速度和加速度。从图9-3看出，随着车速的提高，汽车的噪声值也随之增大。

4. 车身噪声及控制

车身噪声主要由两部分组成：一是车身振动噪声；二是空气与车身之间撞击和摩擦而产生的噪声。

控制车身噪声的措施主要有：提高车身刚度，以降低振动引起的噪声；采用流线型好的车身外形，并保持车身外表光洁，减少车外凸出物的数量和尺寸，以降低空气与车身之间撞击和摩擦而产生的噪声。

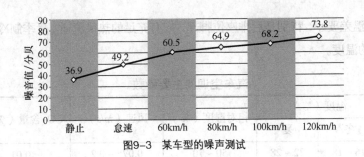

图9-3 某车型的噪声测试

空气调节与居住性

空气调节性能与居住性都是影响汽车舒适性的重要因素。空气调节性能不好，会引起乘员胸闷、晕车等不适感觉，造成驾驶员反应迟钝，影响行车安全；居住性不好，会使驾驶员感到操作不便，易疲劳，乘员感到难以保持舒适的坐姿等。

9.3.1 空气调节

汽车空气调节是指对车内空气质量进行调节，即不管车外的天气情况如何，将车内的温度、湿度和清洁度都保持在满足舒适要求的一定范围内。

汽车空气调节系统主要由通风装置、暖气装置、冷气装置和空气净化装置4大装置构成，实现换气、温度和湿度的调节和空气净化3大功能。

① 换气是空气调节的最基本的功能。它是将车外的新鲜空气引入车内，将车内气体排到车外，以保持车内 CO_2 浓度不超过规定值。为组织好换气，提高换气质量和效率，应合理布置空气的出、入口，汽车设计和试制阶段，一般要进行风洞试验，测定车身表面空气压力的分布，将空气入口设置在正压力大的部位，车内气体的出口设置在负压大的部位。轿车的进气口一般开在前挡风玻璃下的机罩上，排气口开在后排座位的车一侧。

② 空气净化，主要是除去车内存在的灰尘和难闻的气味。在使用中，应注意对空气的进出口及通道进行清洁维护，以免堵塞而影响换气质量。要保持车内 CO_2 浓度在规定范围内，每个乘员应有 $0.3 \sim 0.5 m^3/min$ 的换气量。

③ 温度和湿度的调节，包括冬季的加温除湿，夏季的降温除湿，使车内保持适宜的温度和湿度，见表9-1。

冬季应满足以下几点要求。

① 脚下左右部位的温差尽可能小。

② 头部的温度比脚部低 2℃ ~ 5℃，即所谓"头寒足热"。

③ 前后座位温差要小，特别是后排座位脚部，应有充足的热风流通。夏季制冷时则要求尽可能保持上下身相同的温度。

表 9-1   汽车空调的主要参数

指标/项目	温度（℃）		相对湿度（%）	风速（m/s）	CO_2 含量（%）	噪声（dB）
	冬	夏				
舒适	16 ~ 18	22 ~ 28	50 ~ 70	0.075 ~ 0.2	<0.01	<45
不舒适	0 ~ 14	30 ~ 35	15 ~ 30 90 ~ 95	<0.075，>3	>0.015	>65
有害	<0	>43	<15，>95	>0.4	>0.03	>120

9.3.2 居住性

汽车的居住性主要是指车内空间的分配、布置如何适应各种人体特征的要求，以使驾驶员和乘员经长时间行驶而不感到疲劳。

1. 乘员的居住性

要使乘员长时间乘坐而不感到疲劳，就必须给乘员提供能够随意选择乘坐姿势的宽敞室内空间和舒适可靠的座椅。

由于汽车的外形尺寸有限，要给乘员提供宽敞的室内空间，一方面是要在有限的外形尺寸内，制造出必要的空间；另一方面是要合理安排居住空间的形状，以更有效地发挥有限居住空间的功效。

车室内容积的确定，首先应考虑人体尺寸的参差不齐。通常是从成年女子 5%分布值开始，到成年男子 95%分布值之间，对人体的身长、坐高等尺寸进行测量（所谓 5%分布值，以身长为例，是指不超过此高度者为 5%；95%分布值的含义与此相同），然后以被测对象的尾椎点为基准，考虑适于汽车各种用途的坐姿以及供身体转动的足够空间，还要考虑避免因振动而令乘客触及车内装备件而受伤等，由这些因素决定车室空间的长、宽、高度尺寸。

在汽车横截面积不变的情况下，采用发动机前置前轮驱动以及减少轮胎装置空间等可以扩大室内有效空间，采用曲面玻璃可以扩大乘员肩部空间。

要使座椅舒适可靠，首先是座椅的长、宽、高基本尺寸与人体尺寸相适应，能按照乘员的体型进行尺寸调整。大多数汽车座椅靠背的倾角可调整 3° ~ 8°，长途客车的座椅靠背要求可以倾斜到25° 以上，以便乘客休息。座椅靠背的结构采用头枕式，可以提高其舒适性。要进一步提高座椅的舒适性，还需对座椅的振动特性进行测试，使其共振频率避开人体和悬架的共振频率。

另外，座椅蒙皮的触感，室内装饰件的色彩、乘员的视野等也影响其居住性。

2. 驾驶员的居住性

要使驾驶员长时间驾驶而不感到过分疲劳，除上述因素之外，还应满足下列条件。

① 各类操纵机构布置应合理，便于操作。

② 各类操纵机构需要的操作力要适度。

③ 驾驶员座椅高度、前后位置等能适度调整，以满足不同驾驶的需要和保证使驾驶员能获得与各操纵机构相协调的位置和舒适的坐姿。

④ 良好的视野，以便于获取道路状况、各种信号标志和周围汽车情况等必需的外部信息。

⑤ 易于辨认的仪表和警示灯等，以便及时获取汽车各装置工作状况和行驶状况的信息等。

1. 汽车行驶平顺性是指汽车在一般行驶速度范围内行驶时，能保证乘员不会因车身振动而引起不舒服和疲劳的感觉，以及保持所运货物完整无损的性能。

2. 汽车的乘坐舒适性包括：行驶平顺性、车内安静度、车内的气候小环境及乘坐性能。

3. 人体对振动反应的 3 个不同的感觉界限："舒适、降低界限" T_{CD}、"疲劳、工效降低界限" T_{FD} 和 "暴露极限"。

4. 汽车行驶平顺性的评价方法：主观评价法和客观评价法。客观评价法又包括 1/3 倍频带分别评价法和总加权加速度均方根值评价法。

5. 可从结构与使用这两个方面分析汽车平顺性的影响因素。

6. 汽车噪声主要有发动机噪声、传动系噪声、轮胎噪声、车身噪声等。

7. 车内空气调节包括采暖、换气和制冷的调节。

8. 乘坐性指乘坐空间的宽敞、舒适程度，它涉及人体尺寸的物理因素和决定于形状、色彩等的心理因素。操作方便性是指驾驶员在正常坐姿下，能方便操做功能部件、功能操作的自动化程度以及行驶中车内乘员对车内外目标的可辨认性。

1. 什么叫汽车的行驶平顺性？其评价指标有哪些？

2. 人体对振动反应有哪三种不同的感觉界限？

3. 提高汽车平顺性的措施有哪些？

4. 汽车噪声的来源主要有哪些？

5. 采取哪些措施可以控制发动机噪声？

6. 采取哪些措施可以控制传动系噪声？

7. 采取哪些措施可以控制轮胎噪声？

8. 采取哪些措施可以控制车身噪声？

9. 车内空气调节包括哪几个方面？

10. 汽车的内部环境主要包括哪些方面？如何改善汽车的内部环境？

Chapter 10

第10章

| 汽车通过性 |

学习目标

- 熟悉汽车间隙失效的概念
- 熟悉汽车通过性的几何参数
- 熟悉汽车通过性的支承与牵引参数
- 熟悉影响汽车通过性的主要因素

汽车的通过性又称汽车的越野性，它是指汽车在无路或坏路条件下的工作能力。无路条件主要指松软的土壤、沙漠、雪地和沼泽等，坏路主要指坎坷不平的路面、纵坡或横坡较大的路面、有台阶或壕沟等障碍物的路面；汽车在无路或坏路条件下使用时，其运输工作效率越高，说明汽车的通过性越好。

汽车的通过性，对经常越野行驶的军用车辆和矿用车辆等非常重要。本章重点介绍汽车通过性的评价指标和提高措施。

 ## 汽车通过性的评价指标

汽车通过性的评价指标可分两大类：一是结构参数，二是支承与牵引参数。结构参数主要用于评价汽车在坏路条件下通过各种障碍物的能力，支承与牵引参数主要用于评价汽车在无路条件下的行驶能力。

10.1.1 结构参数

在越野行驶时，由于汽车与不规则地面的间隙不足，可能出现汽车被托住而无法通过的现象，称为间隙失效。

间隙失效主要有顶起失效、触头失效或托尾失效两种形式。顶起失效是车辆中间底部的零件碰到地面，而被顶住的间隙失效。触头失效（或托尾失效）是汽车前端（或车尾）触及地面的间隙失效。

各种障碍物的特点不同，表征汽车通过这些障碍物的结构参数也不同，主要包括：最小离地间隙、接近角、离去角、纵向通过角、最小转弯半径等，如图10-1所示。

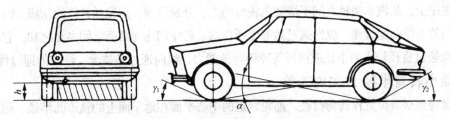

图10-1 评价通过性的结构参数

1. 最小离地间隙 h

最小离地间隙（见图10-1中的 h）是汽车除车轮外的最低点与路面间的距离。它表示汽车无碰撞地越过石块、树桩等直径较小的凸起障碍物的能力。通常，汽车的最小离地间隙在前桥、飞轮壳、变速器壳、消声器或主减速器壳处。在设计越野汽车时，应保证有较大的最小离地间隙。

2. 接近角 γ_1 与离去角 γ_2

在侧视图上，从汽车前端突出的最低点作前轮外圆的切线，该切线与路面之间的夹角（见图10-1中的 γ_1）称为接近角。而从汽车后端突出的最低点作后轮外圆的切线，该切线与路面之间的夹角（见图10-1中的 γ_2）称为离去角。接近角和离去角分别表示汽车接近或离开障碍物时，不发生碰撞的能力。

表10-1列出了一些车型的结构参数。比较可知，汽车的离地间隙越大，接近角和离去角越大，汽车的通过性越好。

表 10-1　　　　　　　　　　　　　　一些汽车的结构参数

车　型	接　近　角	离　去　角	离地间隙
奔腾 X80	26°	27°	190mm
哈佛 H6	26°	22°	190mm
福特 翼搏	23°	36°	172mm
别克 昂科拉	14°	27°	158mm
福特 翼虎	22°	28°	200mm
现代 新胜达	16.5°	20°	180mm
大众 途观	18°	28°	195mm

续表

车　型	接　近　角	离　去　角	离地间隙
本田 C-RV	20°	19°	170mm
比亚迪 S6	23.5°	22°	190mm
丰田 RAV4	29°	25.4°	190mm
铃木 吉姆尼	30°	31°	190mm
JEEP 指南者	20°	32°	205mm

3．纵向通过角 α

在侧视图上，从汽车两轴之间下端突出较低的点，分别作前、后轮胎外圆的切线，两切线之间的最小夹角称为纵向通过角。纵向通过角等于所作前、后轮切线与路面之间夹角之和，它表示汽车可无碰撞地通过直径较小的小丘或拱桥等障碍物的能力，纵向通过角越大，汽车的通过性越好。

4．最小转弯半径 R 和内轮差 d

转向盘转到极限位置作转弯行驶，前轮轨迹的中心平面在地平面上的轨迹圆半径，称为汽车的最小转弯半径 R，单位 m。内轮差 d 是指前内轮轨迹与后内轮轨迹半径之差，如图 10-2 所示。这两个参数表示汽车在最小面积内的回转能力和通过狭窄弯曲地带或绕过障碍物的能力，数值越小，汽车的通过性越好。

国标规定：以前外轮轨迹中心线为基线测量其值不得大于 24m。当转弯直径为 24m 时，前转向轴和末轴的内轮差不得大于 3.5m。

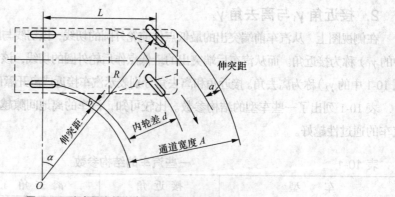

图10-2　汽车最小转弯半径和内轮差示意图

5．车轮半径

车轮半径 r 影响汽车通过垂直障碍物（如台阶、壕沟等）的能力。汽车能越过的台阶最大高度和壕沟最大宽度，不仅与车轮半径有关，而且与驱动轮上能产生的最大驱动力、行驶车速、障碍物的性质和表面状况等因素有关。

试验表明，对后轴驱动的汽车，能越过的台阶最大高度一般约为 $2/3r$；而对双轴驱动的汽车，能越过的台阶最大高度约等于车轮半径 r。如果壕沟的边沿足够结实，单轴驱动的双轴汽车，在低速条件下能越过的壕沟宽度一般约等于车轮半径 r；而双轴驱动的汽车，在低速条件下能越过的壕沟宽度约为车轮半径的 1.2 倍。

各种类型的汽车的通过性的几何参数的数值范围，见表 10-2。

表 10-2　　　　　　　　　　　　各种汽车通过性的参数

汽车类型	驱动形式	最小离地间隙 h/mm	接近角 γ_1/°	离去角 γ_2/°	最小转弯半径 R/m
轿车	4×2	120～200	20～30	15～22	14～26
	4×4	210～370	45～50	35～40	20～30
货车	4×2	250～300	25～60	25～45	16～28
	4×4，4×6	260～350	45～60	35～45	22～42
越野车（乘用）	4×4	210～370	45～50	35～40	20～30
客车	6×4，4×2	220～370	10～40	6～20	28～44

10.1.2　支承与牵引参数

影响汽车通过性的支承与牵引参数主要有最大动力因数、轮胎接地压强和相对附着重力。

1. 最大动力因数 D_{max}

汽车以变速器最低挡位行驶时的最大动力因数，标志着汽车的最大爬坡能力和克服最大道路阻力的能力。汽车在无路或坏路条件下行驶时，最大的特点就是行驶阻力大，为保证汽车县有良好的通过性，就必须提高最大动力因数。

2. 轮胎接地压强 P

轮胎接地压强是指轮胎接地印迹单位面积上的垂直负荷，它直接影响滚动阻力和附着系数的大小。在硬路面上行驶时，滚动阻力以轮胎变形引起的能量损失为主，保持较高的轮胎接地压强，也就意味着在轮胎负荷一定的条件下，减小了轮胎接地面积，即减小了轮胎的变形，从而使滚动阻力减小，汽车的通过性提高。在松软路面上行驶时，滚动阻力以路面变形引起的能量损失为主，适当减小轮胎接地压强，不仅可减小路面变形引起的滚动阻力，而且也可提高附着系数，从而使汽车的通过性提高。

3. 相对附着重力 F_z/G

驱动轮载荷与汽车总载荷之比称为相对附着重力。要获得最大驱动力，满足汽车驱动与附着条件，还必须增大附着重力。附着力越大，汽车的通过性越好。

不同类型的汽车其相对附着重力一般为：4×2 型轿车 0.45～0.50，4×2 和 6×4 型载货汽车 0.45～0.75，4×4 和 6×6 型汽车 1.0。

可见，全轮驱动汽车的相对附着重力达到最大值，故越野车一般采用全轮驱动，以充分利用各车轮上的附着质量，提高汽车的通过性。

提高通过性的措施

10.2.1 结构措施

影响汽车通过性的结构因素很多，但主要是与驱动力和结构参数有关的结构因素。

1. 合理选择汽车的结构参数

在汽车设计时，必须合理选择汽车的结构参数，如汽车的轴距、总高、总宽、车轮半径等，以保证汽车具有足够大的最小离地间隙、接近角、离去角、纵向通过角和足够小的最小转弯半径、最大通道宽度，从而提高汽车的通过性。

2. 提高最大动力因数

在结构上，可选用动力性好的发动机、适当增大传动系的传动比等措施，来提高汽车的最大动力因数，以提高汽车克服行驶阻力的能力，从而提高汽车的通过性。

一般越野车增设了副变速箱或分动器，以增大传动系的总传动比，获得足够大的驱动力。适当减少汽车的载荷，不仅可以降低车轮对地面的单位压力，而且还可以提高汽车的动力因数，从而提高汽车通过松软地面的能力。

3. 采用液力传动

在汽车上装用液力变矩器或液力耦合器，可以提高汽车在松软路面上的通过能力。与装用机械传动装置相比，在汽车起步时，采用液力传动可使驱动轮的转矩增加缓慢且平稳，驱动轮对路面产生的冲击减轻，可避免因土壤表层被破坏面导致附着系数下降，也可避免因土壤被破坏而导致车轮下陷，从而使附着力提高、滚动阻力减小，汽车的通过性提高。

此外，采用机械传动的汽车在坏路面上行驶时，由于车速低，惯性力小，常因换挡时动力中断而停车，重新起步又因驱动轮对路面冲击大而比较困难。而采用液力传动的汽车，不需换挡就可自动变速变扭，可在较长时间内以低速（0.5～1.0km/h）稳定行驶，避免上述问题的发生，从而使汽车的通过性提高。

4. 改进差速器结构

汽车转弯行驶时，为保证左右驱动车轮能以不同的角速度旋转，在汽车传动系中安装差速器。由于普通齿轮式差速器具有在驱动轮间平均分配转矩的特性，当某一驱动车轮陷入附着系数较小的路面（如泥泞或冰雪路面）上时，为防止该驱动轮滑转，另一侧车轮的驱动力也会受到同样小的附着力限制，因此会大大降低汽车的通过性。

当左右驱动轮不等速运转时，差速器中机件间的摩擦作用，可使左右驱动轮得到不等的转矩。设传给差速器的转矩为 M，差速器的内摩擦力矩为 M，当一侧驱动轮由于附着系数较小而滑转时，

另一侧位于较好路面上的驱动轮旋转较慢，得到的转矩 M_1 为

$$M_1=（M+M_r）/2 \tag{10-1}$$

可见，由于差速器的内摩擦，可使不滑转的车轮得到较大的转矩，对提高汽车的通过性是有益的。但一般齿轮式差速器内摩擦是很小的，为了增加差速器的内摩擦，越野汽车常采用高摩擦式差速器，以提高汽车通过性。

采用差速器强制锁止装置，当左右驱动轮上的附着系数相差较大时，可使附着系数较大一侧的车轮获得更大的转矩，从而提高汽车的通过性。

5. 采用驱动防滑技术

目前，在美国通用、德国宝马、日本丰田等公司的高级轿车上，装用了计算机控制的驱动防滑系统（ASR）或牵引控制系统（TCS）。

ASR 是驱动防滑系统的简称，其作用是防止汽车起步、加速过程中驱动轮打滑，特别是防止汽车在非对称路面或转弯时驱动轮空转，并将滑移率控制在 10% ~ 20% 范围内。由于 ASR 多是通过调节驱动轮的驱动力实现控制的，因而又叫驱动力控制系统，简称 TCS，在日本等地还称之为 TRC 或 TRAC。

驱动轮的滑转，会使驱动轮上的附着系数下降。纵向附着系数下降，会使最大的地面驱动力减小，导致汽车的起步性能、加速性能和在滑溜路面的通过性能下降。而横向附着系数的下降，又会降低汽车在起步、加速或在滑溜路面上行驶时的操纵稳定性。因此，采用 ASR 系统控制驱动轮滑转，可提高汽车的通过性和操纵稳定性。

发动机输出转矩控制可通过改变节气门开度、调节喷油器的喷油量或改变点火提前角等方法来实现，目前应用的 ASR 系统通常采用的是控制节气门开度和点火提前角的方式。前面的章节已经详细介绍了 TCS 系统，这里就不再赘述。

10.2.2 使用措施

1. 控制车速

行驶车速较高或车速变化时，会加重轮胎对路面的冲击，在松软路面上行驶就存在土壤遭破坏，使附着系数下降、滚动阻力增加的可能。因此，在坏路面上行驶时，以较低的车速匀速行驶，可提高汽车的通过性。

2. 正确选用轮胎

轮胎花纹可分成 3 类：普通花纹、混合花纹及越野花纹，如图 10-3（a）~（c）所示。

普通花纹有纵向肋，花纹细而浅，适用于较好路面，有较好的附着性和较小的滚动阻力。轿、货车均可选用此种轮胎。

越野花纹宽而深，当在松软地面上行驶时，嵌入土壤的花纹增加了土壤的剪切面积，从而提高了附着系数。在潮湿的硬路面上行驶时，由于只有花纹的凸起部分与地面接触，使轮胎对地面有较高的压强，足以挤出水层，以保持足够的附着系数。越野汽车均选用越野花纹轮胎。混合花纹介于

通用花纹与越野花纹之间，适用于城市乡村之间路面上行驶的汽车使用。

（a）普通花纹   （b）混合花纹   （c）越野花纹

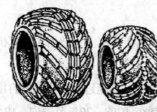

（d）拱形胎花纹   （e）低压特种花纹

图10-3 汽车轮胎花纹

通用花纹轮胎自动脱泥性很差，当轮胎打滑时，泥土陷入槽中不能脱出，使轮胎胎面变成光滑的表面，使附着系数降低，通过性变坏。越野花纹脱泥性较好，混合花纹轮胎的脱泥性介于通用花纹与越野花纹轮胎之间。

对于高通过性汽车采用拱形、椭圆形等特殊结构的轮胎，如图 10-3（d）、图 10-3（e）所示，能从根本上改善轮胎与土壤的接触情况，提高汽车的通过性。超低压拱形轮胎在专用越野车上得到广泛应用，其断面宽度比普通轮胎大 2 倍～3 倍。拱形轮胎车辆在沙漠、雪地、沼泽等具有良好的通过性，但在硬路面上行驶会过早磨损。

在表面滑溜泥泞面底层坚实的道路上，选用带防滑钉的轮胎或在轮胎上套防滑链，相当于在轮胎上增加了一层高而稀的花纹，可有效提高汽车的通过性。

在松软路面上使用径向刚度较小的轮胎，可减小轮胎接地压强，增大接地面积，使汽车的通过性提高。

3. 适当调整轮胎气压

在松软路面上行驶的汽车，应相应降低轮胎的气压，以增大轮胎接地面积，减小轮胎接地压强，有利于提高汽车的通过性。但降低轮胎气压，在硬路面上行驶时，轮胎变形引起的滚动阻力会增大，而且会因轮胎变形过大而降低其使用寿命。

为提高汽车通过松软路面的能力，在硬路面上行驶又不致引起过大的滚动阻力和影响轮胎寿命，可装用轮胎的中央充气系统（CTIS），如图 10-4 所示，使驾驶员能根据道路情况，随时调节轮胎气压。

CTIS（中央轮胎充气系统）通过控制每个轮胎中的气压来改善汽车在不同路面上的行驶性能。例如，降低轮胎中的气压可增大轮胎与地面的接触面积，从而使汽车能更轻松地在较软的地面行驶。这样还可以降低对路面造成的损害。对施工地点和农田而言，此做法具有重要意义。由于驾驶员可以直接控制每个轮胎的空气压力，车辆的可操控性就大大提高了。

CTIS 的另一项功能是在轮胎出现缓慢漏气或被截破时维持其内部的气压。在出现此类情况时，系统将根据驾驶员事先设置的特定气压，自动控制充气过程。

4. 正确驾驶

① 通过沙漠、雪地、泥沼地时应用低挡，在行驶中应尽量避免换挡、加速或制动，尽量保持直线行驶，因为转弯时将引起前后轮辙不重合，增加滚动阻力。有差速锁时将其锁住，驶离滑转区后再脱开，以免转向困难。

② 驱动胎是双胎的汽车，如因双胎间夹泥而滑转，可适当提高车速，以甩掉夹泥。

③ 若传动系装有强制锁式差速器，应在进入坏路之前挂上差速锁，离开此路段后及时脱开差速锁，以免影响转向。

④ 汽车通过表面为泥泞或冰冻而下层坚硬的滑溜路面时，可以在驱动轮轮胎上套上防滑链，使链条直接与地面坚实部分接触，以提高车轮的附着能力。

⑤ 为了提高越野汽车的涉水能力，应注意发动机的分电器总成、火花塞、曲轴箱通气口等的密封问题，并尽量提高空气滤清器和排气管口的位置。

如图 10-5 所示，很多越野车由于行驶道路无法预测，都会加装涉水喉，可以极大抬高发动机的进气口位置，保证越野车涉水时发动机不会吸进水，加上电路做好防水保护，可以极大地提高了通过性。

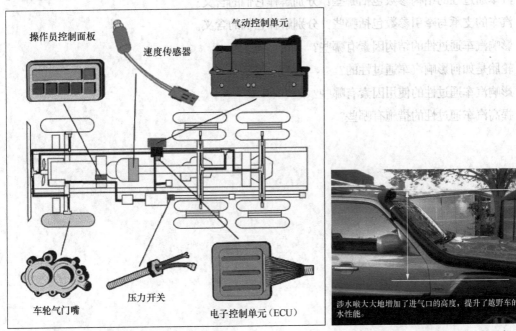

图10-4 CTIS系统示意图

涉水喉大大地增加了进气口的高度，提升了越野车的涉水性能。

图10-5 加装涉水喉的越野车

1. 汽车的通过性又称汽车的越野性，是指汽车在无路或坏路条件下的工作能力。

2. 间隙失效是指在越野行驶时，由于汽车与不规则地面的间隙不足，出现汽车被托住而无法通过的现象。主要有顶起失效、触头失效或托尾失效两种形式。

3. 汽车通过性的结构参数有：最小离地间隙 h、接近角 r_1，离去角 r_2、纵向通过半径 ρ_1 和横向通过半径 ρ_2 等。

4. 汽车的支承与牵引参数主要有：最大动力因数 D_{max}、轮胎接地压强 P 和相对附着重力 F_Z/G。

5. 越野车一般采用全轮驱动，因为全轮驱动汽车的相对附着重力达到最大值，通过性最佳。

6. 可从结构措施和使用措施两方面来分析汽车通过性的影响因素及改善措施。

1. 什么叫汽车的通过性？

2. 什么是间隙失效？汽车有哪几种失效形式？

3. 汽车通过性的结构参数包括哪些？分别解释它们的含义。

4. 汽车的支承与牵引参数包括哪些？分别解释它们的含义。

4. 影响汽车通过性的结构因素有哪些？

5. 轮胎是如何影响汽车通过性的？

6. 影响汽车通过性的使用因素有哪些？

7. 提高汽车通过性的措施有哪些？

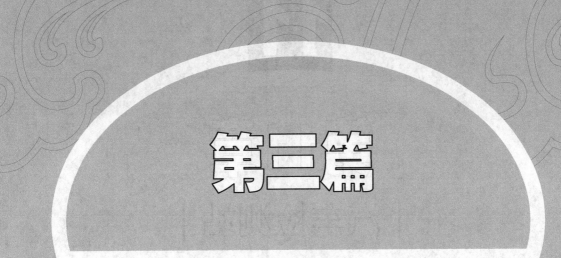

第三篇

汽车性能测试

汽车性能测试可确定汽车性能或技术状况，通过测试，可以确定车辆的各项性能指标、参数和特性曲线，车辆管理部门可根据车辆从事运输的性质、使用条件和强度以及车辆老旧程度等，进行定期或不定期检测，确保车辆运行安全，技术状况良好，并对维修车辆实行质量监控。

Chapter

11

第11章

| 汽车检测站 |

| 学习目标 |

- 熟悉汽车检测站的功能与分类
- 熟悉汽车检测工位及其布置
- 了解检测工艺

汽车检测站的任务

汽车检测站是综合运用现代检测技术，对汽车实施不解体检测诊断的机构。其拥有现代化的检测线，能在室内检测出车辆的各种性能参数，并能诊断出各种故障，为全面、准确评价汽车的使用性能和技术状况提供可靠的依据。

汽车检测站的主要任务如下。

| 11.1.1 对在用运输车辆的技术状况进行检测诊断 |

1. 汽车的年检和临时性检验

根据车辆参加检验的时间要求，汽车检测分为年检和临时性检验两类。

（1）年检

年检是指按照车辆管理部门规定的期限对在用车辆进行的定期检验，或根据交通运输管理部门制定的车辆检测制度对营运车辆进行的定期检测。

《中华人民共和国道路交通安全法实施条例》第 16 条规定如下。机动车应当从注册登记之日起，按照下列期限进行安全技术检验。

① 营运载客汽车 5 年以内每年检验 1 次；超过 5 年的，每 6 个月检验 1 次。

② 载货汽车和大型、中型非营运载客汽车 10 年以内每年检验 1 次；超过 10 年的，每 6 个月检验 1 次。

③ 小型、微型非营运载客汽车 6 年以内每 2 年检验 1 次；超过 6 年的，每年检验 1 次。超过 15 年的，每 6 个月检验 1 次。

（2）临时性检验

临时性检验是指除年检和正常检验之外的车辆检验。车辆临时性检验的内容基本相同，以确定其能否在道路上安全行驶，或车辆技术是否满足参加营运的基本要求。参加临时性检验的范围如下。

① 申请领取临时号牌（如新车出厂、改装车出厂）的车辆。

② 放置很长时间，要求恢复行驶的车辆。

③ 遭受严重损坏，修复后准备投入使用的车辆。

④ 挂有国外、港澳地区号牌，经我国政府允许，可进入我国境内短期行驶的车辆。

⑤ 车辆管理部门认为有必要进行临时检验的车辆（如春运期间、交通安全大检查期间）。

营运车辆按交通运输管理部门的规定，参加临时性检测的情况如下。

- 申请领取营运证的车辆。
- 经批准停驶的车辆恢复行驶前。
- 经批准封存的车辆启封他用时。
- 改装和主要总成改造后的车辆。
- 申请报废的车辆。
- 其他车辆检测诊断服务。

2. 汽车年检和审验的主要内容

根据汽车检测及审验的类型和目的不同，可分为汽车安全检测和汽车综合性能检测两种类型。

（1）汽车安全检测

汽车安全检测以涉及汽车行驶安全及环保的项目为主要检测内容。其目的是确定汽车性能是否满足有关汽车运行安全和公害等法规的规定，是对全社会民用汽车的安全性检查。根据检测手段不同，一般分为外观检测和有关性能的检测。

外观检测通过目检和实际操作来完成，其主要内容如下。

① 检查车辆号牌、行执照有无损坏、涂改、字迹不清等情况，校对行车执照与车辆的各种数据是否一致。

② 检查车辆是否经过改装、改型、更换总成，其更改是否经过审批及办理过有关手续。

③ 检查车辆外观是否完好，连接件是否牢固，是否有泄漏（漏水、漏油、漏气、漏电）现象。

④ 检查车辆整车及各系统是否满足《机动车运行安全技术条件》所规定的基本要求。

对汽车有关性能的检测，采用专用检测设备对汽车进行规定项目的检测完成。主要有转向轮侧滑、制动性能、车速表误差、前照灯性能、废气排放、喇叭声级和噪声六项。

（2）汽车综合性能检测

汽车综合性能检测的目的是对在用运输车辆的技术状况进行检测诊断，对汽车维修行业的维修车辆进行质量检测，以确保运输车辆安全运行，提高运输效率和降低运行成本。根据中华人民共和国交通部《汽车运输业车辆技术管理规定》，汽车综合性能检测的主要内容包括以下几点。

① 汽车的安全性（制动、侧滑、转向、前照灯等）。

② 可靠性（异响、磨损、变形、裂纹等）。

③ 动力性（车速、加速能力、底盘输出功率、发动机功率、转矩、供给系统、点火系统状况等）。

④ 经济性（燃油消耗）。

⑤ 噪声和废气排放状况。

11.1.2　对汽车维修行业的维修车辆进行质量检测

汽车维修检测以汽车性能检测和故障诊断为主要内容，其目的是对汽车维修前进行技术状况检测和故障诊断，据此确定附加作业和小修项目以及是否需要大修，同时对汽车维修后的质量进行检测。

1. 汽车二级维护前的检测

汽车进行二级维护前，应进行技术状况检测和故障诊断，据此确定二级维护附加作业和小修项目以及是否需要大修。其主要检测内容如下。

① 汽车基本性能：最高车速、加速性能、燃油消耗量、制动性能、转向轮侧滑量、滑行能力等。

② 发动机技术状况：气缸压力、机油压力、工作温度、点火系统技术状况、机油质量、发动机异响等。

③ 底盘技术状况：离合器工作状况；变速器、主减速器、传动轴技术状况（密封、工作温度、异响等）；车轮、悬架技术状况；车架有无裂伤及各部件铆接状况等。

④ 车辆外观状况检查：车辆装备是否齐全；车身有无损伤；车轴及车架有无断裂、变形，有无"四漏"现象等。

2. 维修质量检测

维修质量检测指汽车维修完工后进行的汽车二级维护质量检测。汽车或发动机维修、质量检测。汽车二级维护质量检测的主要内容如下。

① 外观检查：车容整齐，装备齐全、无"四漏"现象等。

② 动力性能检测：发动机功率或气缸压力、汽车的加速性能、滑行能力等。

③ 经济性能检测：燃油消耗量。

④ 安全性能：转向轮定位和侧滑量、转向盘自由转动量、制动性能，前照灯发光强度及光束照射位置、车速表误差、喇叭声级及噪声等。

⑤ 废气排放：汽油车怠速污染物排放、柴油车自由加速烟度排放。

⑥ 异响：发动机和底盘各总成有无异常声响。

11.1.3　特殊检测

特殊检测是指为了不同的目的和要求对在用车辆进行的检验。在检验的内容和重点上与上述各类检测有所不同，故称为特殊检测。主要包括以下几点。

1. 改装车辆的检测

为了不同的使用目的，在原车型底盘的基础上改制成其他用途的车辆后，因其结构和使用性能变更较大。车辆管理部门在核发号牌及行车执照时，应对其进行特殊检验。包括汽车主要总成改掉后的车辆检测。有关新工艺、新技术、新产品，以及节能、科研项目等的检测鉴定，提供检测结果。

2. 事故车辆的检测

发生交通事故并有损伤的车辆进行检测。一方面是为了分析事故原因，分清事故责任；一方面是为了查找车辆的故障，确定汽车的技术状况，以保证再行驶的安全。

3. 外事车辆的检验

为保证参加外事活动车辆的技术状况，防止意外事故发生，必须对车辆的安全性能和其他有关性能进行检验。

4. 其他检测

受公安、商检、计量、保险等部门的委托，进行有关项目的检测。

车辆管理部门对在用车辆进行的强制性检验，是通过检查其是否符合国家规定的技术条件，以确定被检车辆的技术状况是否满足运行安全和营运的基本要求。

11.2　汽车检测站的分类及组成

11.2.1　汽车检测站的分类

按不同的分类方法，汽车检测站可以分为不同的类型。

1. 按服务功能分类

按服务功能分类，检测站可分为维修检测站、安全检测站和综合检测站3种类型。

维修检测站主要是从车辆使用和维修的角度，对车辆进行维修前、后的技术状况检测。其能检测出车辆的主要使用性能，并能进行故障分析与诊断，一般由汽车运输企业或汽车维修企业建立。

安全检测站是国家的执法机构，按照国家规定的车检法规，定期检测车辆中与安全和环保有关的项目，以保证汽车安全行驶，并将污染降低到允许的限度。这种检测站对检测结果往往只显示合格、不合格两种，而不做具体数据显示和故障分析。因而检测速度快、检测效率高。

综合检测站既能担负交通运输管理部门的综合性能检测和车辆管理部门的安全环保检测，又能担负车辆使用、维修企业的技术状况诊断，承接科研或教学方面的性能试验和参数测试。这种检测站检测设备多、自动化程度高、数据处理迅速准确，功能齐全、检测项目广且深度大，可为合理制定诊断参数标准、诊断周期以及为科研、教学、设计、制造和维修等部门或单位提供可靠依据，并能担负对检测设备的精度测试等项工作。

2．按规模大小分类

按规模检测站可分为大、中、小3种类型。

大型检测站检测线多、自动化程度高、年检能力大，且能检测多种车型。大型综合检测站可成为一定地区范围内的检测中心。

中型检测站至少有两条检测线，目前国内地市级及其以上城市的检测站多为这种类型。

小型检测站主要指那些服务对象单一的检测站，如规模不大的安全检测站和维修检测站就属于这种类型，这种检测站设有一条或两条作用相同的检测线。

3．按自动化程度分类

按检测线的自动化程度检测站可分为全自动式、手动式和半自动式3种类型。

（1）全自动式检测站利用微机控制系统将检测线上的各检测设备连接起来，除车辆上部和下部的外观检查工位仍需人工检查外，能自动控制其他所有工位上的检测过程，使设备的启动与运转、数据采集、分析判断、存储、显示和集中打印报告等全过程实现自动化。检测工作人员可坐在主控制室内通过闭路电视观察各工位的检测情况，并通过检测程序向各工位受检车辆的驾驶员和检测员发出各种操作指令。每一项检测结果均能在主控制室内的微机显示器和各工位的检验程序指示器上同时显示，因而检测长、各工位检测员和驾驶员均能随时了解每一项检测结果。

由于全自动式检测站自动化程度高、检测效率高，能避免人为的判断错误，因而获得广泛应用。目前国内外的安全检测站几乎全部为这种形式。

（2）手动式检测站的各检测设备由人工手动控制检测过程，由于占用人员多、检测效率低、读数误差大。手动式检测站现在已经不多见了。

（3）半自动式检测站的自动化程度或范围介于手动式和全自动式检测站之间，一般在原手动式检测站的基础上将部分检测设备（如侧滑试验台、制动试验台、车速表试验台等）与微机联网以实现自动控制，而另一部分检测设备（如烟度计、废气分析仪、前照灯检测仪、声级计等）仍然手动操作。

▌11.2.2　检测站的组成和工位布置

1．检测站的组成

检测站主要由一条或数条检测线组成。对于独立而完整的检测站，除检测线外还应包括停车场、清洗站、泵气站，维修车间、办公区、生活区等设施。

（1）安全检测站

一般由一条至数条安全环保检测线组成。例如，有些检测站有 4 条检测线，可以一条为大、小型汽车通用检测线，其余 3 条为小型汽车专用检测线。另外，还配备一条新车检测线和一条柴油车排烟检测线。

（2）维修检测站

一般由一条至数条综合检测线组成。

（3）综合检测站

一般由安全环保检测线和综合检测线组成，可以各为一条或数条。国内交通系统建成的检测站大多属于综合检测站。

2. 检测线组成和工位布置

不管是安全环保检测线还是综合检测线，都由多个检测工位组成，布置形式多为直线通道式，检测工位则是按一定顺序分布在直线通道上。

（1）安全环保检测线

手动式和半自动式的安全环保检测线一般由人工的外观检查工位、侧滑制动车速表工位和灯光尾气工位两个工位组成。其中，外观检查工位带有地沟。全自动式安全环保检测线可以由上述三工位组成，也可以由四工位或五工位组成。五工位一般是汽车资料输入及安全装置检查工位、侧滑制动车速表工位、灯光尾气工位、汽车底盘检查工位（地沟式）、综合判定及主控制室工位，如图 11-1 所示。

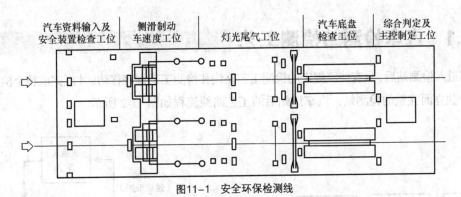

图11-1　安全环保检测线

对于安全环保检测线，不管是三工位、四工位还是五工位，也不管工位顺序如何编排，其检测项目是固定的，因而均布置成直线通道式，以利于进行流水作业。

（2）综合检测线

综合检测站分为 A、B、C 三种类型，职能各不一样。因而站内综合检测线的职能也不一样。A 级综合检测站（以下简称 A 级站）能全面承担检测站的任务，是职能最全的检测站。A 级站在国内一般设置两条检测线。一条为安全环保检测线，主要承担车管部门对车辆进行年审的任务；另一条为综合检测线，主要承担对车辆技术状况的检测诊断。

A 级站的综合检测线一般有两种类型：一种是全能综合检测线，另一种是一般综合检测线。全能综合检测线设有包括安全环保检测线主要检测设备在内的比较齐全的工位，而一般综合检测线设计的工位不包括安全环保检测线的主要检测设备。

全能综合检测线由外观检查及车轮定位工位、制动工位和底盘测功工位组成，能对车辆技术状况进行全面检测诊断，必要时也能对车辆进行安全环保检测。这种检测线的检测设备多、检测项目齐全，与安全环保检测线互不干扰。因而检测效率相对较高，但建站费用也高。

综合检测线是一种接近全能的检测线。其由发动机测试及车轮平衡工位、底盘测功工位、车轮定位及汽车底盘检查工位组成，除制动性能不能检测外，安全环保检测线上的其他检测项目均能在该线上检测。

A级站的一般综合检测线主要由底盘测功工位组成，能承担除安全环保检测项目以外项目的检测诊断。必要时车辆须开到安全环保检测线上才能完成有关项目的检测。国内的综合检测站有相当多是属于这种类型的。与全能综合检测线相比，一般综合检测线设备少，建站费用低，但检测效率也低。

B级综合检测站和C级综合检测站的综合检测线不包括底盘测功工位。

11.3　检测工艺路线及程序

11.3.1　汽车检测站检测工艺

汽车进入检测站后，只有按照规定的检测工艺路线和检测工艺程序移动，才能完成整个检测过程。对于一个独立而完整的检测站，汽车进站后的工艺路线流程如图11-2所示。

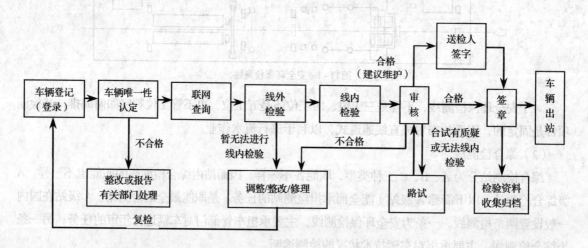

图11-2　检测站工艺路线流程

1．车辆登录

车辆登录是将检测车辆的有关信息按照要求正确无误地输入机动车安检系统中的一种行为。登录时由送检人员提供机动车行驶证、机动车定期检验表、机动车交通事故责任强制保险单（副本）。如果是旅游客车、公路营运载客汽车、大型非营运载客汽车和危险化学运输车的，还需要提交当天行驶记录仪的《状态曲线图》。经登录员初审符合要求时，将机动车的有关信息输入机动车安检系统中。

机动车登录时需输入的信息有：号牌编号、车主（单位）名称、号牌种类、车辆类型、前照灯制、厂牌型号、燃料类别、检验类别、驱动形式、检验项目、驻车轴、发动机号、VIN（或年架）号、出厂日期、初次登录日期、登录日期、检验日期以及登录员的姓名。

初次参加年检的车辆需提供发动机号、车架号拓印、经外观检验员查验合格，粘贴在机动车"两号"拓印表上，随《检测报告》一并存档。

2．对送检机动车的基本要求

① 送检机动车应清洁，无明显漏油、漏水、漏气现象，轮胎完好，轮胎气压正常且胎冠花纹中无异物，发动机怠速应正常。对达不到以上基本要求的送检机动车，机动车安全技术检验机构应要求整改符合要求后再进行安全技术检验。

② 在用车检验时，送检人应提供送检机动车的机动车行驶证和有效的机动车第三者责任强制保险凭证，对不能提供以上证件、凭证的送检机动车，机动车安全技术检验机构不应予以安全技术检验。

3．车辆唯一性认定

送检机动车应停放在指定位置，发动机停转。

车辆唯一性认定工作中的主要特征及技术参数认定宜结合车辆外观检查和车辆底盘检查进行。检查时常用的设备和工具主要有：长度测量工具（钢卷尺、钢直尺等）、铅锤、照明器具及称重设备。

（1）新车注册登记检验

① 检验项目和要求。应逐一核对送检机动车的车辆类型、品牌/型号、颜色、车辆识别代号（或整车型号和出厂编号）和发动机号码，认定机动车的主要特征和技术参数，对货车（含三轮汽车、低速货车，下同）应测算后悬，对具有牵引功能的机动车还应测算比功率，确认是否符合 GB7258 等机动车国家安全技术标准并与国产机动车的整车出厂合格证明、进口机动车的进口凭证、凭证记载及车辆产品标牌的内容一致。对货车、挂车、车长大于 6m 的客车应用量具测量相关尺寸参数，对货车、挂车还应用称重设备测量相关质量参数。同时，还应核对车辆识别代号（或整车出厂编号）的拓印膜，查验车辆识别代号（或整车出厂编号）、发动机号码有无被凿改嫌疑。

② 异常情形的处理。发现送检机动车有被盗抢嫌疑（如车辆识别代号（或整车型号和出厂编号）、发动机号码有凿改、挖补、打磨痕迹或垫片、擅自另外打刻等异常情形的，或车辆识别代号（或整车型号和出厂编号）、发动机号码与相关证明、凭证记载不一致的）或非法拼装嫌疑时，此次安全技术检验终止，机动车安全技术检验机构及其检验员应详细登记该送检机动车的相关信息并立即向公安机关有关部门报告，等待有关部门核实查处。

发现送检机动车的外廓尺寸、后悬及整备质量、核载、比功率等主要特征及技术参数、技术指标不符合 GB7258 等机动车国家安全技术标准或与公告的数据不一致时，此次安全技术检验终止，机动车安全技术检验机构及其检验员应详细登记送检机动车的车辆类型、品牌/型号、车辆识别代号（或整车型号和出厂编号）、发动机号码、整车生产厂家、生产日期、公告批次（进口机动车除外）等信息，并尽快向所在地公安机关交通管理部门和质量技术监督部门报告。

（2）在用车检验

① 检验项目和要求。应逐一核对送检机动车的号牌号码、车辆类型、品牌/型号、颜色、车辆识别代号（或整车型号和出厂编号）和发动机号码，确认是否与送检机动车的机动车行驶证记载的内容及其他相关资料一致；核对车辆识别代号（或整车出厂编号）拓印膜，查验车辆识别代号（或整车型号和出厂编号）、发动机号码有无被凿改嫌疑。同时，还应检查送检机动车是否具有私自改装或擅自改变机动车已登记的结构、构造、特征的情形，必要时应用量具测量相关尺寸参数、用称重设备测量相关质量参数。对变更车身/车架或变更发动机后的在用机动车进行安全技术检验时，还应核对车身/车架和发动机的来历凭证及公安机关交通管理部门批准允许变更车身/车架的相关证明材料。

② 异常情形的处理。发现送检机动车的车辆识别代号（或整车型号和出厂编号）、发动机号码与机动车行驶证记载不一致，或者有凿改、挖补、打磨痕迹或垫片、擅自另外打刻等异常情形的，或者送检机动车有私自改装或擅自改变机动车已登记的结构、构造或者特征的情形时，此次机动车安全技术检验立即终止。送检机动车有被盗抢嫌疑时，机动车安全技术检验机构及其检验员应详细登记送检机动车的相关信息并尽快向所在地公安机关有关部门报告，等待有关部门核实查处；送检机动车有私自改装或擅自改变机动车已登记的结构、构造、特征的情形时，机动车安全技术检验机构应书面告知车主需将车辆恢复原状后才能再次进行安全技术检验，并同时将相关信息报告所在地公安机关交通管理部门和工商行政管理部门。

对变更车身/车架或变更发动机后的在用机动车进行安全技术检验时，对不能提供相关证明材料的，此次机动车安全技术检验立即终止，机动车安全技术检验机构及其检验员应详细登记送检机动车的相关信息并尽快向所在地公安机关交通管理部门报告。

4. 联网查询

① 应联网查询送检机动车是否发生过交通事故及涉及尚未处理完毕的道路交通安全违法行为。

② 对发生过交通事故的送检机动车，应根据交通事故时送检机动车的损伤部位和损伤情况确定需重点检查的部位和项目。

③ 对涉及尚未处理完毕的道路交通安全违法行为的送检机动车，应在《机动车安全技术检验报告》的"备注"栏中简要说明情况，提醒机动车所有人及时到公安机关交通管理部门处理道路交通安全违法行为。

5. 检测线内检测

检测线的工位布置是固定的，进线检测的汽车按工位顺序流水作业。以安全环保检测线为例，其工艺路线流程如图 11-3 所示。

安全环保检测线与全能综合检测线的工艺路线均为全工位检测工艺路线。经维修、调试后复检的车辆只需检测不合格项目，因而只在有关的工位上就有关项目再检测一次，其他工位仅仅驶过而已，无需再全面检测一遍。在综合检测线上，并不一定所有的车辆都执行全工位检测工艺路线。若根据车辆状况或应车主要求只进行单工位或双工位检测时，仅制定单工位或双工位检测工艺路线即可，不必制定全工位检测工艺路线。

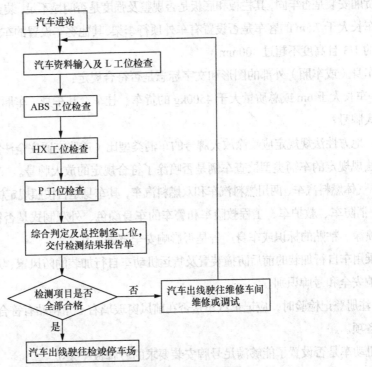

图11-3 安全环保检测线工艺路线流程图

以五工位全自动式安全环保检测线为例，来介绍一下各工位设备和检测项目。

（1）安全装置检查工位（外观工位）

本工位主要进行汽车的灯光和安全装置等项目的外观检查，可简称为 L 工位。

在外观检验中，检验人员将不合格项在工位机中输入相对应的编码发送信息给车辆，如全部符合要求的输入合格编码。由检查人员人工检查汽车上部的灯光、安全装置、防护装置、操纵装置、工作仪表和车身等是否装备齐全、工作正常、连接可靠。检查的重点是灯光和安全装置。具体检测项目要求如下。

送检机动车应停放在指定位置，发动机停转（"发动机运转状况"项目除外）。

检查时常用的设备和工具主要有：轮胎气压表、轮胎花纹深度计、透光率计、长度测量工具、手锤、铁钩及照明器具。

① 车身外观。

a. 目视检查以下各项，必要时应用钢直尺等量具测量相关尺寸参数。

● 保险杠、后视镜、下视镜等部件是否完好。

- 风窗玻璃是否完好及是否张贴有镜面反光遮阳膜。
- 车体是否周正，车体外缘左右对称部位高度差是否符合规定，车身外部可能触及行人、骑自行车人等交通参与者的任何部件、构件是否有任何可能使人致伤的尖锐凸起物（如尖角、锐边等）。
- 车身（车厢）及其漆面是否有明显的锈蚀、破损现象。
- 货厢安装是否牢固，其栏板和底板是否规整及强度是否明显不足，装置的安全架是否完好无损。
- 车长大于 7.5m 的客车是否设置有车外顶行李架，其他客车设置的车外顶行李架是否长度不超过车长的 1/3 且高度不超过 300mm。
- 车身（或车厢）外部的图形和文字标志是否符合规定：

——车长大于 6m 或总质量大于 4500kg 的货车、挂车，其车身（车厢）后部是否喷涂有符合规定的放大牌号；

注：地方性法规规定应喷涂放大牌号的车辆类型比《道路交通安全法实施条例》更广时，应按地方性法规规定的车辆类型检查车辆是否喷涂了符合规定的放大牌号。

——气体燃料汽车、两用燃料汽车和双燃料汽车，其车身是否按照规定标注了其使用的燃料类型；

——消防车、救护车、工程救险车和警车的车身颜色、外观制式是否符合相关规定。

- 喷涂、粘贴的标识或车身广告是否影响安全驾驶。
- 乘用车自行加装的前后防撞装置及货运机动车自行加装的防风罩、水箱、工具箱、备胎架，是否影响安全和号牌识别。

b. 注册登记检验时，应记录汽车是否在前风窗玻璃右上角粘贴有符合规定的整车 3C 标志并检查以下各项。

- 机动车是否设置了能够满足号牌安装要求的号牌板（架）。
- 车身外表面易见部位是否至少装置有一个能永久保持的商标（或厂标）。
- 汽车（三轮汽车和低速货车除外）是否设置了规定数量和类型的后视镜，其他机动车是否在左右至少各设置有一面后视镜，车长大于 6m 的平头货车和平头客车在车前是否至少设置有一面前下视镜。
- 乘用车和车长小于 6m 的客车的前后部是否设置了保险杠，货车（三轮汽车除外）是否设置了前保险杠。
- 货车货箱(自卸车、装载质量 1000 kg 以下的货车除外)前部是否安装有比驾驶室高至少 70 mm 的安全架。

② 照明和电气信号装置。

a. 目视检查以下各项。

- 前位灯、前转向信号灯、前部危险警告信号灯、示廓灯和牵引杆挂车标志灯等前部照明和信号装置是否齐全完好，前照灯的远、近光光束变换功能，近光光形是否有明显的明暗截止线。
- 后位灯、后转向信号灯、后部危险警告信号灯、示廓灯、制动灯、后雾灯、后牌照灯、倒车灯、后反射器是否齐全完好，制动灯的发光强度是否明显大于后位灯的发光强度。
- 侧转向信号灯、侧标志灯和侧反射器是否齐全完好。

- 对称设置、功能相同的灯具的光色和亮度是否有明显差异。
- 除转向信号灯、危险警告信号及消防车、救护车、工程救险车和警车安装使用的标志灯具外，其他外部灯具是否有闪烁的情形。
- 道路运输危险货物车辆标识是否符合相关规定，必要时应用量具测量相关尺寸参数。
- 消防车、救护车、工程救险车和警车安装使用的标志灯具是否完好有效。
- 附加的灯具、反射器或附属装置是否影响 GB7258 规定安装的灯具和信号装置的性能或对其他的道路使用者造成不利影响。

b. 检查机动车设置的喇叭是否具有连续发声功能，工作是否可靠。

对 2005 年 2 月 1 日起注册登记的总质量不小于 12 000kg 的货车和总质量大于 3500kg 的挂车，检查其后部车身反光标识的粘贴技术规范及车身反光标识材料的式样（颜色、宽度等）是否符合相关标准的规定；对 2005 年 2 月 1 日起注册登记的车长不小于 10m 的货车和总质量大于 3500kg 的挂车，检查其侧面车身反光标识的粘贴技术规范及车身反光标识材料的式样是否符合相关规定；必要时应使用量具测量相关尺寸参数。

注册登记检验时，应重点检查车辆外部照明和信号装置的数量、位置、光色是否符合相关标准的规定，必要时应用量具测量相关尺寸参数。对 2006 年 12 月 1 日起新出厂的总质量不小于 12 000kg 的货车和总质量大于 3500kg 的挂车，还应检查其安装的车身反光标识材料的白色单元上是否加施有符合规定的 3C 标志。

③ 发动机舱。

a. 打开发动机罩（或翻转驾驶室），检查目视可见的发动机各系统机件是否齐全有效；检查蓄电池桩头与导线连接是否牢固；检查目视可见的电器导线捆扎、固定、绝缘保护等是否完好，各种管路是否完好、固定可靠。

对于使用液压制动（含液压传动离合）的汽车，目视检查储液器的液面高度及有无泄漏。

注：自 1999 年 7 月 1 日起出厂的使用液压制动的汽车，其储液器的加注口必须易于接近，且从结构设计上必须保证在不打开容器的条件下就能很容易地检查液面；若不能满足该条件，则必须安装制动液面过低报警装置。

b. 注册登记检验时，如气缸体上打刻（或铸出）的发动机型号和出厂编号不易见，应检查在发动机易见部位是否具有能永久保持的发动机型号和出厂编号的标识。如车辆产品标牌位于发动机舱，还应检查车辆产品标牌是否能永久保持及其内容是否规范、清晰耐久。

④ 驾驶室（区）。

a. 记录里程表读数，目视检查以下各项。

- 门锁及门铰链是否完好。
- 驾驶员座椅固定是否可靠，汽车（三轮汽车除外）驾驶员座椅前后位置调节装置能否正常工作，安全带是否齐全有效；2005 年 8 月 1 日起出厂的座位数不大于 5 的乘用车及 2006 年 2 月 1 日起出厂的座位数大于 5 的乘用车的所有座椅（第三排及第三排以后的可折叠座椅除外）是否均配置了有效的安全带。

- 前风窗玻璃及风窗以外玻璃用于驾驶员视区部位的可见光透射比是否不小于 70%（必要时用透光率计检查可见光透射比）。

注：风窗以外玻璃驾驶人视区部位是指驾驶员驾驶时用于观察后视镜的部位。

- 刮水器、洗涤器能否正常工作。
- 2005 年 2 月 1 日起新注册登记的车长大于 9m 的长途客车和旅游客车是否安装了汽车行驶记录仪；对安装有汽车行驶记录仪的长途客车和旅游客车、道路运输危险货物车辆、半挂牵引车、总质量不小于 12 000kg 的货车，其汽车行驶记录仪的固定、连接是否安全、可靠，能否正常显示。
- 折翻式驾驶室的固定是否可靠。

b. 登记检验时，还应检查以下几项。

- 车辆是否按照规定装备了各种仪表。
- 车辆是否设置了符合规定的操纵件、指示器及信号装置的图形标志。
- 对乘用车和货运机动车，按照相关标准核定的乘坐人数是否与机动车注册登记证明、凭证记载的内容一致。
- 车长大于 9m 的长途客车和旅游客车是否安装了符合规定的汽车行驶记录仪；2006 年 12 月 1 日起新出厂的，安装有汽车行驶记录仪的长途客车和旅游客车、道路运输危险货物车辆、半挂牵引车、总质量不小于 12 000kg 的货车，其行驶记录仪主机外壳的易见部位是否加施有符合规定的 3C 标志。
- 机动车的警告性文字是否有中文标注，折翻式驾驶室翻转操纵机构附近易见部位是否有提醒驾驶员如何正确使用该操纵机构的文字。
- 车辆产品标牌（如位于驾驶室[区]）是否能永久保持及其内容是否规范、清晰耐久。

⑤ 发动机运转状况。

检查发动机能否正常起动；起动发动机，检查怠速运转、电源充电状况、各仪表及指示器工作是否正常；检查发动机急加速过程中及在较高转速时急松油门能否回至怠速状态和有无"回火"、"放炮"等异常状况；检查有无漏水、漏油、漏气现象及水温、油压指示是否正常；检查点火开关关闭后发动机能否迅速熄火；对柴油车还应检查停机装置是否灵活、有效。

⑥ 客车内部。

a. 目视检查以下各项。

- 客车座椅/卧铺的数量是否与机动车行驶证记载内容一致，座椅间距是否符合规定，座椅扶手和卧铺护栏安装是否牢固。
- 车厢灯、门灯能否正常工作。
- 客车地板密封是否良好，车内行李架的安装是否牢固。
- 客车配备的灭火器是否齐全有效、固定可靠。
- 长途客车和旅游客车安全出口处标注的"安全出口"字样是否完好，车内是否按照规定装备了用于击碎安全出口玻璃的专用手锤，安全门是否锁止可靠及能否正常开启。
- 卧铺客车每个铺位的安全带是否齐全有效，长途客车和旅游客车前面没有座椅的位置、前面护栏不能起到有效防护作用的座椅及其他按照规定应安装安全带的座椅的安全带是否齐全、有效。

b. 登记检验时，还应检查客车安全出口的数量、位置和大小及座椅/卧铺位的数量和布置是否符合规定，乘客通道的宽度和高度是否能保证符合规定的通道测量装置顺利通过，通向安全门的通道宽度是否符合要求。

⑦ 底盘件。

a. 目视检查以下各项。

- 燃料箱是否固定可靠，燃料箱盖是否完好。
- 挡泥板、牵引钩是否完好。
- 蓄电池、蓄电池架的固定是否牢固可靠。
- 储气筒排污阀功能是否有效。
- 钢板弹簧的形式、片数是否符合规定，有无裂纹和断片，安装是否紧固。
- 2003 年 3 月 1 日起出厂的总质量大于 3 500kg 的货车和挂车，其装备的侧面及后下部防护装置是否完好有效，货车列车的牵引车和挂车之间是否装备了有效的侧面防护装置。
- 汽车列车的牵引连接装置是否连接可靠且装有防止车辆行驶中脱开的安全装置。

b. 登记检验时，应重点检查货车和挂车的侧面防护装置的下缘离地高度、防护范围和前缘形式及后下部防护装置的离地高度、宽度、横截面宽度是否符合相关规定（必要时应用量具测量相关尺寸参数），检查后下部防护装置的强度是否具有明显不足的情形。

⑧ 车轮。

a. 目视检查以下各项，必要时应使用轮胎花纹深度计或量具测量。

- 同轴两侧是否装用同一型号、规格轮胎。
- 轮胎的型号、速度级别及胎冠花纹深度、轮胎气压是否符合规定，乘用车轮胎的胎面磨损标志是否已可见。
- 轮胎的胎面、胎壁有无长度超过 25mm 或深度足以暴露出轮胎帘布层的破裂和割伤及其它影响使用的缺损、异常磨损和变形。
- 轮胎螺栓、半轴螺栓是否齐全、紧固。

b. 若送检机动车装用轮胎的型号、速度级别不符合规定，或所装用轮胎的胎面、胎壁和胎冠花纹深度不符合规定，此次安全技术检验终止，应要求送检人换装符合规定的轮胎复检。若送检机动车轮胎气压不符合规定，应要求送检人将轮胎气压调整到规定气压后再进行其他项目的检验。

c. 注册登记检验时，对 2004 年 10 月 1 日起出厂的使用小规格备胎的乘用车，检查在备胎附近明显位置（或其他适当位置）是否装置有能永久保持的、提醒驾驶员正确使用备胎的标识及标识的相关提示内容是否有中文。

在外观检查合格后，车辆即上线检测。送检人员将车辆停于停车线前候检，暂先离开，接下来由引车员送检。

（2）侧滑制动车速表工位（ABS）

本工位由侧滑检测、轴重检测、制动检测和车速表检测组成，简称 ABS 工位。主要检测前轮侧滑量、各轴轴重、检测各轮制动拖滞力和行车制动力、检测驻车制动力、检测车速表指示误差等。

（3）灯光/尾气工位

本工位主要由前照灯检测、排气检测、烟度检测和喇叭声级检测组成，简称 HX 工位。主要检测前照灯发光强度和光轴偏斜量、检测汽油车怠速排放污染物或柴油车自由加速烟度、检测喇叭声级。

（4）汽车底盘检查工位

汽车底盘检查工位，可简称为 P 工位。在进行检测前，车辆应停放在地沟上方的指定位置，发动机停止运转。工作人员作以下项目检查。

① 转向系检查。由驾驶室操作人员配合来回转动方向盘，检查转向器固定情况（宜使用汽车悬架转向系间隙检查仪）；转向机构各部件紧固、锁止、限位情况，在转向过程中有无干涉或摩擦痕迹/现象，各机件有无损伤和横、直拉杆是否有拼焊情况。检查各部件有无损伤、管线是否固定时应使用专用手锤。

② 传动系检查。检查变速器及分动器支架连接是否可靠；传动各部件连接是否可靠；传动轴、万向节安装是否正确及中间轴承及支架有无裂纹和松旷现象；有无漏油现象。

③ 行驶系检查。检查钢板吊耳及销有无松旷；中心螺栓、U 形螺栓是否紧固；有无车桥移位现象（必要时用卷尺测量左、右侧轴距差值）；车架纵梁、横梁有无变形、损伤，铆钉、螺栓有无缺少或松动；车桥与悬架之间的拉杆和导杆有无松旷和移位，减震器有无漏油。

④ 制动系检查。检查制动系部件有无擅自改动；制动主缸、轮缸、制动管路等有无漏气、漏油，制动软管有无老化；制动系管路与其他部件有无摩擦和固定松动现象。

⑤ 电器线路检查。检查电器导线是否布置整齐、捆扎成束、固定卡紧及线路有无破损现象；接头是否牢固并有绝缘套，在导线穿越孔洞时是否装设绝缘套管。

⑥ 底盘其他部件检查。检查发动机的固定是否可靠；检查排气管、消声器是否完好，固定是否可靠；排气管口指向是否符合要求；燃料箱、燃料管路是否固定可靠；燃料管路与其他部件有无碰擦及软管有无明显老化现象。

（5）综合判定及主控制室工位

全自动检测线各检测设备的检验数据应通过计算机网络自动传输、存储及判断，车辆外观检查、底盘动态检验、车辆底盘检查、路试等工位的检验员应根据车辆出厂日期和注册登记日期等机动车国家安全技术标准确认检验结果是否符合要求。车辆外观检查、底盘动态检验、车辆底盘检查等工位的不合格项目及路试、线内仪器设备检验项目的检验数据和检验结果应打印在《机动车安全技术检验报告》上。

授权签字人对检验数据应认真分析，根据检验类型（注册登记检验、在用车检验等）对检验结果逐项确认并签注整车检验评判结论，评判结论分为合格、合格（建议维护）、不合格 3 类。

① 送检机动车所有检验项目的检验结果均合格的，评判结论为合格。

② 送检机动车检验项目中，所有否决项的检验结果均合格，检验结果为不合格的建议维护项小于等于 6 项的，评判结论为合格（建议维护）。

③ 送检机动车检验项目中，有任一否决项的检验结果不合格，或检验结论为不合格的建议维护项多于 6 项的，评判结果为不合格。

发现异常情况，机动车安全技术检验机构应及时分析处理，发现误判或对检验结果有质疑时应重新检验。

机动车安全技术检验完毕后，机动车安全技术检验机构应签发《机动车安全技术检验报告》。

11.3.2 机动车检测线安全操作规程

1. 工作前

① 仔细阅读交接班记录，了解上一班检测线的运转情况。

② 检查各工位检测设备紧固件牢靠，各运动面及滑动面无障碍物，限位装置及安全装置可靠，各电气箱开关牢靠，电气接地良好，检验车辆行驶通道通畅无阻。

③ 检查计算机操作系统正常，各工位灯牌、面板显示正常；各操作机构处于非工作位置，保持各地坑的干燥和清洁。

④ 按规定检查各检测设备的润滑状况并按规定做好润滑工作。

在设备检修或调整之后，必须按上述 4 条规定详细检查设备，认为一切无误后方可开始工作。

2. 工作中

① 坚守岗位，精心操作，不做与工作无关的事。因事离开设备时要停车，关闭电源、气源。

② 按照检测线启动程序启动各工位检测设备。

③ 操作者离开检测线操作现场或进行清清、检修时须关闭电源。

④ 被检机动车应保持清洁干净，不得有石子、铁钉等杂物，油箱、水箱无泄漏。

⑤ 机动车检测时，操作员须严格按照检测程序逐步进行，驾驶员须按照灯牌的指示按规定安全行车，并注意行车方向、速度、停车位置等因素。

⑥ 密切注意各检测设备的运转状况，如发生故障应立即停止使用。故障排除后方可继续使用。

⑦ 不准擅自拆卸检测设备安全防护装置，缺少安全防护装置的机床不准工作。

3. 工作后

① 检测工作结束后，使各检测设备操作机构处于非工作位置；停止各检测设备的运转，关闭电源、气源；清理工作现场，清洁各检测设备，做好保养工作。

② 认真填写交接班记录。

1. 汽车检测站的主要任务是根据在用运输车辆参加检验的时间要求，对汽车维修行业的维修车辆进行质量检测以及特殊检测。

2. 汽车检测站按服务功能可分为维修检测站、安全检测站和综合检测站 3 种类型；按规模大小分为大、中、小 3 种类型；按检测线的自动化程度检测站可分为手动式、半自动式和全自动式 3 种类型。

3. 综合检测站分为 A、B、C3 种类型。A 级站设有底盘测功工位。

4. 汽车安全环保检测线的工艺路线包括：车辆登录；外观检验；制动、侧滑和车速表工位；灯光、尾气和噪声工位；底盘工位；综合判定及主控制室工位。

1. 汽车检测站的主要有哪些？

2. 我国对汽车年度检测及审验如何规定？

3. 汽车外观检验有哪些内容？

4. 汽车检测站如何分类？其中安全检测站、汽车维修检测站、汽车综合检测站之间存在什么区别？

5. 汽车综合检测站由哪几部分组成？其检测工艺流程如何？

Chapter

12

第12章

| 制动性能测试 |

| 学习目标 |

- 熟悉单轴反力式滚筒制动试验台结构与测试方法
- 了解平板式制动试验台的结构、工作原理与特点
- 熟悉五轮仪，了解其使用方法
- 熟悉制动测试标准

汽车制动性能检测有室内试验台检测法和道路试验法两种方法。制动性能室内试验台检测法与道路试验法相比，具有迅速、准确、经济、安全，不受自然条件的限制，以及试验重复性好和能定量地指示出各车轮的制动力等优点，因而在国内外获得了广泛应用。

制动试验台根据不同分类方法有多种类型：按试验台测量原理不同，可分为反作用力式和惯性式两类；按试验台支承车轮形式不同，可分为滚筒式和平板式两类；按试验台检测参数不同，可分为测制动力式、测制动距离式和多功能综合式 3 类；按试验台测量装置至指示装置传递信号方式不同，可分为机械式、液压式和电气式 3 类；按试验台同时能测车轴数不同，又可分为单轴式、双轴式和多轴式 3 类。

上述类型中，反作用力式滚筒制动试验台（测制动力式）获得了广泛应用。特别是单轴反作用力式滚筒制动试验台应用最为普遍。

惯性平板式制动试验台在国外又重新获得使用，其优点越来越明显，因此也引起了国内的重视。

 单轴反力式滚筒制动试验台

1. 单轴反力式滚筒制动试验台的结构

单轴反力式滚筒制动试验台的结构简图如图 12-1 所示。它由框架、驱动装置、滚筒装置、测量装置、举升装置和指示与控制装置等组成。

① 驱动装置。该装置由电动机、减速器和链传动组成。电动机的转动通过减速器内的蜗杆传动和一对圆柱齿轮传动，经两级减速后传给主动滚筒，主动滚筒又通过链传动把动力传给从动滚筒。电动机装在减速器壳体上，与减速器一起能绕主动滚筒的轴自由摆动，减速器壳体处于浮动状态。

② 滚筒装置。该装置由 4 个滚筒组成，每对滚筒独立设置，有主动滚筒和从动滚筒之分。每个滚筒的两端分别用滚动轴承支承，被测车轮置于两滚筒之间。为使滚筒与轮胎的附着系数能够与路面相近，在滚筒圆周表面覆盖一定厚度黏砂或烤砂。这种黏砂或烤砂滚筒的表面几乎与道路表面一致，模拟性好，附着系数高（干态可达 0.9，湿态不低于 0.8）。有些反力式滚筒制动试验台，在两滚筒之间出现了一根直径比较小的第三滚筒，其上带有转速传感器。当车轮制动抱死时，这种第三滚筒上的转速传感器送出的电信号，可使滚筒立即停止转动，以防止轮胎剥伤，延长其使用寿命。

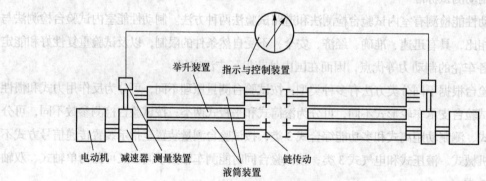

图12-1　单轴反作用式滚筒制动试验台筒图

③ 测量装置。该装置主要由测力杠杆、传感器和测力弹簧等组成。测力杠杆一端与传感器连接，另一端与减速器连接。与减速器连接的方式有两种：一种是测力杠杆固定在减速器壳体上；另一种是测力杠杆通过轴承松套在框架的支承轴上，其尾端作用有固定在减速器壳体上的带有刃口的传力臂，如图 12-2 所示。

当浮动的减速器壳体前端向下移动时，第一种连接方式的测力杠杆的前端也向下移动；第二种连接方式的测力杠杆，则通过传力臂刃口的作用，前端向上移动，并拉伸测力弹簧 A 和测力弹簧 B。测力弹簧 A 和测力弹簧 B 在不同的测量范围内起作用。

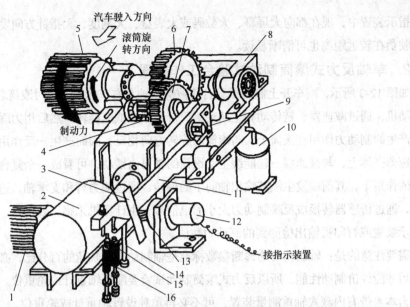

图12-2　反力式滚筒制动试验台的驱动装置和测量装置

1、5—滚筒　2—电动机　3—齿条　4—二级减速主动齿轮　6—二级减速从动齿轮　7—蜗轮
8—减速器壳体　9—传力臂刃口　10—缓冲器　11—测力杠杆　12—自整角电机
13—小齿轮　14—限位杆　15—测力弹簧A　16—测力弹簧B

安装在测力杠杆前端的传感器，能把测力杠杆的移动或力变成反映制动力大小的电信号，送入指示与控制装置中去。传感器有自整角电机式、电位计式、差动变压器式或电阻应变片式等多种类型。

④ 举升装置。为了便于汽车出入试验台，在两滚筒之间设有举升装置。举升装置一般由举升器、举升平板和控制开关等组成。举升平板下一般设置 1~2 个举升器。常见的试验台举升器主要有 3 种类型：一种是气压式，以压缩空气为动力驱动汽缸中的活塞轴向移动或使气囊轴向变形完成举升工作；另一种是电动螺旋式，由电动机通过减速器带动丝杠螺母转动，迫使丝杠轴向移动完成举升工作；再一种是液压式，以液压油为动力驱动液压缸中的活塞轴向移动完成举升工作。

⑤ 指示与控制装置控制装置有电子式和计算机式之分。电子式控制装置多配以指针式指示仪表，计算机式控制装置多配以数字显示器。国产反力式滚筒制动试验台多为计算机式，其指示与控制装置主要由计算机、放大器、模数转换器、数字显示器和打印机等组成。从测力传感器送来的电信号，经直流放大后，送往模数转换器转换成数字量，经计算机采集、存储和处理后，检测结果由数码管显示或打印机打印出来。在制动过程中，当左、右车轮制动力之和大于50daN（500N）时，计算机即开始采集数据，采集时间为3s。3s后计算机发出指令使电动机停转，以防止轮胎剥伤。左、右车轮的制动力由数码管显示，单位为daN（10N）。当用打印机打印检测结果时，还可以把左右轮的最大制动力、制动力和、制动力差、拖滞力和制动力变化过程，即制动力—时间曲线等一并打印出来。

制动试验台使用的指针式仪表有两种形式：一种是一轴单针式，另一种是一轴双针式。一轴单针式有两个刻度盘、两个指针，分别指示左、右轮的制动力；一轴双针式只有一个左、右轮制动力共用的刻度盘，两个表针分别指示左、右轮的制动力。一轴双针式的两个表针也是套在各自的轴上，只不过一个是空心轴，另一个是实心轴，两者套在一起而已。

指示装置中，现在都向大屏幕、大数码或大表盘、大刻度、大指针方向发展，以使检测员、车上驾驶员在较远距离也可清晰易读。

2. 单轴反力式滚筒制动试验台工作原理

如图 12-3 所示，汽车开上制动试验台使被检车轴左右车轮处于每对滚筒之间，放下举升器。启动电动机，通过减速器、链传动和主从动滚筒带动车轮低速旋转，然后用力踩下制动踏板。此时，车轮产生的制动力作用在滚筒上，与滚筒的旋转方向相反，因而产生一反作用力矩。由于电动机装在减速器壳体上，与减速器一起能绕主动滚筒的轴自由摆动，可看成一个复合驱动箱，它在反作用力矩的作用下，其前端发生绕其输出轴向下的偏转，通过测力臂和支承轴，迫使测力杠杆前端向上位移，通过传感器转换成反映制动力大小的电信号，由计算机采集、处理后，指令电动机停转，并由指示装置或打印机输出检测到的制动力数值。

需要注意的是：轴制动力的诊断参数标准是轴制动力与轴荷的百分比，必须在测得轴荷和轴制动力后才能评价制动性能，所以反力式滚筒制动试验要配备轴重计或轮重仪。有些反力式滚筒制动试验台本身带有内藏式轴重测量装置，可不必再单独设置轴重计或轮重仪。

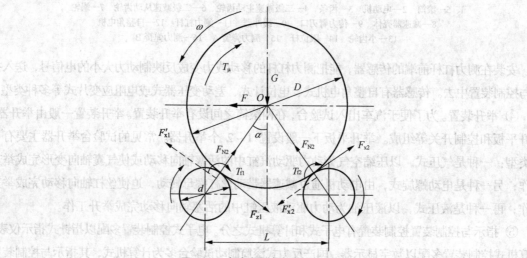

图12-3　在试验台试验时车轮受力图

G—车轮所受的载荷　F—车桥对车轮水平轴的推力　F_{N1}、F_{N2}—滚筒对车轮的支承力　F_{x1}、F_{x2}—滚筒对车轮的切向摩擦力　F'_{x1}、F'_{x2}—车轮对滚筒的切向反作用力　φ—滚筒与车轮的表面附着系数　T_μ—制动器摩擦力矩　T_{f1}、T_{f2}—车轮滚动阻力矩　α—安置角

3. 单轴反作用力式滚筒制动试验台使用方法

反力式滚筒制动试验台的型号不同。其使用方法也不同，在使用前一定要认真阅读试验台的《使用说明书》，按照《使用说明书》的规定进行正确操作。

一般制动试验台的使用方法如下。

（1）试验台的准备

① 检查试验台滚筒是否有泥、水、油等杂物，如有则应清除干净。

② 使滚筒在无负荷状态下运转，检查并调整仪表指针零位。

③ 检查举升器动作是否灵活，如动作阻滞或有漏气部位应进行检修。举升器是否在升起位置，否则应使举升器升起到位。

④ 检查各指示灯工作是否正常。

⑤ 检查在各种导线有无因损伤造成接触不良现象。

（2）被测车辆的准备

① 核实汽车各轴轴荷，确保被测汽车车轴轴荷在试验台允许载荷范围内。

② 检查轮胎是否沾有泥、水、油污等杂物，要特别注意检查轮胎花纹内或后轴双轮胎嵌入的小石子与石块，应清除干净。

③ 检查轮胎气压，使其符合出厂规定值。

（3）测试步骤

① 接通试验台总电源，按说明书要求预热至规定时间。

② 汽车从其纵向中心线与滚筒轴线垂直的方向驶入试验台。先前轴，再后轴，使车轮处于两滚筒之间的举升平板上。

③ 汽车停稳后，变速器置于空挡位置，脚、手制动处于放松状态，能测制动协调时间的试验台还应将脚踏开关套装在制动踏板上。

④ 降下举升平板，至轮胎与举升平板完全脱离为止。

⑤ 启动电动机，使滚筒带动车轮旋转，待转速稳定后，从仪表上读取车轮阻滞力。

⑥ 踩下制动踏板，从指示仪表上读取最大制动力值。并打印检测结果，一般试验台在 15s～30s 后或第三滚筒发出车轮即将抱死的信号后，滚筒自动停转。

⑦ 升起举升平板，驶出已测车辆，按上述相同方法继续进行其他车轮的检测。

⑧ 前、后轮的制动力检测完后，拉动手制动拉杆，从指示仪表上读取最大制动力值。

⑨ 所有车轴的脚制动及驻车制动性能检测完毕后，升起举升平板，汽车驶出试验台，切断试验台总电源。

反力式滚筒试验台具有测试条件稳定、试验车速低、所需电动机功率小、结构简单、占地少和能适应多车型检测等优点。不少反力式制动试验台除了能测得各车轮的制动力外，还测得制动协调时间、制动全过程时间和制动完全释放时间。配备打印机、笔录仪或示波器的制动试验台，还可以描绘制动力随制动时间变化的全过程曲线，为分析、判断制动系技术状况提供了一种既直观又全面的依据。但是，对于反力式滚筒制动试验台，由于整个测试过程中汽车是静止不动的，因而不能真实地模拟汽车制动时在路面上的减速运动，反映不出因前后轴荷的变化而导致前后轴制动力的变化，所以不能确切地测试出汽车的实际制动力。另外，一般的反力式滚筒制动试验台的滚筒轴距是固定不变的，不同直径的车轮在滚筒上的安置角（或称为包角），也就不一样大。车轮直径越小，安置角越大，测得的制动力也越大。因此，同一辆汽车在不同滚筒轴距的反力式制动试验台上，其测试结果会有较大的差异。这些都是反力式滚筒制动试验台的主要缺点。

12.2　平板式制动试验台

平板式制动试验台是 20 世纪 80 年代发展起来的检测设备，它凭借汽车在测试平板上的实际紧急制动过程来测定前、后轴制动力，因此能比较客观地反映汽车制动器产生的制动力的大小，正确评价汽车的制动性能。

12.2.1　平板式制动试验台的结构及工作原理

平板式制动试验台由测试平板、测量显示系统和踏板压力计组成，一般测试平板共 4 块，且相互独立，如图 12-4 所示。

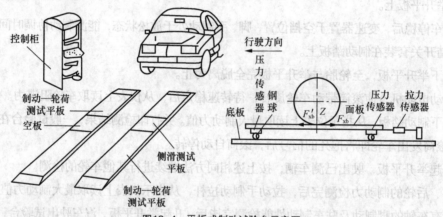

图12-4　平板式制动试验台示意图

测试平板由面板、底板、钢球和压力传感器等组成。底板作为底座固定在混凝土地面上，面板通过压力传感器和钢球支承在底板上，其纵向则通过拉力传感器与底板相连。其工作原理是：压力传感器用于测量作用于面板上的垂直力；拉力传感器则用于测量沿汽车行驶方向的轮胎作用于面板上的水平力，水平力和垂直力的大小变化分别对应于拉力传感器和压力传感器所输出的电信号的变化。拉力传感器和压力传感器输出的电信号由计算机采集、处理后，换算成制动力和轮荷的大小，并分别在显示装置上显示出来。

如果装有无线式踏板压力计，平板式制动试验台不仅可以测出最大制动力，还可以提供制动力随时间变化的曲线、制动协调时间等信息，根据垂直力在制动过程中的波动情况，可检测悬架减振器的性能。

12.2.2　平板式制动试验台的使用方法

制动试验台平板表面应干燥，没有松散物质或油污。

检测汽车制动性能时,检测台应处于开机状态,被测汽车以 5~10km 的速度驶上平板。引车员将变速器置于空挡,根据显示器提示的信息及时迅速地踩下装有踏板压力计的制动踏板,使车辆在测试平板上制动直至停车。与此同时,数据采集系统通过各传感器采集制动过程中的全部数据,并经计算机分析处理,在显示器上以数字、图形、曲线形式显示测试结果,最后可用打印机将检测结果打印出来,可以测得的车轮制动力、每轴左右轮在制动力增长全过程的制动力差、制动协调时间、车轮阻滞力和驻车制动力等参数值。如果检测台是两块测试板的组合形式,应采用逐桥检测的方式进行,即先检测前桥,接着检测后桥。逐桥检测和四轮同时检测原理是一样的,但后者能够测出汽车前/后制动力分配比,并且能获得制动过程变化曲线。

12.2.3 平板式制动试验台的特点

平板式试验台结构简单、安装方便、检测速度快、工作可靠性高。汽车在平板式制动试验台上的制动试验过程与汽车在道路上行驶时的制动过程较为接近。由于被测车辆采用紧急制动方式,基本反映制动过程的实际情况,尤其能反映由于车辆制动引起的动态轴荷变化,从而防止了附着性能对制动力检测的影响,完全可以检测轿车高速制动时车身重心向前转移引起的前轴最大制动器制动力。由于平板式制动试验台可对汽车前后桥制动力同时进行检测,并且在检测台上的测试条件和实际车辆制动时的情况基本一致,因此测试结果能反映前后桥的同步情况和前后制动力的分配,对装有比例阀的车辆制动性能测试更为有利。

该试验台不需要每次测量转动惯量,将制动试验台以轮重仪、侧滑仪组合在一起,使车辆测试方便且效率高。其缺点是:平板式制动试验台存在测试重复性差且重复试验较麻烦、占地面积大、需助跑车道、不利于流水作业和不安全等,因此其应用不如反作用力式滚筒制动试验台广泛。

12.3 道路测试汽车制动性能

12.3.1 用五轮仪检测汽车制动性能

用五轮仪检测汽车制动性能,可以测得在规定制动初速度下,从开始踩着制动踏板到车辆完全停住为止所走过的制动距离和制动时间,比仅仅由在路面上测量车轮拖、压印长度决定制动性能的原始方法前进了一大步,但该试验费时、费力。

制动性能的道路试验依靠五轮仪等试验设备,其优点是直观、简便,不需要大型设备和厂房。它的缺点是:路试法只能测出整车的制动性能,对于各轮制动性能的差异虽能从车轮拖、压印做出定性分析,但无法获得定量数据;对于制动性能不合格的车辆,不易诊断故障发生的具体部位;检测出的制动性能受驾驶员操作方法、路面状况、气候条件等的影响比较大;且对试验用车有不良影响。

电子式的五轮仪主要由电子记录仪部分和传感器部分组成，并附带一个脚踏开关。传感器部分的作用是把汽车行驶的距离变成电信号，其结构如图 12-5 所示。主要由支架、减振器、轮子、连接装置和传感器组成。轮子为充气轮胎式，减振装置将轮子紧紧地压至路面，使其在检测中不致跳起而影响检测精度。传感器分为光电式和电磁式，接触式五轮仪传感器安装在支架上，如图 12-6（a）所示，通过安装在车轴上的齿盘将车轮的转速和转动距离变成电信号并传给计算机。非接触式五轮仪传感器主要由一个光学系统和电池组成，光电探测器是由于路面图像的移动使光电池输出宽带随机信号，其主频与车速成正比关系，通过空间滤波器将与车速成正比的主频检出，送入仪表进行速度计算和距离计数，如图 12-6（b）所示。

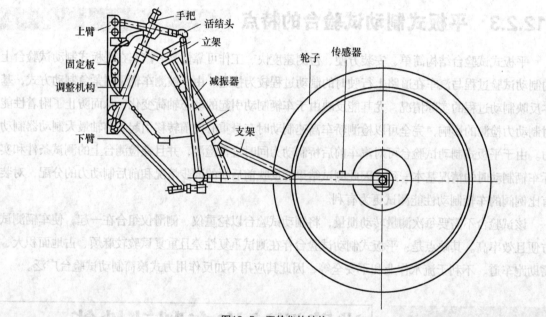

图12-5　五轮仪的结构

对于四轮汽车来说，安装上去的充气车轮就像汽车的第五轮一样，故称为五轮仪。当充气车轮在路面上滚动一周时，汽车行驶了充气车轮（第五轮）周长的距离。五轮仪的电子记录部分如图 12-7 所示，记录仪部分的作用是把传感器部分送来的电信号和内部产生的时间信号，进行控制、计数并计算出车速，然后指示出来。电子式记录仪，如 m-3 型五轮仪的记录仪，是由测距、测时、测速、音响和稳压等部分组成的。整机各元器件均安装在一个金属盒子内。

测试路面应平坦（坡度不超过 1%）、干燥和清洁的水泥或沥青路面。轮胎与路面之间的附着系数小于 0.7，风速不大于 5m/s，在试验路面上应画出标准中规定的制动稳定性要求相应宽度试车道的边线。被测车辆沿着试验车道的中线行驶至高于规定的初速度后，将变速器置于空挡，当滑行到规定的初速度时急踩制动，使车辆停止。套在制动踏板上的脚踏开关，当驾驶员踩制动踏板时闭合，通过导线输入记录仪作为测量制动距离、制动系统反应时间和制动全过程时间等的开始信号。

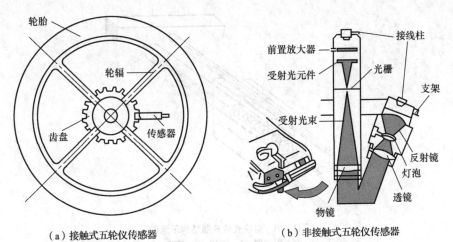

（a）接触式五轮仪传感器　　　　（b）非接触式五轮仪传感器

图12-6　五轮仪传感部分

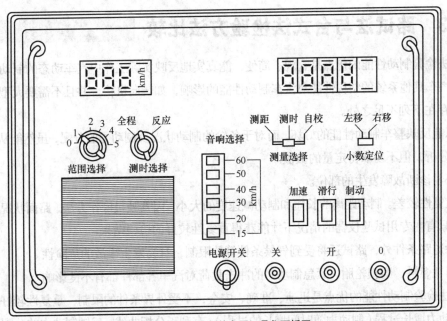

图12-7　五轮仪的电子记录仪面板图

12.3.2　用制动性能测试仪检测汽车制动性能

　　汽车制动性能道路试验除了用五轮仪检测外，还可用制动性能测试仪进行，其传感器结构如图12-8所示，在仪器的纵轴上安有导轨，导轨上放置一个滑块，滑块通过滚轮以很小的阻力在导轨上移动。滑块通过弹簧系在仪器主体上，同时为防止滑块移动时冲击过大，安装空气阻尼器加以限制。在进行制动试验时，由于汽车的惯性作用，滑块仍以原状态运动，直至滑块惯性力与弹簧力平衡。滑块移动的距离与汽车减速度成一定比例，通过转换机构使滑块式传感器产生一个随制动减速度变化的电信号，再经模数转换器将这一电信号转换成微电脑接受的数字信号后，输入微电脑处理器中存储并进行数据处理。最后测量结果由LCD显示屏显示，也可打印结果或曲线。

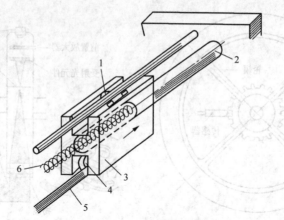

图12-8　滑块式传感器结构示意图
1—记录触针　2—空气阻尼器　3—滑块　4—滚轮　5—导轨　6—弹簧

12.3.3　路试法与台式法检验方法比较

路试法检验制动性能的优点是直观、简便，能真实地反映实际工作中汽车动态的制动性能，能综合反映汽车其他系统的结构性能对汽车制动性能的影响，如转向机构，并且不需要大型设备与厂房，但也存在下列不足之处。

① 只能反映整车制动性能的好坏，而对于各轮的制动状况及制动力的分配，虽然能从拖、压印做出定性分析，但不易取得定量的数值。

② 不易诊断故障发生的部位。

③ 重复性较差。制动距离的长短和制动减速度的大小，因驾驶员操作方法、路面状况和交通状况而异，只有在专用试验仪器的情况下才能获得重复性较好的检验结果。

④ 除道路条件外，路试还将受到气候条件等的限制，且易发生事故的危险性。

⑤ 消耗燃料、磨损轮胎。紧急制动时的冲击载荷对汽车各部件都有不良影响。

台式法检验制动性能的优点是迅速、准确、安全，不受外界条件的限制，重复性较好，能测得车轮的制动力增长过程（制动力随时间增长的过程）。有利于分析曲线、后轴制动力的分配及每轴制动力的平衡状态、制动协调时间等参数，给故障诊断提供可靠依据。

台式法检验的不足之处有以下几点。

① 通常台式法被检车辆处于空载状态，且制动时没有因惯性作用而引起的轴荷前移作用，故前轴车轮容易抱死而不易测得前轴制动器可能提供的最大制动力。

② 同一试验台对于不同型号的车辆（主要是轮胎直径不同的车辆），因其轮胎在试验台滚筒间的安置角不同而影响其制动测定能力（即最大制动力的测定）。

为了防止测试制动力时整车平移，希望受检测车轮不脱离前滚筒，若滚筒附着系数按0.7计算，则相应的安置角 α 约为35°。

适当大的安置角对检测有利，但也不是越大越好. 因为当安置角 α 增大时车轮轮胎相对变形增大，迟滞损失增大，滚筒带动车轮轮胎的附加转矩增大，仪器示值大，影响测量精度，同时增加车轮驶离滚筒时的困难。

③ 制动测试滚筒的制动速度较低与实际制动状况相差甚远。这将影响所测试制动力上升速度使制动协调时间延长，若与采用时间不能很好匹配时甚至影响所测制动力值的大小。不能反映汽车其他系统（如转向机构、悬架）的结构、性能对制动性能的影响。

制动性能合格标准

根据国家标准 GB 7258—2004《机动车运行安全技术条件》规定，机动车用制动距离、制动减速度和制动力检测制动性能，制动性能参数标准中有以下规定。

12.4.1 台式检测标准（制动力的参数标准）

1. 行车制动性能检测

（1）制动力

汽车、汽车列车在制动试验台上测出的制动力，应符合表 12-1 的要求，对空载检测制动力有质疑时，可用表中规定的满载检验制动力要求进行检测。制动力检测时，其制动踏板力或制动气压应符合表 12-2 的要求。

表 12-1　台式检测制动力要求

机动车类型	制动力总和与整车质量的百分比		轴制动力与轴荷[1]的百分比	
	空载	满载	前轴	后轴
三轮汽车	≥45		—	≥60[2]
乘用车、总质量不大于 3500kg 的货车	≥60	≥50	≥60[2]	≥20[2]
其他汽车、汽车列车	≥60	≥50	≥60[2]	—
摩托车	—	—	≥60	≥55
轻便摩托车	—	—	≥60	≥50

[1] 用平板制动检验台检验乘用车时应按动态轴荷计算。

[2] 空载和满载状态下测试均应满足此要求

表 12-2　制动性能检测时制动踏板力或制动气压要求

检测参数		空　载	满　载
气压制动系气压表指示气压/kPa		≤600	≤确定工作气压
液压制动系踏板力/N	座位数≤9 的载客汽车	≤400	≤500
	其他汽车	≤450	≤700

（2）制动力平衡要求

在制动力增长全过程中，左、右轮制动力差与该左、右轮中制动力大者比较，对前轴不得大于 20%，对于后轴不得大于 24%。

（3）车轮阻滞力

车轮阻滞力是指行车和驻车制动装置处于完全释放状态，变速器置空挡位置时，试验台驱动车轮所需的作用力。汽车各车轮的阻滞力不得大于该轴轴荷的 5%。

（4）驻车制动性能检验

当采用制动试验台检验车辆驻车制动的制动力时，车辆空载，乘坐一名驾驶员，使用驻车制动装置，驻车制动力的总和应不小于该车在测试状态下整车质量的 20%。对总质量为整备质量 1.2 倍以下的车辆此值为 15%。

12.4.2　路试检测标准（制动距离、制动减速度的诊断参数标准）

1．行车制动性能检测

（1）制动距离

车辆在规定的初速度下的制动距离和制动稳定性应符合表 12-3 的要求。对空载检测制动距离有质疑时，可用表 12-3 中满载检测的制动性能要求进行检测。

表 12-3　　　　　　　　　　　制动距离和制动稳定性要求

机动车类型	制动初速度（km/h）	满载检验制动距离要求（m）	空载检验制动距离要求（m）	试验通道宽度（m）
三轮汽车	20	≤5.0		2.5
乘用车	50	≤20.0	≤19.0	2.5
总质量不大于 3500kg 的低速货车	30	≤9.0	≤8.0	2.5
其他总质量不大于 3500kg 的汽车	50	≤22.0	≤21.0	2.5
其他汽车、汽车列车	30	≤10.0	≤9.0	3.0
两轮摩托车	30	≤7.0		—
边三轮摩托车	30	≤8.0		2.5
正三轮摩托车	30	≤7.5		2.3
轻便摩托车	20	≤4.0		—
轮式拖拉机运输机组	20	≤6.5	≤6.0	3.0
手扶变型运输机	20	≤6.5		2.3

（2）充分发出的平均减速度

汽车在规定的初速度下急踩制动时充分发出的平均减速度和制动稳定性应符合表 12-4 的要求。

对空载检测制动性能有疑问时，可用表中满载检测的制动性能要求进行检测。

表 12-4　　　　　　　　　　制动减速度和制动稳定性要求

机动车类型	制动初速度（km/h）	满载检验充分发出的平均减速度（m/s²）	空载检验充分发出的平均减速度（m/s²）	试验通道宽度（m）
三轮汽车	20	≥3.8		2.5
乘用车	50	≥5.9	≥6.2	2.5
总质量不大于 3500kg 的低速货车	30	≥5.2	≥5.6	2.5
其他总质量不大于 3500kg 的汽车	50	≥5.4	≥5.8	2.5
其他汽车、汽车列车	30	≥5.0	≥5.4	3.0

（3）制动协调时间

制动协调时间是指在急踩制动时，从踏板开始动作至车辆减速度达到表 12-4 规定的车辆充分发出的平均减速度的 75% 时所需的时间。单车制动协调时间应小于等于 0.6s，列车制动协调时间应小于等于 0.8s。

2. 驻车制动性能检测

在空载状态下，驻车制动装置应能保证车辆在坡度为 20%（总质量为整备质量 1.2 倍以下的车辆为 15%）、轮胎与路面间的附着系数大于等于 0.7 的坡道上正、反两个方向保持固定不动的时间大于等于 5min。检测时，其操纵力应符合表 12-5 的要求。

表 12-5　　　　　　　　　　驻车制动性能检测操纵力要求

车辆类型	手操作时操纵力（/N）	手操作时操纵力（/N）
座位数≤9 的载客汽车	≤400	≤500
其他汽车	≤600	≤700

3. 应急制动性能检测

汽车在满载和空载的状态下，按规定的初速度进行应急制动，其制动距离及操纵力应符合表 12-6 的要求。

表 12-6　　　　　　　　　　应急制动性能要求

机动车类型	制动初速度（km/h）	制动距离（m）	充分发出的平均减速度（m/s²）	允许操纵力不应大于（N）	
				手操纵	脚操纵
乘用车	50	≤38.0	≥2.9	400	500
客车	30	≤18.0	≥2.5	600	700
其他汽车（三轮汽车除外）	30	≤20.0	≥2.2	600	700

4. 机动车制动完全释放时间限制

机动车制动完全释放时间（从松开制动踏板到制动消除所需要的时间）对单车不得大于 0.8s。

根据《机动车运行安全技术条件》中的规定，当汽车经台架检验后对制动性能有质疑时，可用道路试验检验，并以满载的检验结果为准。

1. 制动试验台按试验台测量原理不同，可分为反作用力式和惯性式两类；按试验台支承车轮形式不同，可分为滚筒式和平板式两类；按试验台检测参数不同，可分为测制动力式、测制动距离式和多功能综合式 3 类；按试验台测量装置至指示装置传递信号方式不同，可分为机械式、液压式和电气式 3 类；按试验台同时能测车轴数不同，又可分为单轴式、双轴式和多轴式 3 类。

2. 反力式滚筒试验台具有测试条件稳定、试验车速低、所需电动机功率小、结构简单、占地少和能适应多车型检测等优点。

3. 平板式试验台结构简单、安装方便、检测速度快、工作可靠性高。

4. 制动性能的道路试验采用五轮仪或制动性能测试仪等试验设备，具有直观、简便的特点，但是只能测出整车的制动性能，无法进行具体部件的故障分析。

1. 单轴反力式滚筒试验台制动力测试原理是什么？
2. 单轴反力式滚筒试验台设置第三滚筒的目的是什么？
3. 保证检测数据的准确性，检测前试验台应做哪些准备，被检测车辆应做哪些准备？
4. 平板式制动试验台的检测原理是什么？
5. 简述五轮仪的工作原理及检测步骤。
6. 评价汽车制动性能的合格的标准是什么？

第13章

| 前照灯检测 |

| 学习目标 |

- 熟悉发光强度、照度、光束、配光性能等基本概念
- 熟悉前照灯的基本特性和屏幕检测标准
- 知道前照灯检测仪的工作原理了解其使用方法
- 熟悉前照灯测试标准

汽车前照灯的评价指标

汽车夜间行驶需要保持足够的照明，前照灯不仅要有一定的亮度（发光强度），而且照射的方向（前照灯主光轴方向）也要适合。汽车前照灯发光强度高、亮度充分，才能保证驾驶员夜间行车时辨认道路情况；前照灯照射方向不仅为本车驾驶员提供可靠的照明，而且还要防止夜间会车时给对方驾驶员造成眩目。因此，前照灯的发光强度和照射方向，是影响汽车夜间行车安全的关键因素，必须定期检测。

前照灯检测项目有发光强度和光轴偏斜量两项。检测设备现在普遍采用专门的前照灯检测仪。国家标准（GB/T 7258—2012）《机动车运行安全技术条件》中，对前照灯的发光强度及光照射位置规定如下。

① 在正常使用条件下，机动车前照灯光束照射位置应保持稳定。

② 装有前照灯的机动车应有远、近光变换装置，并且当远光变为近光时，所有远光应能同时熄

火。同一辆机动车上的前照灯不允许左、右的远、近光灯交叉开亮。

③ 前照灯的远、近光灯上下并列设置时，近光灯应位于上侧，其他情况下近光灯应位于外侧。

④ 所有前照灯的近光都不允许眩目。

13.1.1   前照灯结构原理

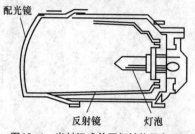

图13-1   半封闭式前照灯结构示意图

前照灯由反射镜、配光镜和灯泡 3 部分组成，如图 13-1 所示。为了防止夜间行驶时两车相会，前照灯发出的强光束使迎面来的汽车驾驶员眩目，汽车前照灯采用双丝灯泡，远光灯丝位于反射镜的焦点上，近光灯丝位于反射镜焦点的上方或前方，如图 13-2 所示。远光灯光线强，能照亮车前方 150m 距离的路面；近光灯光线较弱，射向车前的下方。夜间两车相会，使用近光灯，可避免对方驾驶员眩目。由图 13-2 可知，近光灯丝射向反射镜下部的光线经反射后，将射向斜上方，仍会使对面的驾驶员有轻微眩目，为此，在近光灯丝的下方装有遮光罩。遮光罩能将近光灯丝射向反射镜下部的光线遮挡住，使其无法反射，提高了防眩目效果。另外，采用不对称光形也可防眩目。在安装遮光罩时，将其偏转一定的角度，使近光的光形分布不对称，如图 13-3（a）所示；也可将近光灯右侧光线倾斜并升高 15°，如图 13-3（b）所示，效果会更好。还可以采用 z 型光形，它不仅可防止对面驾驶员眩目，也可防止非机动人员眩目，其结构如图 13-3（c）所示。

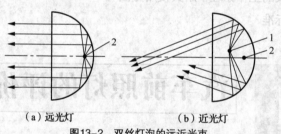

（a）远光灯   （b）近光灯

图13-2   双丝灯泡的远近光束

1—近光灯丝   2—远光灯丝

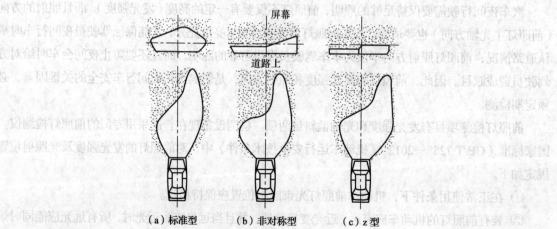

（a）标准型   （b）非对称型   （c）z 型

图13-3   前照灯的配光光形

13.1.2　前照灯特性

1．光的物理单位

在光的物理量中，与前照灯检测有密切关系的是发光强度和照度。

① 发光强度。它是表示光源在一定方向范围内发出的可见光辐射强弱的物理量，单位是坎德拉，简称"坎"，用符号 cd 表示。

② 照度。它是表示不发光物体被光源照明的程度，为受光面明亮度的物理量。照度可用下式表示，单位为 lx（勒克斯）。

$$E= \varPhi /S \tag{13-1}$$

式中：E 为照度；$\varPhi$ 为照射到物体上的光通量；S 为被照明的面积。

2．发光强度与照度的关系

在光源发光强度不变的情况下，物体离开光源越远，被照明的程度越差。在不计光源大小，即把光源看作点光源的情况下，照度与离开光源距离的平方成反比，可用下式表示。

$$照度=发光强度/离开光源距离的平方$$

3．前照灯的特性

前照灯的特性可分为配光特性、全光束和照射方向 3 部分，其特性参数的特征如图 13-4 所示的等照度曲线。

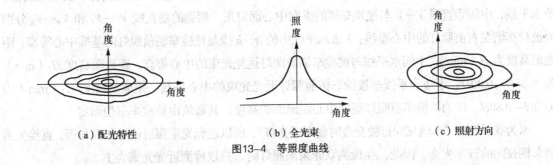

图13-4　等照度曲线

（a）配光特性　　　　（b）全光束　　　　（c）照射方向

① 配光特性。把用等照度曲线表示的明亮度分布特征称为配光特性，亦称为光形分布特征。好的配光特性，等照度曲线应左右对称，不偏向一边，上下的扩展也不太宽。这是对称式配光特性，如图 13-4（a）所示。还有一种非对称式配光特性，其光形的分布不是对称的，如图 13-5 所示。有两种形式：一种是在配光屏幕上明暗截止线（眼睛感觉到的明暗陡变的分界线）水平部分在 $V-V$ 线的左半边，右半边为与水平线 $h-h$ 成 15° 角的斜线，如图 13-5（a）所示。另一种是明暗截止线的左半边平行且低于 $h-h$ 水平线 25mm，而右半边先为一与水平线成 45° 角的斜线，至与水平线相交时，又转折为与 $h-h$ 重合的水平线，如图 13-5（b）所示。

② 全光束。光束用明亮度分布纵断面的配光特性曲线来表示，该断面的积分值（该曲线的旋转体积）即为全光束。可以认为，它是光源发出的光的总量，如图 13-4（b）所示。

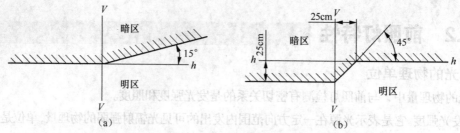

图13-5　非对称式配光示意图

V—V——汽车纵向中心平面在屏幕上的投影线；h—h——汽车前照灯基准中心高度水平线

③ 照射方向。一般情况下，可把前照灯光束最亮之处看作是光轴的中心。光轴中心对水平、垂直坐标轴交点的偏离，表示光轴的照射方向，如图 13-4（c）所示。

 **屏幕法检测前照灯**

用屏幕可以检测前照灯的光束照射位置，但是不能直接检测发光强度。

汽车空载停放在水平坚硬的场地上，允许乘一名驾驶员，轮胎气压应符合汽车制造厂的规定。在距前照灯 10m 处设一专用屏幕，如图 13-6 所示。专用屏幕应垂直地面，其上画有 3 条垂直线和 3 条水平线，中间垂直线 V—V 与被检车辆的纵向中心面对正，两侧的垂直线 V_L—V_L 和 V_R—V_R 分别为被检车辆左右前照灯的中心垂线；3 条水平线中的 h—h 线与被检车辆前照灯的基准中心等高，距地面高度为 H（mm）；中间水平线与被检车辆前照灯远光光束的中心等高，距地面高度 H_1（mm）为 0.85H～0.90H；下边水平线与被检车辆前照灯近光光束的中心等高，距地面高度 H_2（mm）为 0.60H～0.80H。H 为被检车前照灯基准中心距地面的高度，其数值由被检车车型而定。

因为我国规定"车辆夜间行驶交会时使用近光灯"，所以近光光束照射位置正确与否，直接关系到车辆夜间的行车安全。因此，在检测双光束前照灯时，应以检测近光光束为主。

检测时，先遮盖住一边的前照灯，然后打开前照灯的近光开关，未遮盖的前照灯的近光明暗截止线转角或光束中心应落在图中下边水平线与 K—K 或 K—K 线的交点位置上；否则，为光束照射位置偏斜。其偏斜方向和偏斜量可在屏幕上直接测得。用同样方法，检测另一边前照灯近光光束照射位置。

对于远光单光束前照灯，则要检测远光光束的照射位置，检测方法同前。其光束中心应落在中间水平线与 V_L—V_L 或 V_R—V_R 的交点位置上。

用屏幕法检测前照灯，其方法简单易行，有一定的实用价值，但这种方法只能检测出光束的偏斜方向和偏斜量，不能检测发光强度。而且，为适应不同车型的检测，需经常更换屏幕，检测效率低，同时需要占用较大场地。

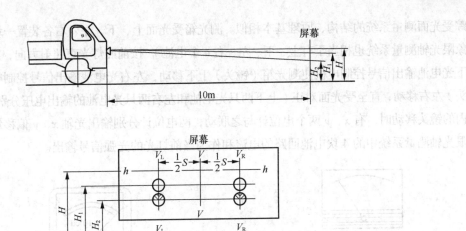

图13-6 用屏幕检测前照灯光束照射位置

前照灯灯光检测仪

13.3.1 前照灯检测仪工作原理

前照灯检测仪是按一定测量距离放在被检车辆的对面，用来检测前照灯发光强度与光轴偏斜量的专用设备。各种类型前照灯检测仪的测量原理基本相同，都是采用能把吸收的光能变成电流的硅光电池或硒光电池作为传感器，按照前照灯主光轴照射光电池产生电流的大小和比例，来测量前照灯发光强度和光轴偏斜量的。

前照灯检测仪上使用的光电池，主要是硒光电池，其结构及工作原理如图 13-7 所示。当硒光电池受光照射后，硒层表面就有电子逸出，流向金属薄膜，使它带负电而成为光电池的负极。硒层失去电子后，使铁底板带正电成为光电池的正极。因此若在金属薄膜和铁底板上装上引线，并将其用导线与电流表连接起来，光电流就会流过电流表，使电流表指针发生动作。

1. 发光强度的检测原理

测量前照灯发光强度的电路由光电池、光度计和可变电阻等组成，如图 13-8 所示。按规定的距离使前照灯照射光电池，光电池便按受光强度的大小产生相应的光电流使光度计指针摆动，指示出前照灯的发光强度。

2. 光轴偏斜量的检测原理

测光箱包含镜头行走（x 方向与 y 方向）机构和四象限光轴测量系统；机座跟踪机构包含底座 x 方向行走机构、测光箱 y 方向行走机构和受光面测量系统。测光箱的四象限光轴测量系统与机座跟踪受光面测量系统的结构、原理基本相似。测光箱受光面上、下、左、右各装置一块硒光电池（四象限光轴测量系统也相当于有上、下、左、右4个电池）。按前照灯光束照射方向，如有偏差时，上下光电池输出信号控制电机使测光箱（镜头）上下移动，左右光电池输出信号控制电机使机座（镜头）左右移动，直至受光面对正（上下两只光电池和左右两只光电池的输出电压分别相等）。测光箱内的镜头移动时，有 x、y 两个电位计与之联动，两电位计分别输出光轴 x、y 偏移量的信号，四象限光轴测量系统中的4块电池回路的电流和作为当前灯光的光强信号输出。

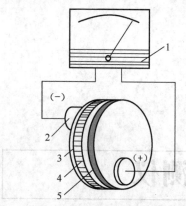

图13-7　硒光电池结构及工作原理
1—电流表　2—引线　3—金属薄膜　4—硒层　5—铁底板

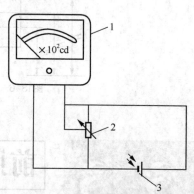

图13-8　发光强度检测原理图
1—光度计　2—可变电阻　3—光电池

13.3.2　前照灯检测仪的类型与构造

按照前照灯检测仪的结构特征与测量方法，可分为聚光式、屏幕式、投影式、自动追踪光轴式等几种类型。这些不同类型的前照灯检测仪均由接受前照灯光束的受光器、使受光器与汽车前照灯对正的校准装置、前照灯发光强度指示装置、光轴偏斜方向和偏斜量指示装置以及支柱、底板、导轨、车辆摆正找准装置等组成。

1. 投影式前照灯检测仪

该检测仪将前照灯光束的影像映射到投影屏上，从而检测出发光强度和光轴偏斜量。检测时，检测仪放在前照灯前方3m的检测距离处。

投影式前照灯检测仪的构造如图13-9所示。在聚光透镜的上下和左右方向装有四个光电池。前照灯光束的影像通过聚光透镜、光度计的光电池和反射镜后，映射到投影屏上，如图13-9所示。在检测时，通过上下与左右移动受光器使光轴偏斜指示计的指示值为零，即上下与左右光电池的受光量相等，从而找到被测前照灯主光轴的方向；然后根据投影屏上前照灯光束影像的位置，即可得出主光轴的偏斜量，同时可从光度计的指示值得出发光强度。

投影式前照灯检测仪根据屏幕上的投影情况，不仅可以测量前照灯、远光灯类的对称光光轴偏斜，而且可以检查近光灯类非对称光的明暗分界线是否明显，是否符合国家规定的前照灯近光配光要求。

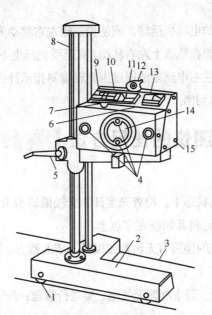

图13-9　投影式前照灯检测仪

1—滚轮　2—底座　3—导轨　4—光电池　5—上下移动手柄　6—光轴刻度盘（上下）　7—光轴刻度盘（左右）　8—支柱
9—左右偏斜指示计　10—上下偏斜指示计　11—投影屏　12—车辆摆正找准器　13—光度计　14—聚光透镜　15—受光器

2. 自动追踪光轴式前照灯检测仪

该检测仪是采用使受光器自动追踪光轴的方法来检测发光强度和光轴偏斜量的。检测时，检测仪距前照灯有 3m 的检测距离，这种检测仪的构造如图 13-10 所示。在受光器的面板上装有聚光透镜，聚光透镜的上下和左右装有 4 个光电池，受光器的内部也装有 4 个光电池，形成主、副受光器。另外，还有由两组光电池电流差所控制的能使受光器沿垂直和水平方向移动的驱动和传动装置。

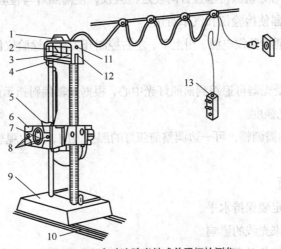

图13-10　自动追踪光轴式前照灯检测仪

1—显示屏　2—左右偏斜指示计　3—光度计　4—上下偏斜指示计　5—车辆摆正找准器
6—受光器　7—聚光透镜　8—光电池　9—控制箱　10—导轨　11—电源开关　12—熔丝　13—控制盒

检测时，要使前照灯的光束照射到检测仪的受光器上。此时，若前照灯光束照射在主受光器上有偏斜时，则主受光器上下或左右光电池的受光量不等，它们分别产生的电流便失去平衡。由其电流的差值控制受光器上下移动的电动机运转，或使控制箱左右移动的电动机运转，并通过钢丝绳牵动受光器上下移动或驱动控制箱在轨道上左右移动，直至受光器上下、左右光电池受光量相等为止。这时，副受光器光电池上下和左右电流差值通过由光轴偏斜指示计指示，此即前照灯光束的偏斜方向和偏斜量。发光强度由光度计指示。

13.3.3　前照灯检测仪的使用方法

1. 检测仪的准备

① 在前照灯检验仪不受光状态下，检查光度计和光轴偏斜指示计的指针是否能对准机械零点。若指针失准，可用零点调整螺钉将其调整在零点上。

② 检查聚光透镜和反射镜的镜面有无污物或模糊不清的地方。若有，可用柔软的布或镜头纸等擦拭干净。

③ 检查水准器的技术状况。若水准器无气泡，要进行修理；若气泡不在红线框内时，可用水准器调节器或垫片进行调整。

④ 检查导轨是否沾有泥土或小石子等杂物，有杂物时要扫除干净。

2. 车辆的准备

① 清除前照灯上的油污。

② 轮胎气压应符合汽车制造厂的规定。

③ 汽车蓄电池应处于充足电状态。

3. 自动追踪光轴式前照灯检验仪的检验方法

① 将汽车尽可能地与导轨保持垂直方向驶近检验仪，使前照灯与检验仪受光器相距3m。

② 将车辆摆正找准器使检验仪和汽车对正。

③ 开亮前照灯，接通检验仪电源，用上下、左右控制开关移动检验仪位置，使前照灯光束射到受光器上。

④ 按下测量开关，受光器可追踪到前照灯光中心，根据光轴偏斜指示计（标有刻度）和光度计的指示值，即可测得发光强度。

前照灯光轴偏斜量如需调整，可一边调整前照灯的照射方向，一边观察光轴偏斜指示计，使指针回到规定范围即可。

4. 检测注意事项

① 检验仪的底座一定要保持水平。

② 检验仪不要受外来光线的影响。

③ 必须在汽车保持空载并乘坐1名驾驶员的状态下检测。

④ 汽车有四只前照灯时，一定要把辅助照明灯遮住后再进行测量。

⑤ 开亮前照灯照射受光器，一定要把光电池灵敏度稳定后再进行检测。

⑥ 仪器不用时，要用罩子把受光器盖好。

5. 仪器常见故障

① 仪器不能动作。检查电源是否接通。

② 仪器在某个方向不能移动。检查该方向的限位开关是否损坏，因而产生错误的限位信号；检查该方向移动信号的通路是否阻断；转向控制电路板输出是否正常；制动器是否释放；电机的启动电容是否失效等。

③ 仪器移动的终点位置不正确。检查限位开关是否损坏，限位挡块是否松动或位置安装不当。

④ 仪器移动过程中发生抖动应检查信号通路上各继电器是否接触不良，或者连线接头是否发生松动。

⑤ 指示计指针故障。检查指示计电路的输出是否正常；供电电源是否正常；位移传感器动作是否正常；光电池输出是否正常；受光面是否清洁等。

13.3.4　检测标准

1. 前照灯光束照射位置要求

① 检验前照灯近光光束照射位置时，前照灯照射在距离 10m 的屏幕上，乘用车前照灯近光光束明暗截止线转角或中点的高度应为 $0.7H \sim 0.9H$（H 为前照灯基准中心高度，下同）。其他机动车（拖拉机运输机组除外）应为 $0.6H \sim 0.8H$。机动车（装有一只前照灯的机动车除外）前照灯近光光束水平方向位置向左偏应小于等于 170mm，向右偏应小于等于 350mm。

② 轮式拖拉机运输机组装用的前照灯近光光束的照射位置，按照上述方法检验时，要求在屏幕上光束中点的离地高度应小于等于 $0.7H$；水平位置要求，向右偏移应小于等于 350mm，不得向左偏移。

③ 检验前照灯远光照射位置时，对于能单独调整远光光束的前照灯，前照灯照射在距离 10m 的屏幕上时，要求在屏幕光束中心离地高度，对乘用车为 $0.85H \sim 0.95H$（但不得低于前照灯近光光束明暗截止线转角或中点的高度），对其他机动车为 $0.8H \sim 0.95H$；机动车（装有一只前照灯的机动车除外）前照灯远光光束水平位置要求，左灯向左偏应小于等于 170mm，向右偏应小于等于 350mm，右灯向左或向右偏均应小于等于 350mm。

2. 前照灯发光强度要求

机动车每只前照灯的远光光束发光强度应达到表 13-1 所列的要求。测试时，其电源系统应处于充电状态。

表 13-1　　　　　　　　　　前照灯远光光束发光强度最小值要求

机动车类型	检查项目					
	新注册车			在用车		
	一灯制	二灯制	四灯制	一灯制	二灯制	四灯制①
三轮汽车	8000	6000	—	6000	5000	—
最高设计车速小于70km/h 的汽车	—	10000	8000	—	8000	6000

续表

机动车类型		检查项目					
		新注册车			在用车		
		一灯制	二灯制	四灯制	一灯制	二灯制	四灯制[①]
其他汽车		—	18000	15000	—	15000	12000
摩托车		10000	8000	—	8000	6000	—
轻便摩托车		4000	—	—	3000	—	—
拖拉机 运输机组	标定功率 >18kw/h	—	8000	—	—	6000	—
	标定功率 ≤18kw/h	6000[②]	6000	—	5000[②]	5000	—

注：①四灯制是指前照灯只有 4 个远光光束；采用四灯制的机动车其中两只对称的灯达到两灯制的要求时视为合格。

②允许手扶拖拉机运输机组只装用一只前照灯

小结

1. 前照灯的特性可分为配光特性、全光束和照射方向 3 部分。

2. 前照灯检测方法可以分为屏幕法和仪器法两种。

3. 屏幕可以检测前照灯的光束照射位置，但是不能直接检测发光强度。

4. 前照灯检测仪采用光电池作为传感器，按照前照灯主光轴照射光电池产生电流的大小和比例，来测量前照灯发光强度和光轴偏斜量。

5. 前照灯检测仪分为聚光式、屏幕式、投影式、自动追踪光轴式等类型。

习题

1. 说明前照灯对行车安全的重要性。

2. 说明用专用屏幕调整前照灯的方法。

3. 说明前照灯光轴偏斜量的检测原理。

4. 说明自动追踪光轴式前照灯检测仪的检测步骤。

5. 对汽车前照灯的安全检测有哪些要求？

第14章

| 汽车发动机尾气检测 |

Chapter

14

| 学习目标 |

- 熟悉不分光红外线尾气分析仪的结构与检测原理
- 熟悉尾气分析仪的使用方法
- 熟悉汽油车尾气的测试标准
- 熟悉柴油机自由加速工况、烟度等基本概念
- 熟悉滤纸式烟度计的组成与工作原理
- 熟悉柴油车尾气的测试标准

14.1　汽油机排气污染物检测

| 14.1.1　汽车尾气主要有害成分 |

随着汽车保有量的不断增加，人们对汽车尾气的污染也越发重视。

汽车尾气主要有害成分有一氧化碳（CO）、碳氢化合物（HC）、氮氧化合物（NO_x）和微粒（PM）。CO 是空气不足或其他原因造成燃料不完全燃烧的产物，与人体血液中血红蛋白亲和力比氧强很多倍，所以人吸入后会引起缺氧，严重时会导致死亡。HC 主要是指发动机废气中未燃烧的燃料部分，其产生的原因有汽油机供油系燃料蒸发、混合气过浓及过稀、点火能量不足或点火过迟等。一般情况下，HC 对人体危害不大，但高浓度的 HC 对人体有一定的麻醉作用，而且它是产生光化学烟雾的重要成分。NO_x 主要是指 NO 和 NO_2，是由发动机混合气燃烧温度过高及空气供给过多引起，高浓度的 NO 会引起中枢神经障碍，并易氧化成剧毒的 NO_2，而 NO_2 又会引起肺气肿。PM 是排气中各种直径大于 $0.001\mu m$ 固体或是液体微粒的总称。柴油机尾气中释放的 PM，通常称为炭烟。炭烟主要是由于柴油机在高温、缺氧的条件下燃烧时产生的不完全产物，上面往往吸附有 SO_2 及有致癌作用的苯并芘等，人体吸入后对健康有害。

汽油机主要排放 CO、HC，柴油机主要排放 NO_x、PM。

14.1.2　汽油机汽车排气污染物的检测设备

1. 不分光红外线气体分析仪

汽车尾气中的 CO、HC、NO_x 和 CO_2 等气体，都分别具有能吸收一定波长范围红外线的性质，如 CO 能够吸收 $4.7\mu m$ 波长的红外光线，NO 能吸收 $5.3\mu m$ 红外线，如图 14-1 所示。红外线被吸收的程度与尾气浓度之间成正比关系。不分光红外线气体分析仪利用这一原理，根据尾气吸收一定波长红外线能量的变化，来检测尾气中各污染物的浓度。在各种气体混合在一起的情况下，测量值也不受影响。

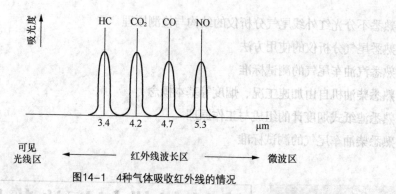

图14-1　4种气体吸收红外线的情况

分析仪主要由尾气采集装置和尾气分析装置两部分组成，如图 14-2 所示。

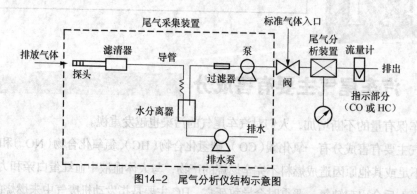

图14-2　尾气分析仪结构示意图

采集装置由采样探头、过滤器、导管、水分离器和泵等构成。用采样探头、导管、泵从排气管采集尾气。过滤器滤除排气中的粉尘和炭粒，水分离器分离出水分。最后，气体成分输送到分析部分。

图 14-3 所示为电容微音器式分析装置，该分析装置由红外线光源、测量室、回转扇片和检测器构成。测量室由两个腔室组成，一个是比较室，另一个是测定室。比较室中充有不吸收红外线的氮气，使红外线能顺利通过。

以检测 CO 为例，测定室中连续填充被测试的尾气，尾气中 CO 含量越高，被吸收的红外线就越多。两个红外线光源发出两组分开的射线，分别经过测定室和比较室后，被两旋转扇片同相地遮断，从而形成射线脉冲。射线脉冲经滤清室、测量室而进入检测室。检测室由容积相等的左右两个腔室组成，中间用一金属膜隔开，两室中充有同浓度的 CO。由于射到检测室左室的红外线在通过测定室时一部分射线已被排气中的 CO 吸收，而通过比较室到达检测室右室的红外线并未减少，这样检测室左右两室吸收的红外线能量不同，从而产生了温差，温度的差异导致一压力差的存在，使作为电容器一个表面的金属膜片弯曲。弯曲振动的频率与旋转扇片的旋转频率相同。排气中的 CO 浓度越大，振幅就越大。膜片振动使电容改变，电容的改变引起电压的变化，从而产生交变电压。交变电压经放大，整流成直流信号，变为被测成分浓度的函数，因此可用仪表测量结果。

检验 HC 浓度，由于受到其他共存气体的影响，所以使用固体滤光片，巧妙地利用了正己烷红外线吸收光谱。因此，样品室内共存的 CO、CO_2、NO_x 等和 HC 以外的气体所产生的红外线被吸收，再经检测器窗口的选择和去除，仅让具有 HC3.4μm 附近的波长到达检测室内。HC 被封入检测器，样品室中的 HC 吸收量也就被检测器检测出来。

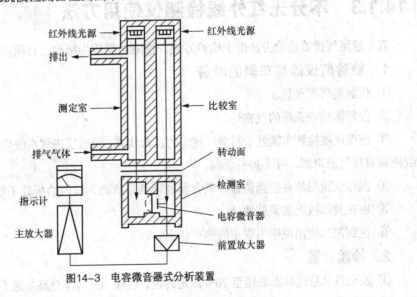

图14-3 电容微音器式分析装置

目前常用四气体或五气体分析仪。五气体分析仪可以同时检测 CO、CO_2、HC、NO_x 和 O_2 五种气体，比四气体分析仪多一个氮氧化物（NO_x）。

五气体分析仪其中 CO、CO_2、HC 通过上述原理来测定，可获得足够的测试精度，而 NO_x 与 O_2 的浓度通过测试通道中设置氧传感器和一氧化氮传感器测定。

氧传感器可分为氧化锆型和氧化钛型两种。其基本形式是包括一个电解质阳极和一个空气阴极组成的金属，空气有限度渗透型电化学电池。

以氧化锆氧传感器为例，如图 14-4 所示。中间的陶瓷氧化锆为电离式导体，其两个表面各镀一层铂膜作为电极。在接触排气的一侧带有多孔性的陶瓷保护层，另一侧直接接触大气。在 400℃以上的高温时，若氧化锆内表面处空气中氧的浓度与外表面处排气中氧的浓度有很大差别，氧化锆元件内外侧两个铂电极之间将会产生电压。当汽油机混合气稀时，排气中氧的含量高，电压很低（接近 0V）；反之，混合气浓时，在排气中几乎没有氧，电压高（约 1V）。

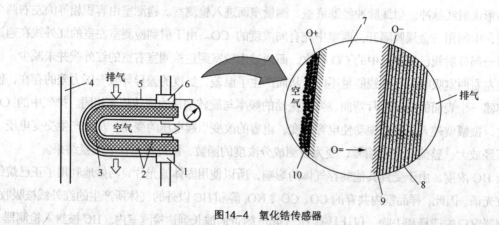

图14-4　氧化锆传感器

14.1.3　不分光红外线检测仪使用方法

双怠速尾气排放检验方法由于检验方便，检测结果较为精确，目前应用最为广泛。

1. 检验前仪器和车辆的准备

① 仪器应事先预热。

② 仪器需检查系统的气密性。

③ 应保证被检测车辆处于制造厂规定的正常状态，发动机进气系统应装有空气滤清器，排气系统应装有排气消声器，并不得有泄漏。

④ 汽车变速器放在空挡位置，离合器处于结合状态，油门踏板处于松开状态。

⑤ 应在发动机上安装转速计。

⑥ 达到汽车使用说明书规定的热车状态。

2. 检验步骤

① 发动机从怠速状态加速至 70% 额定转速，运转 30s 后降至高怠速（即 50% 额定转速）状态。

② 将取样探头插入排气管中，深度不少于 400mm，并固定在排气管上。维持 15s 后，取 30s 内的平均值作为高怠速污染物测量结果。对于使用闭环控制电子燃油喷射系统和三元催化转化器技术的汽车，还应同时读取过量空气系数（λ）的数值。

③ 发动机从高怠速降至怠速状态 15s 后，取 30s 内的平均值作为高怠速污染物测量结果，其平均值即为怠速污染物测量结果。

④ 若为多排气管时，则取各排气管高、低怠速排放测量结果的平均值。

⑤ 若车辆排气管长度小于测量深度时，应使用排气加长管，并保证接口不漏气。

3. 测量结果判定

① 如果检测污染物有一项超过规定的限值，则认为排放不合格。

② 由于该车是使用闭环控制电子燃油喷射系统和三元催化转化器技术的车辆，如果检测的过量空气系数（λ）超出相应要求，则认为排放不合格。

14.1.4 汽油机汽车检测标准

汽油机汽车尾气排放目前执行的标准主要有 GB 18352.3—2005《轻型汽车污染物排放限值及测量方法（中国Ⅲ、Ⅳ阶段）》、GB 18285—2005《点燃式发动机汽车排气污染物排放限值及测量方法（双怠速法和简易工况法）》，前者主要针对汽车型式试验，后者主要针对在用汽车。根据 GB 18285—2005《点燃式发动机汽车排气污染物排放限值及测量方法（双怠速法和简易工况法）》规定如下。

① 新生产汽车排气污染物排放限值。装用点燃式发动机的新生产的轻型汽车，型式核准和生产一致性检查的排气污染物排放限值见表 14-1。

表 14-1　　　　新生产汽车排气污染物排放限值（体积分数）

车　型	类　型			
	怠　速		高怠速	
	CO/%	HC/×10⁻⁶	CO/%	HC/×10⁻⁶
2005年7月1日起新生产的第一类轻型汽车	0.5	100	0.3	100
2005年7月1日起生产的第二类轻型汽车	0.8	150	0.5	150
2005年7月1日起新生产的重型汽车	1.0	150	0.7	200

② 在用汽车排气污染物排放限值。装用点燃式发动机的在用汽车，排气污染物排放限值见表 14-2。

表 14-2　　　　在用汽车排气污染物排放限值（体积分数）

车　型	类　型			
	怠　速		高怠速	
	CO/%	HC×10⁻⁶	CO/%	HC×10⁻⁶
1995年7月1日前生产的轻型汽车	4.5	1200	3.0	900
1995年7月1日起生产的轻型汽车	4.5	900	3.0	900
2000年7月1日起生产的第一类轻型汽车①	0.8	150	0.3	100
2001年10月1日起生产的第二类轻型汽车	1.0	200	0.5	150
1995年7月1日前生产的重型汽车	5.0	2000	3.5	1200
1995年7月1日起生产的重型汽车	4.5	1200	3.0	900
2004年9月1日起生产的重型汽车	1.5	250	0.7	200

注：①对于2005年5月3日以前生产的5座（含5座）的微型面包车，执行1995年7月1日起生产的轻型汽车的排放值

③ 过量空气系数要求。对于使用闭环控制电子燃油喷射系统和三元催化转化器技术的汽车进行过量空气系数的测定。发动机转速为高怠速转速时，过量空气系数应在 1.00 ± 0.03 或制造厂规定的范围内。进行测试前，应按照制造厂使用说明书的规定预热发动机。

14.2 柴油机排气污染物检测

柴油发动机的排气污染物的检测，我国现行的在用车排放检测方法。主要是自由加速试验排气可见污染物测量（用不透光度计）或自由加速试验烟度测量（用滤纸式烟度计）。这两种方法对于车辆有负载时的排放情况难以反映出来，尤其是对于近年为减少柴油车颗粒物排放而较多采用的涡轮增压技术的柴油车，由于其比自然吸气式的柴油车需要更长的起效时间，因而在使用自由加速法测量时反而较自然吸气式的柴油车的排放更高，这显然是不合理的。为了使检测更合理化，一些有条件的地区开始实施加载减速法，它是一种在模拟车辆负载运行时测量柴油机排气可见污染物的方法。

14.2.1 烟度计的检测原理与结构

1. 滤纸式烟度计

（1）滤纸式烟度计的检测原理

滤纸式烟度计通过检测测量介质被所测量烟度污染的程度大小来间接得出烟度的大小。仪器的取样系统通过探头从柴油车的排气管内，在规定时间中，抽取规定容积废气，经过测量滤纸过滤，废气中的炭粒附着在过滤纸上，形成一个规定面积的烟斑。然后通过测量系统的光电测量探头对烟斑的污染程度进行测量，转化为电信号，经过放大、处理，再将测试结果通过显示装置显示出来。

（2）滤纸式烟度计的结构

如图 14-5 所示，滤纸式烟度计由采样器和检测器两部分组成。采样抽气系统由抽气气缸、抽气电机、取样探头以及气路管道系统和控制电路组成。采样控制电路的控制下，电机带动气缸运动，气缸通过气路管道系统，取样枪从柴油车的排气管内抽取规定容积的废气，并通过测试过滤纸过滤，完成采样过程。

测量系统主要由走纸机构、压纸机构、光电测量探头以及测量电路和结果显示电路组成。测量时压纸机构张开，走纸电机带动走纸机构，将被采样系统污染后的测试过滤纸带到光电测量探头（见图 14-6）下，光电测量探头对其进行测量，通过其内部的测量装置，光电池将滤纸污染程度转化为电信号，经过测量电路放大处理，最后通过显示电路在数字表上将测量结果显示出来。

ISO10054 规定：滤纸式烟度计烟度单位是 FSN。代表染黑度，数值范围为 0 ~ 10，空白滤纸的烟度为 0 FSN，全黑滤纸的烟度为 10FSN。

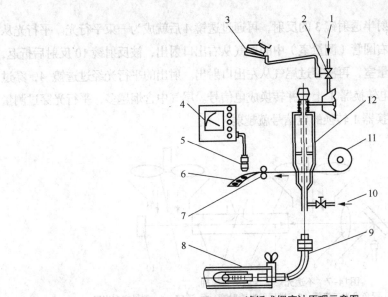

图14-5 滤纸式烟度计原理示意图
1—压缩空气 2—电磁阀 3—脚踏开关 4—指示仪表 5—光电传感器
6—滤纸 7—步进电机 8—汽车排气管 9—取样探头 10—清扫用压缩空气 11—滤纸卷 12—抽气泵

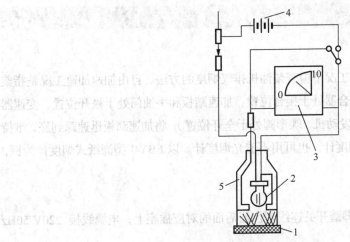

图14-6 检查系统
1—滤纸 2—光源 3—指示表 4—电源 5—环形光电管

2. 不透光烟度计

不透光烟度计（又称消光式烟度计、透射式烟度计）是利用透光衰减率来测量排气烟度的典型仪器。其原理是使光束通过一段给定长度的排烟管，通过测量排烟对光的吸收程度来确定排烟对环境的污染程度，是一种直接测量的计量仪器，如图14-7所示。测量单元的测量室是一根分为左右两部分的圆管，被测尾气从中间的测量室入口 7 进入，分别穿过左圆管和右圆管，从测量室左出口 5 和测量室右出口 8 排出。透镜 4 装在左出口的左边，反射镜 10 装在右出口的右边。透镜 4 的左侧是一个放置成 45° 的半反射半透射镜 3。半反射半透射镜 3 的下方是绿色发光二极管 2，左边是光电转换器 1。绿色发光二极管 2 及光电转换器 1 到透镜 4 的光程都等于透镜 4 的焦距。因此，绿色发光二极管 2 发出的光经过半反射半透射镜 3 的反射，再通过透镜 4 后就成为一束平行光。平行光从测量室的左出口进入，穿过左右圆管（测量室）中的尾气从右出口射出，被反射镜 10′反射后折返，从测量室的右出口重新进入测量室，再次穿过尾气从左出口射出。射出的平行光经过透镜 4，穿过半反射半透射镜 3，聚焦在光电转换器 1 上，并转换成电信号。尾气中含烟越多，平行光穿过测量室的光能衰减越大，经光电转换器 1 转换的电信号就越弱。

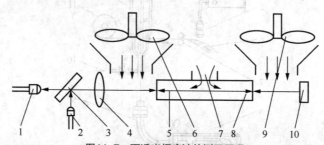

图14-7　不透光烟度计的测量原理

1—光电转换器　2—绿色发光二极管　3—半反射半透射镜　4—透镜　5—测量室左出口
6—左风扇　7—测量室入口　8—测量室右出口　9—右风扇　10—反射镜

14.2.2　检测方法

1. 自由加速法

自由加速法是指在自由加速加速工况下检查柴油机排气烟度的方法。自由加速加速工况是指柴油机处于怠速工况（发动机运转、离合器处于接合位置、加速踏板和手油门处于松开位置、变速器处于空挡位置、具有排气制动装置的发动机，蝶形阀处于全开位置），将加速踏板迅速踩到底，维持 4s 后松开。测量设备可以用滤纸式烟度计，也可用不透光烟度计。以 FBY-1 型滤纸式烟度计为例，测量方法和步骤如下。

（1）测量前准备

① 连接电源线，将取样软管和脚踏开关连线到仪器后面的对应插座上，电源线接 220V/50Hz 交流电源，电源插板要可靠接地。

② 装滤纸，将抽气泵活塞压下，把滤纸依次穿过夹纸机构、光电检测器和走纸轮，然后从出纸口导出。

③ 开启"电源"及"光源"开关，预热 5min，用"粗调"和"细调"电位器旋钮将指针调至 0 附近（调节电位器旋钮时，必须将旋钮压下）。

④ 把被测柴油车预热到正常使用温度。

（2）仪器校准

将标准烟度卡从校准口插入，插入前先将拉杆向下拉，烟度卡正面朝上插到底，标准烟度卡必须插在滤纸之上。按下并旋转"粗调"和"细调"旋钮，将表头指针调到标准烟度卡的标称值处，然后取出标准烟度卡，校准工作完毕。取出标准烟度卡后，不管表头指针是否指零，不得再调"粗调""细调"旋钮。

（3）测量

将取样软管的取样探头用夹持器紧固在汽车排气管内，并使其中心线与排气管轴线平行，如图14-8 所示。探头插入深度 300mm，测量前由怠速工况将油门踏板急速踏到底，约 4s 迅速松开，如此重复 3 次，然后开始测量。

测量开始前，将脚踏开关固定在油门踏板上端，压下抽气泵活塞，将抽气选择开关拨到"脚踏抽气"的位置，走纸选择开关和清洗选择开关可根据需要选择"自动"或"手动"。测量时，将油门踏板与脚踏开关一并迅速踏到底，至4s 时迅速松开油门踏板和脚踏开关，待"复位"指示灯亮后，将抽气泵活塞压下（复位），完成走纸和清洗工作。此时即可从表头上读取测量值。相隔 15s 左右脚踏板上指示灯亮，重复上述测量过程，要求测量 3 次，取 3 次读数的算术平均值作为测量结果。

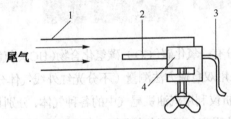

图14-8 取样探头安装方法
1—汽车排气管 2—取样探头 3—软管 4—夹持器

（4）检测中注意事项

① 保证管接头部位密封良好，检测部分与滤纸紧密接触，均无漏气现象。

② 踏板触发开关必须可靠安装在加速踏板上，以保证抽气动作与自由加速工况同步。

③ 每完成一次测量循环后，应用压力为 0.3～0.4MPa 的压缩空气吹净采样管路。

2. 加载减速法

该方法在 3 个加载工况点进行测试。3 个测量点分别是 VelMax—HP、90% 的 VelMaxHP、80% 的 VelMaxHP（最大轮边功率时的转鼓线速度记作 VelMaxHP，轮边功率是指汽车在底盘测功机上运转时驱动轮实际输出功率的测量值）。测试时采样探头插入机动车排气管中，插入深度不得低于 400mm，接好不透光烟度仪，3 组测试数据都包括轮边功率、发动机转速和光吸收系数。只有轮边最大功率、发动机转速范围和光吸收系数均满足标准限值，排放测试才判定为合格。

3. 全负荷稳定转速法

此方法是在发动机全负荷稳定转速下测量发动机排气的光吸收系数。进行足够数量转速工况点测量，其范围在最高额定转速和最低额定转速之间且适当分布，其中测量点包含最大功率转速和最大扭矩转速。

4. 检测标准

根据 GB 3847—2005《车用压燃式发动机和压燃式发动机汽车烟度排放限值及测量方法》规定：新生产汽车，按自由加速法试验，所得的排气吸收系数不应大于该汽车类型核准批准的自由加速排气烟度排放限值 $0.5m^{-1}$。

在用汽车排气烟度按表 14-3 所列限值执行。

表 14-3 在用柴油汽车自由加速排气烟度限值标准

车辆类型	光吸收系数（m^{-1}）/烟度（Rb）
2005 年 7 月 1 日起生产的在用汽车	该汽车行驶核准批准的自由加速排气烟度排放限值加 $0.5\ m^{-1}$
2001 年 7 月 1 日起生产的在用汽车	$2.5\ m^{-1}$（自然吸气式）；$3.0\ m^{-1}$（涡轮增压式）
1997 年 7 月 1 日至 2001 年 9 月 30 日期间生产的在用汽车	4.5 Rb
1995 年 6 月 30 日以前生产的在用汽车	5.0 Rb

小结

1. 汽车尾气主要有害成分有一氧化碳（CO）、碳氢化合物（HC）、氮氧化合物（NO_x）和微粒（PM）。

2. 汽油机尾气检测常采用双怠速方法测量（不分光红外线气体分析仪）。

3. 不分光红外线气体分析仪利用汽油机尾气中的各种气体，分别具有能吸收一定波长范围红外线的性质以及红外线被吸收的程度与尾气浓度之间成正比关系的原理，来检测尾气中各污染物的浓度。在各种气体混合在一起的情况下，测量值也不受影响。

4. 柴油机排放检测方法主要是自由加速试验排气可见污染物测量（用不透光烟度计）或自由加速试验烟度测量（用滤纸式烟度计）。

5. 滤纸式烟度计通过检测测量介质被所测量烟度污染的程度大小来间接得出烟度的大小。

6. 不透光烟度计（又称消光式烟度计、透射式烟度计）利用透光衰减率来测量排气烟度。

习题

1. 简述不分光红外线分析法检测尾气的基本原理。

2. 如何利用不分光红外线分析仪检测汽油车的尾气？

3. 简述滤纸式烟度计检测尾气的工作原理。

4. 如何利用滤纸式烟度计检测柴油车的尾气？

第15章

汽车底盘功率检测

- 了解汽车底盘测功试验台的检验原理
- 了解知道汽车底盘测功试验台检测标准
- 了解底盘测功试验台的功用

汽车底盘测功试验台结构及原理

15.1.1 汽车底盘测功试验台结构及原理

底盘测功指的是汽车驱动车轮输出功率或驱动力的检测。底盘测功达到为了获得驱动车轮的输出功率或驱动力，以便评价汽车的动力性的目的；也可以用获得的驱动车轮的输出功率与发动机飞轮输出的功率进行对比，并求出传动效率，以便判定底盘传动系的技术状况。

底盘测功在滚筒式试验台上进行，该试验台通常称为底盘测功试验台或底盘测功。滚筒式底盘测功试验台，一般由框架、滚筒装置、举升装置、测功装置、测速装置、控制与指示装置和辅助装置等组成，集合在控制指示柜和机械部分两大部分（见图15-1），其机械部分结构如图15-2所示。

1. 框架与滚筒装置

底盘测功试验台的滚筒相当于连续移动的路面，被测车辆的车轮在其上滚动。这种试验台有单滚筒和双滚筒之分，如图15-3所示。

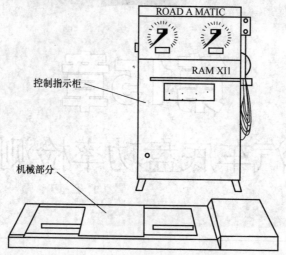

图15-1   RAM XII底盘测功试验台

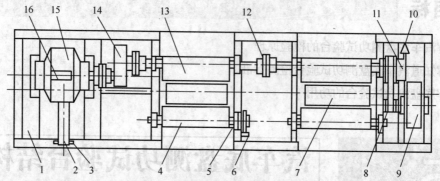

图15-2   底盘测功试验台机械部分结构图

1—框架   2—测力杠杆   3—压力传感器   4—副滚筒   5—轴承座   6—速度传感器   7—举升装置   8—传动齿轮
9—飞轮   10—电刷   11—离合器   12—联轴器   13—主滚筒   14—齿轮箱   15—电流测功器   16—冷却水入口

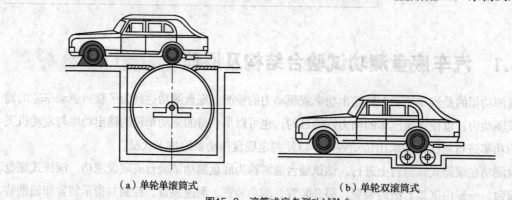

（a）单轮单滚筒式   （b）单轮双滚筒式
图15-3   滚筒式底盘测功试验台

（1）单滚筒试验台

支承两边驱动车轮的滚筒各为单个的试验台，称为单滚筒试验台，如图 15-3（a）所示。单滚筒试验台的滚筒直径一般较大，多在 1500～2500mm 之间。滚筒直径越大，车轮在滚筒上就越像在平路上滚动，使轮胎与滚筒的滑转率小、滚动阻力小，因此测试精度高。但加大滚筒直径会受到制造、安装、占地面积和费用等多方面的限制，因此滚筒直径不易过大。

单滚筒试验台对车轮在滚筒上的安放定位要求严格，而车轮中心与滚筒中心在垂直平面内的对中比较困难，故使用不方便。所以，这种试验台仅适用于汽车制造厂、科研单位和大专院校，不适用于维修企业等生产单位。

（2）双滚筒试验台

支撑汽车两边驱动车轮的滚筒各为两个的试验台，称为双滚筒试验。如图 15-3（b）所示，双滚筒试验台的滚筒直径要比单滚筒小得多，一般在 185～400mm 之间，致使滑转率增大，滚动阻力增大，滚动损失增加，故测试精度低。滚筒直径往往随试验台的试验车速而定，试验车速达 160km/h 时，滚筒直径不应小于 300mm；试验车速达 200km/h 时，滚筒直径不应小于 350mm。

双滚筒试验台具有车轮在滚筒上的安放定位方便和制造成本低等优点。因而适用于维修企业等生产单位，尤其是单轮双滚筒式，应用广泛。

双滚筒试验台的滚筒多采用钢质材料制成，采用空心结构。按其表面形状不同，又有光滑式、滚花式、沟槽式和涂覆层式多种形式。

双滚筒式底盘测功试验台还有主，副滚筒之分。与测功器相连的滚筒为主滚筒，左右两个主滚筒之间装有联轴器，左右两边的副滚筒处于自由状态。

框架是底盘测功试验台机械部分的基础，由型钢焊接而成，安装在地坑里。

2. 举升装置

为方便汽车进出底盘测功试验台，在主、副滚筒之间设有举升装置。举升装置由举升器和举升平板组成。举升器有气动、液动和电动 3 种形式，以气动最为多见。气动举升器又有汽缸式和气囊式之分。

3. 测功装置

测功装置能测量发动机经传动系传至驱动车轮的功率。测功装置也是一个加载装置，这对于滚筒式测功试验台是十分必要的。这是因为汽车在滚筒试验台上检测时，试验台应模拟车辆在道路上行驶所受的各种阻力，因此需要对滚筒加载，以使车辆的受力情况如同在实际道路上行驶一样。

滚筒式底盘测功试验台常用的测功装置有水力测功器、电力测功器和电涡流测功器 3 种。汽车检测站和汽车维修企业使用的滚筒式底盘测功试验台，大多采用电涡流测功器。电涡流测功器具有测量精度高、振动小、结构简单和易于调控等优点，并具有宽广的转速范围和功率范围。

4. 测速装置

底盘测功试验台在进行测功、加速、等速、滑行和燃料经济性等试验时，都需要测得试验车速，因此必须配备测速装置。测速装置多为电测式，一般由速度传感器、中间处理装置和指示装置组成。常见的速度传感器有磁电式、霍尔式、光电式和测速发电机等形式，它们安装在副滚筒一端，随滚筒一起转动，能把滚筒的转动转变为电信号。

5. 控制与指示装置

底盘测功试验台的控制装置和指示装置往往制成一体，形成柜式结构，安置在机械部分左前方易于操作和观察的地方。如果测力装置为电测式，指示装置能直接指示驱动车轮的输出功率。特别是计算机控制的底盘测功试验台，测力杠杆下测力传感器输出的电信号送入计算机处理后，可在指示装置上直接显示功率数。测力装置为机械式的试验台，其指示装置仅能指示驱动车轮的驱动力。此时，驱动车轮的输出功率应根据测得的驱动力和对应的试验车速按公式（15-1）计算。

$$P_K = \frac{F_t v}{3600} \qquad (15\text{-}1)$$

式中：P_K 为驱动车轮的输出功率，单位为 kW；v 为试验车速，km/h。

DCG—IOC 型汽车底盘测功试验台控制指示柜面板，如图 15-4 所示。可以看出，控制指示柜面板上有多个按键、显示窗、旋钮和功能灯、单位灯、报警灯、指示灯和发光管等，用来控制试验过程，指示试验结果。带有打印机的底盘测功试验台，可打印出测试的数据和曲线。

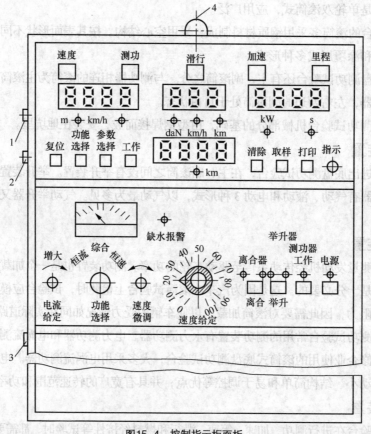

图 15-4　控制指示柜面板

1—取样盒插座　2—打印机数据线插孔　3—打印机电源线插座　4—报警灯

6. 辅助装置

底盘测功试验台的辅助装置，包括汽车的纵向约束装置和冷风装置等。

（1）纵向约束装置

汽车在底盘测功试验台上试验时，为防止汽车前后移动，应设置必要的纵向约束装置。双滚筒试验台一般不设置纵向约束装置，或必要时在从动车轮前后加装三角木就可以保证试验顺利进行。对于单滚筒试验台，由于要保证驱动车轮在滚筒上运转时能稳定地置于准确位置，只有三角木是不够的，还必须在汽车前后设置能拉紧汽车的钢质索链。三角木和钢质索链均称为纵向约束装置。

（2）冷风装置

汽车在滚筒式底盘测功试验台上模拟道路行驶时，虽然驱动车轮在滚筒上滚动，但汽车并不发生位移，因而缺少迎面风，致使发动机冷却系的散热强度相对不足。特别当长时间处于大负荷、全负荷试验工况时，发动机易过热，必须在汽车前面面对散热器设置移动式冷风机，以加强冷却。长时间试验也提高了轮胎的工作温度，为延长轮胎的使用寿命，在驱动桥两侧面，对驱动轮亦应设置移动式冷风机。

滚筒式底盘测功试验台除以上装置外，为了检测汽车的减速工况和加速工况，有的还装有飞轮装置，来模拟汽车行驶时的惯性。飞轮由滚动轴承支撑在框架上，通过离合器与主滚筒连接。

轿车的动力性按额定转矩工况进行检测和评价，其他车辆按动力性规定的两种合格条件中任选一种工况进行检测和评价。

15.1.2　检测诊断标准

对于营运车辆，根据 GB 18565—2001《营运车辆综合性能要求和检验方法》规定，驱动轮输出功率检测工况，采用汽车发动机额定转矩和额定功率时的工况，即发动机全负荷与额定转矩转速和额定功率转速所对应的直接挡（无直接挡时，指传动比最接近于 1 的挡）车速构成的工况。

在驱动轮输出功率检测工况下，采用校正驱动轮输出功率与相应的发动机输出总功率的百分比作为驱动轮输出功率的限值。

$$\eta_{V_m} = \frac{P_{V_{m0}}}{P_m} \qquad （15\text{-}2）$$

$$\eta_{V_P} = \frac{P_{V_{P0}}}{P_e} \qquad （15\text{-}3）$$

式中：η_{V_m} 为汽车在额定转矩工况下的校正驱动轮输出功率与额定转矩功率的百分比；η_{V_P} 为汽车在额定功率工况下的校正驱动轮输出功率与额定功率的百分比；$P_{V_{m0}}$ 为汽车在额定转矩工况下的校正驱动轮输出功率，单位为 kW；P_m 为汽车在额定功率工况下的校正驱动轮输出功率，单位为 kW；$P_{V_{P0}}$ 为发动机在额定转矩工况下的输出功率，单位为 kW；P_e 为发动机的额定功率，单位为 kW。

动力性合格条件

$$\eta_{V_m} \geqslant \eta_{ma} \qquad （15\text{-}4）$$

或

$$\eta_{V_P} \geqslant \eta_{Pa} \qquad （15\text{-}5）$$

式中，η_{ma} 为汽车在额定转矩工况下的校正驱动轮输出功率与额定转矩功率的百分比的允许值；η_{Pa} 为汽车在额定功率工况下的校正驱动轮输出功率与额定功率的百分比的允许值。

轿车的动力性按额定转矩工况进行检测和评价，其他车辆按动力性规定的两种合格条件中任选一种工况进行检测和评价。

国产营运车辆的校正驱动轮输出功率的限值见表 15-1。

表 15-1　　　　　　　　　　　　汽车驱动轮输出功率的限值

汽车类型	汽车型号		额定转矩工况		额定功率工况	
			直接挡检测车速 $V_M/$（km/h）	校正驱动力输出功率/额定转矩功率的限值 $\eta_{ma}/(\%)$	直接挡检测速度 $V_P/$（km/h）	校正驱动轮输出功率额定转矩功率的限值 $\eta_{Pa}/(\%)$
载货汽车	1010、1020 系列	汽油车	60	50	90	40
	1010、1020 系列	汽油车	60	50	90	40
		柴油车	55	50	90	45
	1010、1020 系列	汽油车	60	50	90	40
		柴油车	50	50	80	45
	1070、1080 系列	柴油车	50	50	80	45
	1090 系列	汽油车	40	50	80	45
		柴油车	55	50	80	45
	1100、1110、1120、1130 系列	柴油车	50	45	80	40
	1140、1150、1160 系列	柴油车	50	50	80	40
	1170、1190 系列	柴油车	55	50	80	40
半挂列车[①]	10t 半挂列车系列	汽油车	40	50	80	45
		柴油车	50	50	80	45
	15t、20t 半挂列车系列	柴油车	45	45	70	40
	25t 半挂列车系列	柴油机	45	50	75	40
客车	6600 系列	汽油机	60	45	85	35
		柴油机	45	50	75	40
	6700 系列	汽油机	50	40	80	35
		柴油机	55	45	75	35
	6800 系列	汽油机	40	40	85	35
		柴油机	45	45	75	35

续表

汽车类型	汽车型号		额定转矩工况		额定功率工况	
			直接挡检测车速 V_M/（km/h）	校正驱动力输出功率/额定转矩功率的限值 η_{ma}/（%）	直接挡检测速度 V_p/（km/h）	校正驱动轮输出功率额定转矩功率的限值 η_{Pa}/（%）
客车	6900 系列	汽油机	40	40	80	40
		柴油机	60	45	85	45
	6100 系列	汽油机	40	50	85	35
		柴油机	40	40	85	35
	6110 系列	汽油机	60	45	85	35
		柴油机	55	50	80	35
	6120 系列	柴油机	60	40	90	35
轿车	夏利、富康		95/65[2]	40/35[2]	—	—
	桑塔纳		95/65[2]	45/40[2]	—	—

注：5010～5040 系列箱式货车和罐式货车驱动轮输出功率的允许值按同系列普通货车的允许值下调 2%；其他系列箱式货车和罐式货车驱动轮输出功率的允许值按同系列普通货车的允许值下调 4%。

①半挂列车是按质量分类；

②为汽车变速档使用三挡时的参数值

15.2 底盘测功试验台的使用方法

底盘测功试验台的型号不同，形式不同，使用方法也不相同。因此，在使用之前应认真阅读使用说明书，下面介绍常见的使用方法。

1. 确定测功项目

因为汽车最大车速对应发动机标定功率，所以确定测功项目为发动机额定功率下驱动车轮的输出功率或驱动力。

2. 车辆准备

汽车开上底盘测功试验台以前，必须通过路试走热全车，然后调试发动机供油系、点火系达到最佳工作状态。发动润滑油底壳中润滑油的油面高度应在允许范围内；冷却系统正常工作；冷却水温到正常的运行温度；检查并紧固传动系、车轮的连接情况，自动变速器中液压油的液面应在规定的范围内；检查轮胎气压并使达到汽车制造厂的规定值，不允许轮胎花纹中夹有石子。

3. 测功步骤

① 打开试验台电源，检查举升装置是否升起，惯性模拟系统是否脱开。

② 车辆空载。关闭空调等一切非运行所必需的耗能装置。行驶汽车，将被测驱动轮置于两滚筒

之间，放下举升平板，并视需要用系留装置和挡块对车辆进行纵向约束，打开试验台在汽车发动机前及驱动轮附近的冷却风扇。

③ 将试验台"速度给定"旋钮打到选定的速度刻线上，"功能选择"旋钮打到"恒速"上，将变速器挂入直接挡。松开手制动，踩下加速踏板，在逐渐增大节气门到所需位置的同时，控制装置能自动调控励磁电流，使汽车在选定的车速下恒速测功。使发动机在节气门全开的情况下以额定转速运转。待发动机转速稳定后，读取并打印驱动车轮的输出功率值、车速值。该功率即为驱动车轮的最大输出功率。

4. 注意事项

① 超过试验台允许轴重或轮重的车辆，一律不准上试验台检测。

② 检测过程中，切勿拨弄举升器托板操纵手柄，车前严禁站人，确保检测安全。

③ 检测最大功率和最大扭矩相应转速工况下的驱动输出功率时，一定要开启冷却风扇，并密切注意各种异响和发动机的冷却水温。

④ 磨合期的新车和大修车，免检最大功率对应转速下的驱动轮功率。

⑤ 验台不测试期间，上面不要放置车辆。

1. 底盘测功是对汽车驱动车轮输出功率或驱动力的检测，用于评价汽车动力性的好坏。

2. 底盘测功试验台由框架、滚筒装置、举升装置、测功装置、测速装置、控制与指示装置以及辅助装置等组成。

3. 单滚筒试验台测试精度高，但对车轮在滚筒上的安放定位要求严格。

4. 双滚筒试验台具有车轮在滚筒上的安放定位方便和制造成本低等优点。因而适用于维修企业等生产单位，尤其是单轮双滚筒式，应用广泛。

1. 简述底盘测功试验台的结构与工作原理？

2. 底盘测功机有何作用？

3. 简述底盘测功试验台的使用方法和加速测功原理？

Chapter

16

第16章

| 其他项目检测 |

| 学习目标 |

- 了解车速表、侧滑试验台、声级计的结构、工作原理
- 掌握侧滑量的产生及其检测原理
- 了解车速表、侧滑、声级计的测试方法
- 熟悉车速表、侧滑、噪声的测试标准

16.1 汽车车速表检测

驾驶员通过车速表来判断车速。由于汽车的制动距离与制动时的初速度的平方成正比，车辆行驶速度越高，越容易发生交通事故。因此正确掌握车辆行驶速度十分必要。如果车速的误差过大，驾驶员就很难准确掌握车速，容易误判。为了保障行车安全，车速表的指示误差是汽车安全检测中的必检项目之一。

| 16.1.1 车速表的构造

车速表一般与里程表组合在一起，称为车速里程表。常用磁感应式和电子式两种类型。

1. 磁感应式车速表

如图 16-1 所示，变速器输出轴驱动的软轴 4 与车速里程表相连，软轴驱动车速表内的永久磁铁 5 旋转，使感应盘 6 切割磁力线产生涡流，建立涡流磁场。涡流磁场与永久磁铁的旋转磁场相互作用，使感应盘产生转动力矩，在转动力矩的作用下，感应盘的转角随永久磁铁转速的升高而增大，指针轴 9 和车速表指针 11 与感应盘一起转动，这样就指示了行车速度。

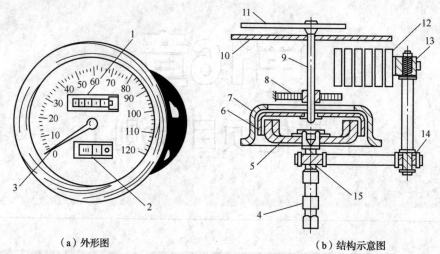

（a）外形图   （b）结构示意图

图16-1　磁感应式车速里程表

1—总里程表　2—单程里程表　3—指针　4—车速里程表驱动轴　5—永久磁铁　6—指针活动盘　7—磁屏
8—游丝　9—指针轴　10—表盘　11—车速表指针　12—里程表计数轮　13、14、15—里程表蜗杆传动副

在车速表内，零件的磨损、游丝弹力减弱、磁铁磁场强度下降、磁铁与感应盘之间的间隔发生变化及轮胎的磨损，都会造成车速表的指示误差。

2. 电子式车速里程表

汽车行驶时，车速传感器产生对应于某车速的频率脉冲信号传递给车速表电路，经过电子电路处理，得到随信号频率变化的电流，流经车速表线圈，线圈处于恒定磁场中，通电线圈在磁场中所受力大小随电流增大而增大，这样与线圈连在一起的转速表指针与其上的弹簧力平衡后，所处位置即反映车速大小。

16.1.2　车速表试验台

1. 车速表试验台的结构

车速表试验台按有无驱动装置可分标准型与电驱动型两种。标准型试验台无驱动装置，它靠被测汽车驱动车轮带动滚轮旋转；电机驱动型试验台由电动机驱动滚筒旋转，再由滚筒带动车轮旋转。此外，还有把车速表试验台与制动试验台或底盘测功机组合在一起的综合试验台。

（1）标准型车速试验台

该试验台由速度测量装置、速度指示装置和速度报警装置等组成，如图 16-2 所示。

① 速度测量装置。速度测量装置由滚筒、速度传感器和举升器组成。滚筒分为两组共 4 个，通过滚动轴承安装在框架上。试验时为防止汽车差速器齿轮滑转，试验台的两前滚筒用联轴器连接在一起。速度传感器一般采用测速发电机（现在较多用光敏管或霍尔传感器），装在滚筒的一端，将对应于滚筒转速所发出的电压信号（或脉冲信号处理后）送到速度指示装置。

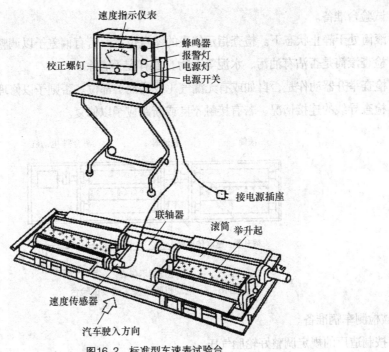

速度指示仪表

蜂鸣器
报警灯
电源灯
电源开关

校正螺钉

接电源插座

联轴器

滚筒 举升起

速度传感器

汽车驶入方向

图16-2 标准型车速表试验台

为使汽车进出试验台方便，在前后滚筒之间设举升器。举升器多用气压驱动或液压驱动。举升器与滚筒制动装置联动，举升器升起时，滚筒被制动不能转动。

② 速度指示装置。速度指示装置根据速度传感器传来的电信号（如电压或脉冲数）与滚筒外圆周长等参数，经处理后驱动指示装置指示以 km/h 为单位表示的车速。

③ 速度报警装置。速度报警装置是为判断车速表误差是否在合格范围内而设置的。一般有两种形式：一种用在试验台报警装置指示检测车速。当汽车实际车速达到某一值时，报警装置的报警灯发亮或蜂鸣器发响。指示驾驶员车辆已到检测车速，注意观察驾驶室指示值是否在合格范围内。另一种是指示仪表上涂成绿色区域表示指示值与实际车速误差的合格范围。试验时，汽车车速表指示值达到某一检测车速时，同时观察试验台速度指示值是否在合格的绿色区域内。

（2）电机驱动型车速表试验台

车速表的转速信号多数取自汽车变速器或分动器的输出轴，但对于后置发动机的汽车，由于车速表软轴过软出现传动精度和寿命等方面的影响问题，所有转速信号取目前从动轮。对这种汽车必须采取电动机驱动型车速表试验台。测试时由电动机驱动滚筒与前从动轮旋转，这种试验台往往在滚筒与电动机之间装有离合器，如图 16-3 所示。试验时，将离合器分离，这种试验台也可作为标准型试验台使用。

2. 车速表试验台使用

因型号不同，不同的车辆表试验台其用法也不同。因此，在使用前一定要认真阅读试验台《使用说明书》，按《使用说明书》的规定正确使用。一般的使用方法如下。

（1）检测前准备

① 试验台准备。

a. 滚筒处于静止状态下。检查指示仪表的零点位置，若有偏差予以调整。

b. 检查滚筒是否沾有油污、水泥等杂物，若有应予清除。

c. 检查举升器动作是否自如或有无漏气（或漏油）部位。否则予以修理。

d. 检查导线的连接情况，若有接触不良或断路应予以修复。

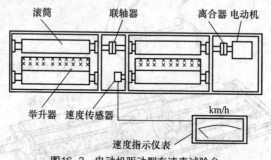

图16-3 电动机驱动型车速表试验台

②被检测车辆准备。

a. 按制造厂的规定调整好轮胎气压。

b. 清除轮胎上黏有的水、油、泥和嵌入轮胎花纹槽内的石子等杂物。

（2）检测方法

① 接通试验台电源。

② 升起滚筒间的举升器。

③ 被测车辆从其纵向中心线与滚筒轴线垂直的方向驶入试验台，使具有车速信号的车轮置于滚筒上。

④ 降下举升器至轮胎与举升器托板完全脱离为止。

⑤ 为安全起见，在车辆前方不得站人，并用挡块抵住处于试验台滚筒外的车轮。

⑥ 对于标准型车速表试验台检测方法如下。

a. 启动汽车，待汽车驱动轮在滚筒上稳定后，挂最高挡，踏下加速踏板使驱动轮平稳地加速运转。

b. 当汽车车速表的指示值达到规定的车速时，读取试验台速度指示值；或当试验台速度的指示值达到检测车速时，读取汽车车速表指示值。

⑦ 对于电驱动形式车速表试验台检测方法如下。

a. 连接试验台离合器，使滚筒轴与电动机枢轴相连接。

b. 汽车的变速器处于空挡，接通试验台电源电动机驱动滚筒旋转。

c. 当汽车车速表达到检测车速时，读取试验台速度表指示值。或当试验台指示值达到检测车速时，读取汽车车速表指示值。

⑧ 检测结束后，轻轻踩下汽车制动踏板，使滚筒停止旋转。对于电动机型试验台必须切断电源。

⑨ 降下举升器，去掉挡块，汽车驶离试验台。

⑩ 切断试验台电源。

3. 使用注意事项与试验台维护

（1）使用注意事项

① 检查汽车的轴荷，以保证待检汽车在试验台允许载荷范围内。

② 对于前轮驱动汽车，应在低速情况下操作方向盘确保汽车处于直行状态。然后　再加速到检测车速。切记不可汽车一上试验台就迅速加速。

③ 对电机驱动型车速表试验台，在不用驱动装置进行测试时，务必分离离合器，使滚筒与电动机脱开。

（2）试验台维护

① 每日检查。

检查试验台的外表面是否干净；检查电源是否安全接通；检查仪表设备是否完好。

② 季度维护。

除每日检查内容外还应进行下列检查。

a. 检查滚筒的运转情况，有无异响、损伤，运转是否平稳。

b. 检查联轴节是否松旷。

c. 检查传感器固定情况，接头有无松动。

d. 检查滚筒制动器的磨损情况，当举升器升起后，被检车辆驶离试验台时，车轮不应带动滚筒旋转。

③ 年度维护。

按《滚筒式汽车车速表检定规程》规定内容逐项检查，并进行相应的维护。检定规程滚筒式车速表检验台的技术要求如下。

a. 车速表检验台应有清晰的铭牌标志。

b. 显示仪表为数字显示时，显示正确、清晰，显示值保留时间不少于 8s。

c. 显示仪表为指针式时，表盘清晰指针运行平稳，不允许有松动和弯曲现象。

d. 机械、电气部分应完整无损，工作可靠。

e. 升降机构，工作协调平稳，不漏气（油）。

f. 滚筒表面完好，转动自如，轴承工作时无异响。

g. 外露焊缝平整，涂漆色泽均匀、光滑、美观。

h. 零值允许误差应小于 ± 1km/h。

4. 车速表检测原理

试验时汽车驱动轮置于滚筒上，由发动机经传动系驱动车轮旋转，车轮借助于摩擦力带动滚筒旋转。旋转的滚筒相当于移动的地面。以驱动轮在滚筒上旋转来模拟汽车在路面行驶时实际状态。通过滚筒端部带动速度传感器（光敏管、霍尔传感器）。光敏管、霍尔传感器等发出的脉冲数随滚筒转速增高而增加，而滚筒的转速与车速成正比，因此测速发电机的电压与车速成正比。车轮的线速度与滚筒的线速度相等。在试验时由试验台上的速度指示仪表显示的是汽车真实的速度。

车轮在滚筒上转动的同时，车速表的软轴由车变速器或分动器输出轴带动旋转，并在车速表上显示车速值，即车速表指示值。将上述试验台速度指示仪表上显示的真实车速值与车速表显示的车速指示值相比较即可求出车速表的误差。

5. 车速表检测标准

在《机动车运行安全技术条件》（GB 7258—2012）中，对汽车车速表的检查作了如下的规定。车速表指示车速 V_1（单位：km/h）与实际车速 V_2（单位：km/h）之间应符合下列关系式。

$$0 \leqslant V_1 - V_2 \leqslant \frac{V_2}{10} + 4$$

汽车车轮侧滑量的检测

如果汽车前轮或后轮只有前束，而没有车轮外倾角，并且车轮轴可伸缩，则汽车行驶 D 距离后，两轮之间距离由 L 变为 L'（见图 16-4）。由于车轮轴是刚性的，不可能发生变形，这样车轮表面与地面之间就会产生滑动摩擦。同样，如果汽车车轮只有车轮外倾角，而没有前束，并且车轮轴可伸缩，车轮会往外行驶，车轮表面与地面之间就会产生滑动摩擦。如将车轮轴看成可变形的轴时，汽车行驶 D 距离后，汽车两个前轮和两个后轮之间距离的改变量，称为汽车两个前轮或两个后轮的侧滑量。而以上两轮的侧滑量的一半称之为单轮的侧滑量。通常测量的是单轮侧滑量。

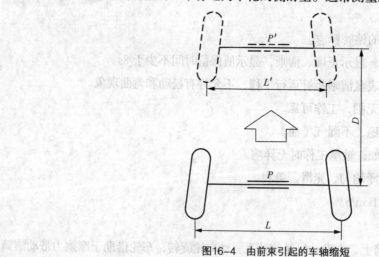

图16-4　由前束引起的车轴缩短

16.2.1　侧滑试验台的结构与工作原理

1. 侧滑试验台的结构

侧滑试验台是使汽车在滑动板上驶过时，用测量滑动板左右移动的方法来测量侧滑量的大小和方向，并判断是否合格的一种检测设备。目前，国内侧滑试验台有单板侧滑试验台和双板联动式侧滑试验台。

双板联动式侧滑试验台主要由机械和电器两部分组成，如图 16-5 所示。机械部分主要由两块滑板、联动机构、回零机构、滚轮及导向机构、限位装置及锁止机构、润滑机构组成。电器部分包括位移传感器和仪表。

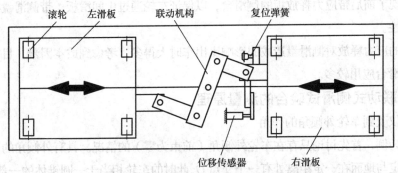

图16-5 双板联动式侧滑试验台结构示意图

（1）机械部分

左右两块滑板分别支撑在各自的 4 个滚轮上，每块滑板与其连接的导向轴承在轨道内滚动，保证了滑板只能沿左右方向滑动而限制了其纵向的运动。两块滑板通过中间的联动机构连接起来，从而保证了两块滑板作同时向内或同时向外的运动，相应的位移量通过位移传感器转变成电信号送入仪表。回零机构保证汽车前轮通过后，滑板能够自动回零。限位装置是限制滑板过分移动而超过传感器的允许范围，起保护传感器的作用。锁止机构能在设备空闲或设备运输时保护传感器。润滑机构能够保证滑板轻便自如地移动。

（2）电器部分

电器部分按传感器的种类不同而有所区别。目前常用的位移传感器有电位计式和差动变压器式两种。

① 电位计式测量装置。其原理非常简单，将一个可调电阻安装在侧滑试验台底座上，其活动触点通过传动机构与滑板相连，电位计两端输入一固定电压（5V），中间触点随着滑板的内外移动也发生变化，输出电压也随之在 0 ~ 5V 发生变化，把 2.5V 左右的位置作为侧滑台的零点。如果滑板向外移动，输出电压大于 2.5V，达到外侧极限位置，输出电压为 5V。如果滑板向内移动，输出电压小于 2.5V，达到内侧极限位置，输出电压为 0V。这样仪表就可以通过 A/D 转换将侧滑传感器电压转换成数字量，并送入单片机处理，得出侧滑量的大小。

② 差动变压器式测量装置初级线圈和次级线圈共用一根铁芯，在初级线圈内通有交流电，通过铁芯使次级线圈内产生感应电流。当滑板位移时，通过触头带动差动变压器线圈内的铁芯移动，改变了磁通量，会引起次级线圈电路电压发生变化。同样，仪表就可以通过 A/D 转换将侧滑传感器电压转换成数字量，并送入单片机处理，得出侧滑量的大小，并判断汽车侧滑量是否合格。

仪表可分为数字式和指针式两种，目前检测站普遍使用的是数字式仪表，数字式仪表一般为智能仪表，实际上也是一个单片机系统。

（3）释放板的作用

车轮在驶入侧滑台前，由于车轮侧滑量的作用，车轮与地面间接触产生的横向应力迫使车轮产生变形，在驶上侧滑板的瞬间将迅速释放并引起滑板移动量大于实际侧滑量引起的位移；在驶出滑板的瞬间已接触地面部分的轮胎将积聚应力阻碍滑板移动，从而使滑板位移量小于实际值。因此，近年来陆续出现了前后带应力释放板的侧滑台，以保证车轮通过中间滑板（带侧滑量检测传感器）时测量的准确性。

因进车时的应力释放对侧滑量造成的影响比出车时大得多，考虑到成本因素，目前在进车方向带释放板的侧滑台应用较多。

2. 双板联动式侧滑试验台的测量原理

（1）滑板仅受到车轮外倾角的作用

以右前轮为例，首先讨论只存在车轮外倾角（前束为零）的情况。具有外倾角的车轮，其中心线的延长线必定与地面在一定距离处有一个交点 O，此时的车轮相当于一圆锥体的一部分，如图 16-6 所示，在车轮向前或向后运动时，其运动形式均类似于滚锥。

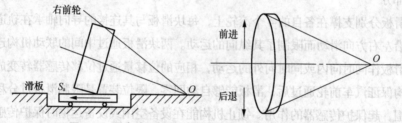

图16-6　具有外倾角的车轮在滑板上滚动的情况（右前轮）

具有外倾角的车轮在滑板上滚动时，车轮有向外侧滚动的趋势，由于受到车桥的约束，车轮不可能向外移动，从而通过车轮与滑板间的附着作用带动滑板向内运动，运动方向如图 16-7 所示。此时，滑板向内移动的位移量记为 S_a 即由外倾角所引起的侧滑分量。按照约定，具有外倾角的车轮，由于其类似于滚锥的运动情况，无论其前进还是后退时所引起的侧滑分量均为负。反之，由车轮内倾角引起的侧滑分量均为正。

（2）滑板仅受到车轮前束的作用

前束是为了消除具有外倾角的车轮类似于滚锥运动所带来的不良后果而设计的。

具有前束的车轮在前进时，由于车轮有向内滚动的趋势，但因受到车桥的约束作用，在实际前进驶过侧滑台时，车轮不可能向内侧滚动，从而会通过车轮与滑板间的附着作用带动滑板向外侧运动。此时，车轮在滑板上做纯滚动，滑板相对于地面有侧向移动，其运动方向如图 16-7（a）所示，此时测得滑板的横向位移量记为 S_t（由前束所引起的侧滑分量）。按照约定，前进时，由车轮前束引起的侧滑分量 $S_t \geq 0$。相反，仅具有负前束的车轮在前进时，由车轮负前束引起的侧滑分量 $S_t \leq 0$。

当具有前束的车轮后退时，若在无任何约束的情况下，车轮必定向外侧滚动，但因受到车桥的约束作用，虽然其存在着向外滚动的趋势，但不可能向外侧滚动，从而会通过其与滑板间的附着作用带动滑板向内侧移动，其运动方向如图 16-7（b）所示。此时测得滑板向内的位移记为 S_t。按照约定，仅具有前束的车轮在后退时，通过侧滑台所引起的侧滑分量 $S_t \leqslant 0$。相反，仅具有负前束的车轮在后退时，通过侧滑台所引起的侧滑分量 $S_t \geqslant 0$。

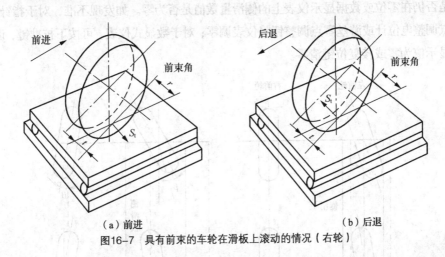

（a）前进　　　　　　　　　　　　　　（b）后退

图16-7 具有前束的车轮在滑板上滚动的情况（右轮）

综上可知，仅具有前束的车轮，在前进驶过侧滑台时所引起的侧滑量为正值；在后退时驶过侧滑台所引起侧滑量为负值。相反，仅具有负前束的车轮，在前进时驶过侧滑台时所引起的侧滑量为负值，在后退时驶过侧滑台所引起的侧滑量为正值。

（3）滑板同时受到车轮外倾角和前束的作用

汽车转向轮同时具有外倾角和前束值，在前进时由外倾所引起的侧滑分量 S_a 与由前束所引起的侧滑分量 S_t 的方向相反，因而两者有相互抵消趋势。在后退时两者方向相同，两分量有相互叠加趋势。

3. 单板侧滑试验台的测量原理

单板侧滑试验台仅用一块滑板，如图 16-8 所示。汽车左前轮从单滑板上通过，右前轮从地面上行驶。若右前轮正直行驶无侧滑即侧滑角 β 为零，而左前轮具有侧滑角 α 向内侧滑时，如图 16-8（a）所示，通过车轮与滑板间的附着作用带动滑板向左移动距离 b。若右前轮也具有侧滑角，右前轮相对左前轮同样也会向内侧滑。此时，滑动板向左移动距离 c，由于左前轮同时向内侧滑的量为 b，则滑动板的移动距离为两前轮向内侧滑量之和，即 $b+c$，如图 16-8（b）所示。上述距离 $b+c$ 可反映出汽车左右车轮总的侧滑量及侧滑方向。也就是说，采用单板侧滑台测量汽车的侧滑量时，虽然是一侧车轮从滑板上通过，但测量的结果并非是单轮的侧滑量，而是左右轮侧滑量的综合反映。此侧滑量与汽车驶过滑板时的偏斜度无关。根据这一侧滑量可以计算出每一边车轮的侧滑量为（$b+c$）/2。

16.2.2 侧滑试验台的使用

不同型号的侧滑台，其使用方法有所区别，应根据使用说明书制定操作规程。一般都应进行如下工作。

1. 检测前的准备

① 在不通电的情况下, 检查仪表指针是否在零位上; 接通电源, 晃动滑动板, 待滑动板停止后, 查看指引是否仍在零位或数据显示仪表上的侧滑量数值是否为零。如发现不准, 对于指针式仪表, 可以用零点调整电位计或游丝零点调整钮将仪表调零; 对于数显式仪表, 可按下校准键, 调零电阻, 使侧滑量显示值为零或接复位键清零。

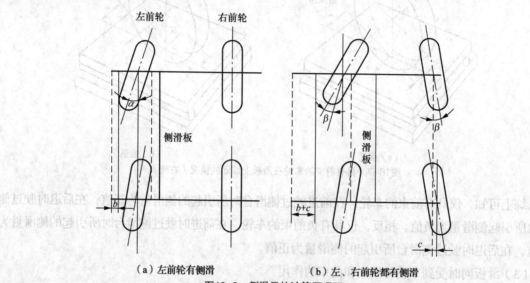

左前轮   右前轮

侧滑板

（a）左前轮有侧滑   （b）左、右前轮都有侧滑

图16-8   侧滑量的计算原理图

② 检查侧滑台及周围场地有无机油、石子、泥污等杂物, 并清除干净。

③ 检查各种导线有无损伤而造成接触不良的部位, 必要时应进行修理或更换。

④ 待检测车辆轮胎气压应符合各自的规定值（出厂标准）。

⑤ 检查并清除轮胎下的油污、水渍和嵌入的石子、杂物等。

2. 检测步骤

① 打开滑动板的锁止手柄, 接通电源。

② 将车辆正直居中驶近侧滑检验台, 并使转向轮处于正中位置, 在驱动状态以不高于 5km/h 的车速平稳通过侧滑检验台。速度过高会因台板的惯性力和仪表的动态响应迟滞而影响测量精度。速度过低也会引起失真误差。

③ 被测车轮从滑动板上完全通过时, 查看指示仪表, 读出最大值, 注意记下滑动板的运动方向, 即区别滑动板是向外还是向内滑动。进行记录时, 应遵循如下约定: 滑动板向外滑动, 侧滑量记为负值, 表示车轮向内侧滑动（即 IN）; 滑动板向内滑动, 侧滑量记为正值, 表示车轮向外侧滑动（即 OUT）。

④ 测量结束后, 锁止滑动板, 切断电源。

3. 检测时的注意事项

① 不允许超过允许吨位的汽车驶入侧滑台, 以防压坏和损坏易损机件或压弯滑板。

② 不允许汽车在侧滑台上转向或转动，因为会影响测量精度和检验台的使用寿命。

③ 前驱动的汽车在测试时，不应该突然加油、收油或踏离合器，这样会改变前轮受力状态和定位角，造成测量误差。

④ 不得在侧滑台上制动或停车。

⑤ 不要在试验台上进行车辆修理维护作业。

⑥ 清洁时，不要让水或泥土等杂物进入试验台，应保持侧滑台滑板下部的清洁，防止出现锈蚀或阻滞。

4. 检测标准

GB 7258—2012《机动车运行安全技术条件》规定：汽车（三轮汽车除外）的车轮定位应与该车型的技术要求一致。对前轴采用非独立悬架的汽车（前轴采用双转向轴时除外），其转向轮的横向侧滑量，用侧滑台检验时侧滑量值应在 ±5m/km 之间。前轴采用双转向轴时转向轮的横向侧滑量不作要求。

| 16.2.3　侧滑试验台在故障诊断中的应用 |

1. 判断前束过大还是过小

侧滑是由汽车前轮的外倾角和前束共同作用产生的，假设由外倾角产生的侧滑分量为 S_a，由前束产生的侧滑分量为 S_t，在外倾角及前束值不大的情况下，可以认为 S_a 和 S_t 在前进和后退过程中，侧滑分量数值不变。设车轮在前进时通过侧滑台所产生的侧滑量为 A，在后退时的侧滑量为 B，则可以得到下述结论。

当车轮存在外倾角和前束时：B 为负数，且 B 的绝对值大于或等于 A 的绝对值。

前进时：外倾时，S_a 为负数；内倾时，S_a 为正数。前束时，S_t 为正数；前张时，S_t 为负数。

后退时：外倾时，S_a 为负数，内倾时，S_a 为正数。前束时，S_t 为负数；前张时，S_t 为正数。

车轮侧滑检测的是车轮前束和车轮外倾的综合作用，与轮胎的异常磨损、车辆行驶的稳定性和安全性有密切的关系。在检测中如果向外侧滑超标，表明前束过大；如果向内侧滑超标，表明前束过小。绝大多数情况下侧滑不合格都可以通过前束调整来解决，但侧滑合格并不一定说明车轮定位符合设计要求，为了保障行车安全建议应通过系统定位调整来解决侧滑不合格问题。

2. 检测后轴技术状况

可用侧滑试验台检测后轮没有定位的汽车后轴是否弯曲变形和轮毂轴承是否松旷。

① 使汽车后轮从侧滑试验台滑动板上前进和后退驶过，如两次侧滑量读数均为 0，表明后轴无任何弯曲变形。

② 如两次侧滑量读数不为 0，且前进和后退驶过侧滑板后，侧滑量读数相等而侧滑方向相反，表明后轴在水平面内发生弯曲。

a. 若前进时滑动板向外滑动，后退时又向内滑动，说明后轴端部在水平面内向前弯曲。

b. 若前进时滑动板向内滑动，后退时又向外滑动，说明后轴端部在水平面内向后弯曲。

③ 如两次侧滑量读数不为 0，且前进和后退驶过侧滑板后，侧滑量读数相等而侧滑方向相同，表明后轴在垂直平面内发生弯曲。

a. 若滑动板向外滑动，说明后轴端部在垂直平面内向上弯曲。

b. 若滑动板向内滑动，说明后轴端部在垂直平面内向下弯曲。

④ 后轮多次驶过侧滑试验台滑动板，每次读数不相等，说明轮毂轴承松旷。

对于后轮有定位的汽车，仍可按上述方法检测后轴是否变形和轮毂轴承是否松旷，只是在检测结果中减去定位值，剩余值即为后轴弯曲变形造成的。

汽车噪声检测

汽车噪声是汽车运转过程中，汽车内部乘客或驾驶员及外界人员所感受到的声音，它直接影响人的舒适性。此外，汽车喇叭声大小还关系到汽车的行驶安全性。汽车噪声测量要注意测量条件，条件不同，测得的噪声大小也不一样。

16.3.1   汽车噪声的评价指标

噪声的主要物理参数有声压与声压级，它们是表示声音强弱的最基本参数。声压是由声波引起的压力增值。声音强弱取决于声压，声压越大，声音就越强。声压级是指某一点的声压 P 与基准声压 P_0 的比值，取常用对数再乘以 20 可得。表达式为

$$L_P = 20\log(P/P_0) \tag{16-1}$$

式中：L_P 为声压级，dB；P 为某一点测得的声压，Pa；P_0 为基准声压，Pa。

人耳对声音的感觉不仅与声压有关，还与声音的频率有关。人耳可听见声音的频率范围为 20~20000Hz。声压级相同的声音，如果频率不同，听起来就会不一样响。相反，不同频率的声音，即使声压级不同，有时听起来却一样响。所以用声压级测定的声音强弱与人们的生理感觉往往不一样，对噪声的评价常采用与人耳生理感觉相适应的指标。

16.3.2   汽车噪声的检测

GB 21561—2008 规定使用声级计检测喇叭声级是否符合规定。声级计是一种能把噪声以近似于人耳听觉特性测定其噪声级的仪器，可以用来检测机动车的行驶噪声、排气噪声和喇叭声级。根据测量精度不同可分为精密声级计和普通声级计两类；根据所用电源不同可分为交流式声级计和直流式声级计两类，后者也叫以称为便携式声级计，具有体积小、质量轻和现场使用方便等特点。声级计一般由传声器、放大器、衰减器、计权网络、检波器、指示表头和电源等组成。图 16-9 所示为我

国生产的 ND$_2$ 型精密声级计的外形图。声级计的组成方框图，如图 16-10 所示。

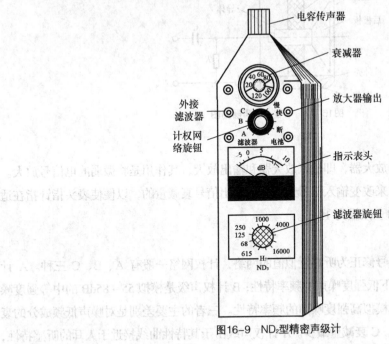

图16-9 ND$_2$型精密声级计

1. 传声器

传声器是将声波的压力转换成电压信号的装置，俗称话筒，是声级计的传感器。常见的传声器有动圈式、压电式和电容式等多种形式。

动圈式传声器由振动膜片、可动线圈、永久磁铁和变压器等组成。振动膜片受到声波压力作用产生振动，带动和它装在一起的可动线圈在磁场内振动而产生感应电流。该电流根据振动膜片受到声波压力的大小而变化。如声压越大，产生的电流就越大。

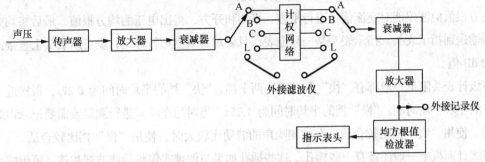

图16-10 声级计的组成方框图

电容式传声器（见图 16-11）由金属膜片和金属电极构成平板电容的两个极板，当膜片受到声压作用发生变形，使两个极板之间的距离发生变化，电容量也发生变化，从而实现了将声音转换为电信号的作用。

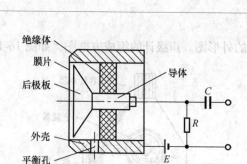

图16-11 电容式传声器简图

2. 放大器和衰减器

在放大线路中都采用两级放大器，即输入放大器和输出放大，其作用是将微弱的电信号放大。输入衰减器和输出衰减器是用来改变输入信号衰减器和输出信号衰减量的，以便使表头指针指在适当的位置上。衰减器每一挡的衰减量为10dB。

3. 计权网络

计权网络是一种能把电信号修正为听感近似值的网络，计权网络一般有A、B、C三种。A计权声级是模拟人耳对55dB以下低强度噪声的频率特性；B计权声级是模拟55～85dB的中等强度噪声的频率特性；C计权声级是模拟高强度噪声的频率特性。三者的主要差别是对噪声低频成分的衰减程度。A衰减最多，B次之，C衰减量最少。A计权声级由于其特性曲线接近于人耳的听感特性，因此目前世界上噪声测量中应用最广泛的一种计权声级，B、C计权声级已逐渐不再使用。

4. 检波器和指示表头

为了使经过放大的信号通过表头显示出来，声级计需要有检波器，以便把迅速变化的电压信号转变成变化较慢的直流电压信号。该直流电压的大小要正比于输入信号的大小。根据测量的需要，检波器有峰值检波器、平均值检波器和均方根值检波器之分。峰值检波器能给出定时间间隔中的最大值，平均值检波器能在一定时间间隔中测量其绝对平均值。除了像枪炮声这样的脉冲声需要测量它的峰值外，在多数的噪声测量中均采用均方根值检波器。

均方根值检波器能对交流信号进行平方、平均和开方，得出电压的均方根值，最后将均方根电压信号输送到指示表头。指示表头是一只电表，只要对其刻度进行标定，就可从表头上直接读出噪声级的dB值。

声级计表头阻尼一般都有"快"和"慢"两个挡。"快"挡的平均时间为0.27s，很接近人耳听觉器官的生理平均时间。"慢"挡的平均时间为1.05s。当对稳态噪声进行测量或需要记录声级变化过程时，使用"快"挡比较合适；在被测噪声的波动比较大时，使用"慢"挡比较合适。

声级计面板上一般还备有一些插孔。这些插孔如果与便携式倍频带滤波器相连，可组成小型现场使用的简易频谱分析系统；如果与录音机组合，则可把现场噪声录制在磁带上储存下来，待以后再进行更详细的研究；如果与示波器组合，则可观察到声压变化的波形，并可存储波形或用照相机把波形摄制下来；还可以把分析仪、记录仪等仪器与声级计组合、配套使用，这要根据测试条件和测试要求而定。

16.3.3　汽车噪声的测量方法

1. 仪器的准备

国家标准规定汽车噪声使用的测量仪器有精密声级计或普通声级计和发动机转速表，声级计误差不超过±2dB，并要求在测量前后，仪器应按规定进行校准。

① 未接通电源时，先检查并调整仪表指针的机械零点。可用零点调整螺钉使指针与零点重合。

② 检查电池容量。把声级计功能开关对准"电池"，衰减器任意，此时电表指针应达到额定红线，否则读数不准，应更换电池。

③ 打开电源开关，预热仪器10min。

④ 校准仪器。每次测量前或使用一段时间后，应对仪器的电路和传声器进行校准。根据声级计上配有的电路校准"参考"位置，校验放大器的工作是否正常。如不正常，应用微调电位计进行调节。电路校准后，再用已知灵敏度的标准传声器对声级计上的传声器进行对比校准。

常用的标准传音器有声级校准器和活塞式发声器，它们的内部都有一个可发出恒定频率、恒定声级的机械装置，因而很容易对比出被检传声器的灵敏度。声级校准器产生的声压级为94dB，频率为1000Hz；活塞式发声器产生的声压级为124dB，频率为250Hz。

⑤ 将声级计的功能开关对准"线性"、"快"挡。由于室内的环境噪声一般为40~60dB，声级计上应有相应的示值。当变换衰减器刻度盘的挡位时，表头示值应相应变化10dB左右。

⑥ 检查计权网络。将"线性"位置依次转换为"C"、"B"、"A"。由于室内环境噪声多为低频成分，故经三挡计权网络后的噪声级示值将低于线性值，且依次递减。

⑦ 检查"快"、"慢"挡。将衰减器刻度盘调到高分贝值处（例如90dB）。通过操作人员发声，来观察"快"挡时的指针能否跟上发音速度，"慢"挡时的指针摆动是否明显迟缓。

⑧ 在投入使用时，若不知道被测噪声级多大，必须把衰减器刻度盘预先放在最大衰减位置（即120dB），然后在实测中再逐步旋至被测声级所需要的衰减挡。

2. 车外噪声测量方法

（1）测量条件

① 测量场地平坦而空旷，在测试中心以25m为半径的范围内，不应有大的反射物，如建筑物、围墙等。

② 测试场地跑道应有20m以上平直、干燥的沥青路面或混凝土路面。路面坡度不超过0.5%。

③ 本底噪声（包括风噪声）应比所测车辆噪声至少低10dB，并保证测量不被偶然的其他声源所干扰。本底噪声是指测量对象噪声不存在时，周围环境的噪声。

④ 为避免风噪声干扰，可采用防风罩，但应注意防风罩对声级计灵敏度的影响。

⑤ 声级计附近除测量者外，不应有其他人员，如不可缺少时，则必须在测量者背后。

⑥ 被测车辆不载重。测量时发动机应处于正常使用温度。车辆带有其他辅助设备亦是噪声源，测量时是否开动，应按正常使用情况而定。

（2）测量场地及测点位置

图 16-12 所示为汽车噪声的测量场地及测量位置。测试传声器位于 20m 跑道中心点 O 的两侧，各距中线 7.5m，距地面高度 1.2m，用三角架固定，传声器平行于路面，朝向并垂直于车辆行驶方向。

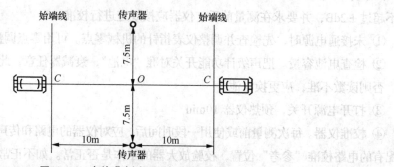

图 16-12　车外噪声测量场地及测量位置

3. 加速行驶车外噪声测量方法

车辆须按规定条件稳定地到达始端线：前进挡位为 4 挡以上的车辆用第 3 挡，前进挡位为 4 挡或 4 挡以下的用第 2 挡。发动机转速为其标定转速的 3/4。如果此时车速超过了 50km/h，那么车辆应以 50km/h 的车速稳定地到达始端线。对于自动变速器的车辆，使用在试验区间加速最快的挡位，辅助变速装置不应使用。在无转速表时，可以控制车速进入测量区，即以所定挡位相当于 3/4 标定转速的车速稳定地到达始端线。

从车辆前端到达始端线开始，立即将加速踏板踏到底或节气门全开，直线加速行驶，当车辆后端到达终端线时，立即停止加速。车辆后端不包括拖车以及和拖车连接的部分。

本测量要求被测车在后半区域发动机达到标定转速。如果车速达不到这个要求，延长 OC 距离为 15m。如仍达不到这个要求，使用挡要降低一挡。如果车辆在后半区域超过标定转速，可适当降低到达始端线的转速。

声级计用 "A" 计权网络、"快" 挡进行测量，读取车辆驶过时的声级计表头最大读数。

同样的测量往返进行 1 次。车辆同侧两次测量结果之差，应不大于 2dB，并把测量结果记入规定的表格中。取每侧 2 次声级平均值中最大值作为检测的最大噪声级。若只用 1 个声级计测量，同样的测量应进行 4 次，即每侧测量 2 次。

4. 匀速行驶车外噪声测量方法

① 车辆用常用挡位，加速踏板保持稳定，以 50km/h 的车速匀速通过测量区域。

② 声级计用 "A" 计权网络、"快" 挡进行测量，读取车辆驶过时声级计表头的最大读数。

③ 同样的测量往返进行 1 次，车辆同侧两次测量结果之差不应大于 2dB。并把测量结果记入规定的表格中。若只用 1 个声级计测量，同样的测量应进行 4 次，即每侧测量 2 次。

5. 驾驶员耳旁噪声的测量方法

① 车辆应处于静止状态且变速器置于空挡，发动机应处于额定转速状态。

② 车内噪声测点位置为驾驶员座位上方 750 ± 10mm，靠背前方 200 ± 50mm。

③ 声级计应置于 "A" 计权、"快" 挡。

16.3.4 汽车噪声检验标准

国家标准 GB 7258—2012《机动车运行安全技术条件》对汽车驾驶员耳旁噪声级测量作了规定；国家标准 GB 1495—2002《汽车加速行驶外噪声限值及测量方法》对车外最大噪声级及其测量方法做了规定。

① 车外最大允许噪声级。汽车加速行驶时，车外最大允许噪声级应符合表 16-1 的规定。表中所列各类机动车辆的变型车或改装车（消防车除外）的加速行驶车外最大允许噪声级，应符合其基本型车辆的噪声规定。

② 汽车驾驶员耳旁噪声级。耳旁噪声级应小于不大于 90dB。

表 16-1　　　　　　　　　车外最大允许噪声

车辆类型		车外最大允许噪声级/dB（A）	
		1985 年 1 月 1 日以前生产的汽车	1985 年 1 月 1 日以后生产的汽车
载货汽车	8t<载质量<15t	92	89
	3.5t<载质量<8t	90	86
	载质量 3.5t	89	84
轻型越野车		89	84
公共汽车	4t<总质量<11t	89	86
	总质量<3.5t	88	83
轿车		84	82

小结

1. 车速表试验台分为标准型与电驱动型两种。标准型试验台无驱动装置，靠被测汽车驱动车轮带动滚轮旋转；电机驱动型试验台由电动机驱动滚轮旋转，再由滚筒带动车轮旋转。

2. 侧滑试验台是用测量滑动板左右移动的方法来测量侧滑量的大小和方向，并判断车辆侧滑是否合格的一种检测设备。

3. 国内侧滑试验台有单板侧滑试验台和双板联动式侧滑试验台两种类型。

4. 侧滑试验台检验时侧滑量值应在 ±5m/km 之间。

5. 车辆噪声采用声级计测量。声级计一般由传声器、放大器、衰减器、计权网络、检波器、指示表头和电源等组成。

6. 计权网络一般有 A、B、C 三种。A 计权声级在噪声测量中应用最广泛。

1. 车速表的检测标准是什么？
2. 简述滚筒式车速表检测台的测试原理。
3. 汽车直线行驶状态下，车轮为什么会产生侧滑？
4. 车用侧滑试验台的结构与工作原理是什么？
5. 侧滑量的合格标准如何？
6. 简述声级计的工作原理。
7. 如何检测汽车噪声？

附录

附录A 车辆主要特征和技术参数

A.1 基本信息

制造国、制造厂名称

车辆类型、车辆品牌/型号

车辆识别代号或整车出厂编号/发动机号码

出厂日期

车身颜色

A.2 技术参数

发动机型号、排量/功率、燃料种类

外廓尺寸

货箱内部尺寸

轴数、轴距

轮距、轮胎数、轮胎规格

总质量、整备质量

核定载质量

比功率、准牵引总质量

后轴钢板弹簧片数

转向形式

核定载客人数/驾驶室载客人数

A.3　车辆安全装置配备情况

汽车安全带

汽车行驶记录仪

防抱制动装置（ABS）

侧面及后下部防护装置

车身反光标识

道路运输危险货物车辆标识

机动车用三角警告牌

灭火器

注：车辆安全装置配备情况检查仅对按照 GB7258 等机动车国家安全技术标准及道路交通安全法律法规相关规定应配备上述车辆安全装置的车辆进行。

 附录B　车辆外观检查、底盘动态检验和车辆底盘检查、检验项目

表 B.1　　　　　　　　　　车辆外观检查项目

序号	检验项目	内容	项目属性
1	车身外观	保险杠	注册登记检验时为否决项
		后视镜、下视镜、车窗玻璃	否决项
		车体周正、尖锐突出物	否决项
		漆面	建议维护项
		货厢、安全架、车外顶行李架	否决项
		外部喷涂与文字标志、标识和车身广告	否决项
		自行加装装置对号牌识别的影响	否决项
		号牌板（架）	注册登记检验，否决项
		商标（或厂标）	注册登记检验，否决项
2	照明和电气信号装置	前后位灯/后牌照灯/示廓灯/挂车标志灯	否决项
		转向信号灯（前、侧、后），危险警告信号灯	否决项
		前照灯（远光、近光）	否决项
		制动灯、后反射器、后雾灯、倒车灯	否决项

续表

序　号	检验项目	内　　容	项目属性
2	照明和电气信号装置	侧标志灯、侧反射器	否决项
		道路运输危险货物车辆标识	否决项
		特种车辆标志灯具	否决项
		附加的灯具、反射器或附属装置	否决项
		喇叭（功能性检查）	否决项
		车身反光标识	否决项
3	发动机舱	发动机各系统机件	建议维护项
		蓄电池桩头及连线	建议维护项
		电器导线、各种管路	否决项
		储液器（使用液压制动的汽车）	否决项
		发动机标识	注册登记检验，否决项
4	驾驶室（区）	门锁及门铰链	建议维护项
		驾驶员座椅	否决项
		安全带	否决项
		前风窗玻璃及其他风窗玻璃用于驾驶员视区的部位	否决项
		刮水器	否决项
		洗涤器	建议维护项
		汽车行驶记录仪	否决项
		驾驶室固定	否决项
		仪表数量类型，操纵件、指示器及信号装置图形标志	注册登记检验，否决项
		警告性文字的中文标注，车辆产品标牌	注册登记检验，否决项
5	发动机运转状况	起动性能	否决项
		怠速、电源充电、仪表及指示器	建议维护项
		加速踏板控制	建议维护项
		漏水、漏油、漏气，水温、油压	建议维护项
		关电熄火/（柴油车）停机装置	否决项
6	客车内部	座椅/卧铺数量、座椅间距	否决项
		扶手和卧铺护栏	建议维护项
		车厢灯、门灯	建议维护项
		客车地板、车内行李架	建议维护项

续表

序　号	检验项目	内　　容	项目属性
6	客车内部	灭火器、安全出口标识、安全手锤、安全门	否决项
		安全带	否决项
		安全出口的数量、位置和尺寸	注册登记检验，否决项
		乘客通道，通往安全门的通道	注册登记检验，否决项
7	底盘件	燃料箱、燃料箱盖	否决项
		挡泥板/牵引钩、蓄电池、蓄电池架	建议维护项
		储气筒排污阀	建议维护项
		钢板弹簧	否决项
		侧面及后下部防护装置	否决项
		牵引连接装置	建议维护项
8	车轮	轮胎型号/规格/速度级别	否决项
		轮胎胎冠花纹深度，胎面破裂/割伤、磨损/变形	否决项
		轮胎螺栓、半轴螺栓	否决项
		备胎标识	注册登记检验，否决项
9	其他	整车 3C 标志	注册登记检验，记录项
		其他不符合 GB7258 等机动车国家安全技术标准的情形	注册登记检验时为否决项

表 B.2　　　　　　　　　　　　　　　底盘动态检验项目

序　号	检验项目	内　　容	项目属性
1	转向系	方向盘最大自由转动量	否决项
		转向沉重	否决项
		自动回正、保持直线行驶能力	建议维护项
2	传动系	离合器	建议维护项
		变速器	建议维护项
		传动轴/链	建议维护项
		驱动桥	建议维护项
3	制动系	点制动跑偏（20km/h）	建议维护项
		低气压报警装置	否决项
		弹簧储能制动器	建议维护项
		防抱制动装置指示灯（自检功能）	注册登记检验，否决项
4	驾驶区	仪表和指示器	否决项

表 B.3　　　　　　　　　　　　　　　车辆底盘检查项目

序　号	检验项目	内　容	项目属性
1	转向系	转向器固定	否决项
		转向各部件	否决项
2	传动系	变速器及分动器支架	否决项
		传动各部件	否决项
3	行驶系	钢板吊耳及销	否决项
		中心螺栓、U 型螺栓	建议维护项
		车桥移位	否决项
		车架纵梁、横梁	建议维护项
		悬架杆系	建议维护项
4	制动系	制动系部件、结构改动	否决项
		制动主缸、轮缸、制动管路漏气、漏油	否决项
		制动软管老化	否决项
		制动管路固定	否决项
5	电器线路	电器线路检查	否决项
6	底盘其他部件	发动机固定	否决项
		排气管、消声器	否决项
		燃料管路	否决项

注：表 B.1、B.2、B.3 的项目属性栏中，"否决项"指该项目在注册登记检验和在用车检验时均要进行，且均为否决项；"建议维护项"指该项目在注册登记检验和在用车检验时均要进行，但均为建议维护项；"注册登记检验时为否决项"指该项目在注册登记检验和在用车检验时均要进行，但仅在注册登记检验时为否决项，在用车检验时则为建议维护项；"注册登记检验，否决项"指该项目仅在注册登记检验时进行且为否决项，在用车检验时不进行；"注册登记检验，记录项"指该项目仅在注册登记检验时记录相关情况。

参考文献

[1] 冯健璋. 汽车发动机原理与汽车理论（第二版）[M]. 北京：机械工业出版社，2001

[2] 魏庆曜. 发动机与汽车理论[M]. 北京：人民交通出版社，2001

[3] 曹红兵. 汽车理论[M]. 北京：机械工业出版社，2007

[4] 余志生，汽车理论（第3版）[M]. 北京：机械工业出版社，2002

[5] 陈家瑞. 汽车构造[M]. 北京：人民交通出版社，1993

[6] 张西振，吴良胜. 发动机原理与汽车理论（第二版）[M]. 北京：人民交通出版社，2008

[7] 刁立福. 汽车性能与使用技术[M]. 北京：中国水利水电出版社，2010

[8] 陈锦华. 汽车检测与诊断技术[M]. 北京：国防工业出版社，2012

[9] 皮连根. 汽车性能检测与评价[M]. 北京：国防工业出版社，2012

[10] 李军. 汽车使用性能与检测技术[M]. 北京：人民交通出版社，2002

[11] 赵英勋，刘明. 汽车检测与诊断技术[M]. 北京：机械工业出版社，2003

[12] 余志生. 汽车理论（第5版）[M]. 北京：机械工业出版社，2010